U0529454

思辨与行动：
农村学校文化建设理路探究

李素芹 ◎ 著

中国社会科学出版社

图书在版编目（CIP）数据

思辨与行动：农村学校文化建设理路探究 / 李素芹著 . —北京：中国社会科学出版社，2019.3
ISBN 978-7-5203-4145-5

Ⅰ.①思… Ⅱ.①李… Ⅲ.①农村学校—中小学—校园文化—建设—中国 Ⅳ.①G637

中国版本图书馆 CIP 数据核字（2019）第 043391 号

出 版 人	赵剑英
责任编辑	赵 丽
责任校对	王秀珍
责任印制	王 超

出　　版	中国社会科学出版社
社　　址	北京鼓楼西大街甲 158 号
邮　　编	100720
网　　址	http://www.csspw.cn
发 行 部	010-84083685
门 市 部	010-84029450
经　　销	新华书店及其他书店

印　　刷	北京明恒达印务有限公司
装　　订	廊坊市广阳区广增装订厂
版　　次	2019 年 3 月第 1 版
印　　次	2019 年 3 月第 1 次印刷

开　　本	710×1000　1/16
印　　张	19.75
插　　页	2
字　　数	314 千字
定　　价	49.00 元

凡购买中国社会科学出版社图书，如有质量问题请与本社营销中心联系调换
电话：010-84083683
版权所有　侵权必究

序

中国是农业国家，近几年来虽然城镇化发展迅速，但仍有六亿多农村人口，基础教育中四分之三的学校仍在农村[①]；2016年义务教育阶段在校生共1.42亿人，其中9485.78万人在农村地区，农村在校生占全国在校生总数的三分之二[②]。城乡教育的位差在中国长期存在，客观上强化了城乡教育制度设计中的学校差序格局。从县城到城镇，从示范学校到普通学校，从乡镇中心学校到村小到教学点，金字塔形的地方教育系统从根本上将农村学校置于整个教育体系的末端根须，虽然中国整个教育体系依赖于这些末端根须的养分吸收与供给，但末端也容易成为视线以外、难见阳光的细弱部位[③]。

农村学校是农村的希望，也是农村孩子的希望。与城市孩子一样，农村孩子也是国家和民族的未来，农村学校也要为国家培养未来的建设者和接班人。没有农村学校的现代化，就谈不上建成现代化强国。近些年来，中国对农村学校的投入持续增长，有少数地方甚至出现了硬件过剩和资源浪费现象；农村教师的收入在大多数地方也已经不低于当地公务员的收入。但农村学校仍然是中国教育这个"木桶"的"短板"，大多数农村学校处于疲软不振的状态；而有些农村学校看似在发展，实则是

[①] 王柯敏：《在国家制度文明建设中加快推进教育治理现代化》，《湖南教育》2014年第7期。

[②] 邬志辉、秦玉友等：《中国农村教育发展报告（2017）》，北京师范大学出版社2018年版。

[③] 苏尚锋：《农村教育的空间定位与城市化》，《河北师范大学学报》（教育科学版）2014年第3期。

一种单向度的、"城市中心主义"的、"仿效复制"式的[①]、不可持续的发展；有些农村学校虽无眼前生存之忧，但亦发展无望；更有少数农村学校朝不保夕，在终将难逃停办的命运中勉强度日[②]。

作为中国学校教育体系的重要组成部分，农村学校保障的是农村孩子的基本人权和发展权利，是阻止贫困代际传递的最有效途径[③]，其办学质量和教育教学水平，很大程度上关系着国家整体教育质量和水平。如果农村学校发展不好，既会使社会最底层的群体无法获得向上流动的机会，也会直接影响中国教育现代化和"两个一百年"目标的实现。可见，面对农村学校这个教育"短板"，我们只能补，不能拆。如何补呢？很显然，光靠增加投入是行不通的，还需要对学校进行分类研究，特别是要加强对农村学校发展特殊性的研究。正如钱理群教授所说，关注城市教育的人已经不少了，我们不能光做锦上添花的事，而应该雪中送炭，把注意力转移到极需关注而又没有引起足够关注的农村教育上去。

我们不仅要从宏观、整体、硬件上去补农村教育这个"短板"，还要从具体、微观、软件上着手补农村学校文化建设这个"短板"中的短板！因为，农村学校要发展，必须内外兼修、形成合力以实现其现代化，但目前中国大多数农村学校的发展逻辑是依赖外部援助，注重经费投入和硬件条件改善，向城市看齐，存在着漠视乡土知识、相关利益群体缺席、与乡土社会隔阂等诸多弊端[④]，完全忽视农村教育理念的现代化[⑤]和农村学校文化的现代化。农村学校要获得可持续发展，应该充分利用乡土知识、传统文化，使传统与现代紧密结合、使学生的当下乡土生活与未来发展紧密结合，体现农村学校的地方特色、农村学生的多元发展目标等。这些林林总总的"应然"，都能够在农村学校文化建设的统领下得以实现。

[①] 汤颖：《农村学校改进中的价值困境及突破条件》，《教育评论》2017年第1期。

[②] 徐玉特、梁夏：《农村学校善治模式路径探析》，《教育与管理》2017年第1期。

[③] 范先佐：《乡村教育发展的根本问题》，《华中师范大学学报》（人文社会科学版）2015年第5期。

[④] 陈国华、张旭：《农村教育现代化的误区、现实问题与发展策略》，《现代教育论坛》2015年第6期。

[⑤] 邬志辉：《乡村教育现代化三问》，《教育发展研究》2015年第1期。

文化研究包罗万象，可以有人类学、组织行为学、民族学等多个视角，但本书的理论视角是组织行为学。琳达·斯梅尔西奇认为，组织分析学者运用文化概念主要有两种方式，一是将文化作为组织拥有的关键变量，二是将文化作为组织本身的本质隐喻①。本书主要是将文化作为农村学校的关键变量来研究的，是希望通过进行系统的学校文化理论研究和建设实践，引导一部分农村学校成为有文化内涵的学校，从而吸引更多的政策性支持、吸纳高水平教师加入、吸引本土学生回流，做到以文聚人、以文化人、以文育人、以文成人，最终实现城乡教育一体化的、高质量的发展。

帮助农村学校各展风采、各美其美，是我们共同的期待！

---

① [美]斯科特·理查德、戴维斯·杰拉德：《组织理论：理性、自然与开放系统的视角》，高俊山译，中国人民大学出版社2011年版，第241页。

目　录

绪　论 ……………………………………………………………（1）

第一章　关联:学校与文化 …………………………………（7）
第一节　何谓"文化" ……………………………………（7）
第二节　学校与文化 ……………………………………（17）
第三节　学校文化概述 …………………………………（27）

第二章　必要:农村学校文化建设之"理" …………………（36）
第一节　开启文化自信的心理源泉 ……………………（36）
第二节　更新义务教育的发展理念 ……………………（39）
第三节　坚持"以人为本"的教育目的 …………………（44）
第四节　化解农村学校的发展困局 ……………………（49）

第三章　紧迫:农村学校文化建设之"困" …………………（75）
第一节　理论困境 ………………………………………（75）
第二节　认知困境 ………………………………………（82）
第三节　能力困境 ………………………………………（88）
第四节　实践困境 ………………………………………（95）

第四章　可能:农村学校文化建设之"利" …………………（101）
第一节　广阔丰饶的自然资源 …………………………（101）
第二节　厚重质朴的农耕积淀 …………………………（107）
第三节　异彩纷呈的地域文化资源 ……………………（125）

第四节　土生土长的乡土人力资源 …………………………（136）
　　第五节　农村学校的内部有利条件 …………………………（144）

第五章　示范：农村学校文化建设之"例" ……………………（151）
　　第一节　农村学校文化建设之区域案例 ……………………（151）
　　第二节　农村学校文化建设之中学案例 ……………………（160）
　　第三节　农村学校文化建设之小学案例 ……………………（185）

第六章　策略：农村学校文化建设之"路" ……………………（206）
　　第一节　明确农村学校的现实定位和未来目标 ……………（206）
　　第二节　凝聚农村学校的文化建设主体合力 ………………（215）
　　第三节　充分挖掘农村学校的文化建设资源 ………………（224）
　　第四节　扎实开展农村学校的文化建设 ……………………（227）

参考文献 ………………………………………………………（279）

附录1　湖北省农村义务教育学校新机制招录教师
　　　　（非师范专业）岗前职业认知调查 ………………………（296）
附录2　学校文化建设调查问卷 ………………………………（299）
附录3　北京市学校文化示范校建设与评估指标体系
　　　　（修改版）………………………………………………（303）

绪　　论

　　西方企业管理及实践领域在 20 世纪 80 年代掀起了一股强大的"文化热"，并很快传入中国，使中国的文化研究和文化实践勃兴不衰。在实践中，相比于政府机关、事业单位，各种规模的企业对文化的探讨和追求更为活跃。各级各类学校本属文化领域的组织机构，但文化建设却大大滞后于企业，面对一波又一波教育教学改革尤其是教育领域综合改革的推进，很多学校或"为改革而改革"，或"被动"改革，或坐等政府援手推动改革，或对"管得过死"怨声载道，以致办学目标不清、发展前途不明、学校工作忙乱、师生人心涣散，成为无所坚守的"去文化"组织。

一　选题的背景

　　我出生在一个偏远乡村，一路求学成为大学教师，也将在教育学科的教师岗位上退休。对过去农村学校生活的回忆和对现在农村学校办学的思考常常充盈在我的求学、从教间隙，有时甚至深夜梦回。在完成博士学业重新回到工作岗位之后，我毅然将农村教育设定为我后期学术生涯的志业，如饥似渴地搜集农村学校发展的点滴信息，翻山越岭地奔走于鄂西南地区的农村学校，苦苦探寻农村学校的生存之困、重振之基、希望之翼。

　　从理论上看，在多元化个性需求强烈的今天，无论是城市学校还是农村学校，都有其生存、发展的良好空间，且这种生存、发展应是多样化、差异性、"各美其美"的。但在文献查阅和学校实地调研中，我们遗憾地发现，"城市中心主义"的"一元化"学校发展观、"应试教育"的"一元化"质量观、"有钱就好办"的"一元化"投入观等充斥于政府官员、学校校长、师生的头脑之中，严重阻碍了农村学校的自主探索、自主规划和自主发展。一方面，少数既有教育情怀又有教育思想的"领头羊"带领农村学校因地制宜地谋划学校长远发展、潜心进行学校文化建设，使办学环境明显改善、办学质量显著提升、教师重拾尊严、学生重回乡间。另一方面，不少农村学校虽然运动场簇新、设施设备先进，却"人气不旺""士气低垂"，陷入了"塑胶操场闲置""图书设备蒙尘""端着金饭碗挨饿"的困境。根据唯物辩证法的观点，内因是事物发展的根本原因，外因是事物发展变化的条件，外因只有通过内因才能起作用；用现在的时髦语言表述则是"鸡蛋从外面打破是食物，从里面打破才是生命"。后者的表述形式虽异，但意义与内外因说却相同，因为对鸡蛋而言，从外面打破是被动的压力，从里面打破才是主动的成长。由此看来，城市榜样、应试教育、硬件投入等都是外化的、被动的，无法自然地调动起农村学校及其师生内部奋发的积极性，因而无法自然地推动农村学校的发展和师生的成长。文化即"人化"，学校文化建设就是"化人"，是学校生存和发展的内因，对这一内因的关注和研究，能为农村学校准确"把脉"、科学"配方"、提高"疗效"提供切实可行的帮助。

二 选题的意义

（一）理论意义

本书运用文化学、组织行为学、教育学等相关理论对学校文化和农村学校文化建设进行综合研究，试图在学校文化建设的普遍规律中寻求适合农村学校文化建设的特殊资源和特殊路径，既检验上述理论对农村学校文化建设的适切性，又有利于丰富文化学、组织行为学、教育学的相关内容。

（二）实践意义

本书的价值更多体现在实践意义上。

首先，开展学校文化建设有助于夯实文化强国之基，有助于增强文化自信之力。习近平总书记在十九大报告中指出：要"坚定文化自信，推动社会主义文化繁荣兴盛""文化是一个国家、一个民族的灵魂。文化兴国运兴，文化强民族强。没有高度的文化自信，没有文化的繁荣兴盛，就没有中华民族伟大复兴""要坚持为人民服务、为社会主义服务，坚持百花齐放、百家争鸣,坚持创造性转化、创新性发展,不断铸就中华文化新辉煌""要以培养担当民族复兴大任的时代新人为着眼点,强化教育引导、实践养成、制度保障""坚持全民行动、干部带头,从家庭做起,从娃娃抓起。深入挖掘中华优秀传统文化蕴含的思想观念、人文精神、道德规范,结合时代要求继承创新,让中华文化展现出永久魅力和时代风采"……建设文化强国、增强文化自信,关键在人才。学校是培养人才、传承文化的主阵地,学校教育是培育具有文化自信心和文化创造力的社会主义建设者和接班人的主要途径。通过学校文化建设弘扬社会主义核心价值观、传播先进的主流文化、提升师生的文化品鉴力、营造和谐的文化氛围、凝练创新文化成果,是各级各类学校共同的使命,也是中国建设文化强国、增强文化自信的基础性工作。开展学校文化建设,是民族文化复兴、提高文化自信的基础性环节。农村学校开展文化建设,是最薄弱的乡村文化复兴之需,是为文化强国建设"补短板"之举。

其次,开展学校文化建设能为城乡学校实现各美其美、两不相害的发展提供路径帮助。2011年,全国所有省(自治区、直辖市)通过了国家"普九"验收,从根本上解决了适龄少年儿童"有学上"的问题。但伴随着学龄人口的总量减少和城镇化的快速推进,城乡学校规模结构不均衡、发展喜忧悬殊的现象愈演愈烈,生源向城市"名校"快速集聚,农村出现了大量小规模学校甚至人去楼空、资源闲置的"空心校",衰败景象势如破竹;城市也出现了一些薄弱学校,师生无心向学,学校振兴无望;城市"名校"的优质教育资源被不断稀释,校园嘈嘈如闹市,师生压力如山大,存在"名何以名、名将不名"的隐忧。据统计,2014年中国人口的城镇化率为55%,而在校学生的城镇化比例却达到了83%,农村学生花更多的钱却没有得到真正的优质教育,导致城市和农村教育"两败俱伤"[①]。在全面的困境中,无论是城市学校还是农村学校、无论是优质"名校"还是薄弱学校,都显得无人、无力、无心思考学校的全面可持续发展,学校单一化、同质化现象严重,无法满足国家、社会、家庭对学校多样化发展的需求。开展学校文化建设,根据各校的历史积淀、发展现状和未来期许等确定学校发展的精神文化体系,并围绕精神文化

---

① 杨东平:《新型城镇化对城乡教育的挑战及应对》,《教育发展研究》2016年第3期。

体系推进学校文化实践体系的建设,将为各级各类学校找到发展的定力、引力和推力,从而引领学校实现健康的、可持续的发展。

再次,农村学校开展文化建设能为乡村振兴、精准扶贫提供人力和智力的支持。农业、农村、农民的"三农"问题是关系国计民生的根本性问题,中国共产党始终把解决好"三农"问题作为全党工作的重中之重,中共中央每年的一号文件主题都是有关"三农"问题的。习近平总书记在十九大报告中明确提出"实施乡村振兴战略",改革开放以来第20个、21世纪以来第15个指导"三农"工作的中央一号文件《中共中央 国务院关于实施乡村振兴战略的意见》也于2018年2月4日发布。2018年9月,中共中央、国务院印发了《乡村振兴战略规划(2018—2022年)》,部署了82项重大工程、重大计划、重大行动,如"第七篇 繁荣发展乡村文化""第十篇 完善城乡融合发展政策体系"下有"强化乡村振兴人才支撑"等,以保证到2020年,乡村振兴的制度框架和政策体系基本形成;到2022年,乡村振兴的制度框架和政策体系初步健全;到2035年,乡村振兴取得决定性进展,农业农村现代化基本实现;到2050年,乡村全面振兴,农业强、农村美、农民富全面实现。实现乡村振兴,需要对农村进行精准扶贫,而农村精准扶贫的措施之一就是通过"发展教育脱贫一批"[1]。无论是"发展教育脱贫一批",还是"繁荣发展乡村文化""强化乡村振兴人才支撑"等,都与农村教育和农村学校的发展紧密相关,需要农村学校通过文化建设的引领,先改变自身普遍不振的现状,再为乡村振兴做出应有的贡献。

最后,农村学校开展文化建设能为农村教师的专业发展和农村学生的全面发展提供必要的理念准备和场域空间。一方面,由于受到地域、经济条件等客观因素的限制,农村学校教师参加校外培训、校际交流的机会相对较少,专业发展空间极其有限,更易产生职业倦怠,导致裹足不前、未老先衰。另一方面,由于受到教育观念、地域、视野、教师水平的限制,农村学生接受学校教育的目标几乎是单一的"离农""进城",在学校获得的知识也几乎全部是"城市导向"的,学校的教育教学充斥着对城市生活的向往羡慕和对农村生活的唾弃厌恶,这样的教育既不符

---

[1] 杨东平:《新型城镇化对城乡教育的挑战及应对》,《教育发展研究》2016年第3期。

合农村学生原有的经验架构和现实认知,也无法为农村学生未来的多元发展提供有益的准备和帮助。农村学校在系统的学校文化建设框架内,凝练共享的学校核心价值观,秉持科学合理的办学理念、办学目标和育人目标,将有助于师生在教育观念上实现全面更新;积极和谐的校园氛围和科学完善的学校制度将有助于纯化学校风气;与校外社区的密切联系、扎根本土的传统文化传承、具有乡土生活特色的校本课程等将有利于师生的实践能力和创新能力的提升,从而促进师生在个人修养、知识水平、人际关系、综合能力等方面的全面发展,提高从教、求学的幸福指数,充分彰显师生的生命价值和意义。

三 核心概念

任何研究及对研究成果的解读,都需要在对研究所涉及的核心概念形成稳定共识的基础上才能进行。从理论体系看,教育学是一门成熟度还有待提高的学科,学科体系中的不少概念还未能在研究者中达成共识;从教育实践的角度看,由于教育中的人、关注教育的人都可能参与评说教育,他们有各自的话语体系,这些话语体系中的概念与教育研究者所使用的概念之间往往存在不一致之处,有时甚至南辕北辙。所以,几乎任何一项教育研究都有必要先对核心概念进行一致性界定,以避免误读、误解、误判。

本书所涉及的核心概念主要有两组,一组是农村学校和农村中小学,另一组是学校文化和学校文化建设。

(一) 农村学校和农村中小学

在界定"农村学校"这个核心概念之前,先要界定"农村"的边界。农村是一个历史的区域概念,泛指远离城镇、由县乡政府管辖的区域。自20世纪80年代以来,关于农村教育主要有三种界定:区域论、人口论、产业论。现在所说的农村教育,一般已不包括县城了,主要是指在乡镇和乡村举办的教育。由于在乡镇和乡村举办的教育主要是小学教育和初中教育,因此,农村教育一般也就等同于农村义务教育[1]。根据"农村教育"的这个定义,结合农村地区的教育主要是学校教育,社会教育

---

[1] 杨海燕、高书国:《农村教育的价值、特征与发展模式》,《教育研究》2016年第7期。

和家庭教育相对薄弱的实际状况，本书将"农村学校"定义为：位于县城以下区域、就读学生以本地农村子女为主的各级各类学校。本书的研究对象主要是"农村中小学"，这是指"农村学校"中的小学阶段和初中阶段即义务教育阶段的农村学校，包括乡镇中心小学、农村完全小学、农村教学点、农村初中、农村九年一贯制中小学，不包括农村幼儿园、农村高中、农村职业学校。

（二）学校文化和学校文化建设

学界和业界对"学校文化"的概念众说纷纭。本书将"学校文化"定义为：学校文化是一所学校在其长期的历史发展过程中形成的、为学校广大师生普遍认同并共同遵循的价值观念及其多维"呈现方式"和"行为方式"，包括学校精神文化、学校物质文化、学校制度文化和学校行为文化。一般而言，"学校文化"是静态的，但由于"化"本身是指一个动态的变动过程，所以，"学校文化"实际上又是"静中有动"的。对"学校文化"的概念将在第一章进行更详细的辨析。

"学校文化建设"是学校文化的生成和完善过程，是学校工作的重要组成部分，包括构思、规划、推进实施、反馈评价、改进等环节，一般而言是动态的。

在本书中，当明确需要使用的是名词时，我们用"学校文化"；当明确需要使用的是动词时，我们使用"学校文化建设"；当对词性没有刻意要求时，可以将"学校文化"和"学校文化建设"混用，因为这两个概念所指并不存在本质分歧。

第 一 章

关联:学校与文化

在大多数人的日常经验中,"学校"与"文化"是两个所指大不相同的概念——学校是一个实体组织,是一个有人、有围墙的实在场所;文化是一个略显虚空的、"点缀性"名词,是一种空气般似有似无的存在。但我们的教育经验同时告诉我们,二者又有一定的联系。早在1958年9月,中共中央、国务院就在《关于教育工作的指示》中提出"教育的目的,是培养有社会主义觉悟的有文化的劳动者";1986年4月六届人大四次会议通过的《中华人民共和国义务教育法》规定"义务教育必须贯彻国家的教育方针,努力提高教育质量,使儿童、少年在品德、智力、体质等方面全面发展,为提高全民族的素质、培养有理想、有道德、有文化、有纪律的社会主义人才奠定基础";1993年2月,中共中央、国务院印发的《中国教育改革和发展纲要》规定"培养有理想、有道德、有文化、有纪律的社会主义新人"。有些地方政府机构中设有"文化教育局",将文化和教育进行统筹管理。但在学术研究领域,"学校"和"文化"究竟是如何关联的?怎样才能将这种关联落到实处?

第一节 何谓"文化"

我们将从词源、内涵、外延、功能四个方面解读"文化"这个概念。

一 "文化"的词源

(一) 西方词源

在西方,"文化"一词源于拉丁语"cultura",主要是指土地的开垦、植物的栽培,后引申为对人的身体、精神的发展和培养,特别是对艺术和道德方面的能力和精神的培养;进而又发展成为泛指人们的生活方式、思维方式以及人们在征服自然中所创造的物质财富和精神财富[①]。

(二) 中国词源

在以单音节字为主的古代汉语中,"文""化"二字连在一起使用最早见于汉代,如刘向的文章《指武说苑》中有"圣人之治天下,先文德而后武力,凡武之所兴为不服也。文化不改,然后加诛"。其中,"文"和"化"分别作为副词和动词,意指以非武力的方式来教化、转变人。"文化"作为一个固定词语使用,直到晋代文献中才能找到,如束晳《补亡诗》中有"文化内辑,武功外悠";王融《齐诗》序中有"设神理以景俗,敷文化以柔远"。此时的"文化"均已含有现代"文化"概念的某些内容,如指发达文明成就的行为方式、社会组织原则和观念等[②]。因此,我们分别从"文"和"化"来了解"文化"在古代汉语中的词源意义。

1. "文"的词源含义

"文"在古汉语中的字形变化如图1—1。在甲骨文和金文中,"文"象征一个人前胸被纹以图案或挂着一串贝壳。从这种最初形式,发展出了"纹身""符号、交叉线条""象形文字""文章"等含义。尽管后来另一个字"纹"被用来特指"纹身",但"文"似乎仍然包含上述意思。小篆的字形走上了线条化,"人"站立的样子并没有改变,只是胸前的"花纹"消失了。从"纹身"的基本含义出发,"文"在使用中开始具有了抽象含义,包括一个人修饰自己的外表行为和内在感情[③]。

[①] 刘刚、王文鹏、陆俊杰:《多维大学校园文化研究》,中国书籍出版社2012年版,第5页。
[②] 何平:《中国和西方思想中的"文化"概念》,《史学理论研究》1999年第12期。
[③] 同上。

甲骨文　　金文　　小篆

图1—1　古代"文"的写法

很多中国古代典籍都对"文"进行了释义。《尚书序》有云："古者伏羲氏之王天下也，始画八卦，造书契，以代结绳（爻）之政，由是文籍生焉。"《礼记·乐记》中有"五色成文而不乱"。《易·系辞下》有"物相杂，故曰文"。《论语·公冶长篇》里有"敏而好学，不耻下问，是以谓之文也"。《论语·雍也篇》有云："质胜文则野，文胜质则史。文质彬彬，然后君子。"《论语·子罕篇》有云："文王既没，文不在兹乎？"《说文解字》序中有"依类象形，故谓之文"。《说文解字》有云："文，错画也，象交文。"《古今通论》有云："仓颉造书，形立谓之文。"清代王夫之《读四书大全说·论语·泰伯篇十二》曰："异色成彩之谓文。"可见，"纹身"之本义引申出了"文采""文章""各种仪节组成的礼乐制度等一类古代文化"之涵义。

2．"化"的词源涵义

"化"在古代汉语中的字形变化如图1—2。按《说文解字》，"化"字是从"匕"字转化而来的。"匕"在甲骨文中，像一个倒立的人，象征在子宫中孕育时期的人。在《说文解字》中，"匕"的含义包括"倒立的人"和"变化"。后来在左边加了一个人字旁，意为站立的人①。新的"化"在保留原来含义的基础上增添了抽象意义，开始指称生命的一种能动的、被塑型的过程或教化过程，或者说，通过受教育和思想灌输而使一个人的内在和外在符合社会规范的过程，"教化"由此而来。因此，"化"包含了一个人从孕育、出生、成长，并在遗传和社会的影响下逐渐

---

① 许慎：《说文解字》，（清）段玉裁注释，上海古籍出版社1981年版，第384页。

成熟，进而成为一个被社会接受的人的整个过程①。

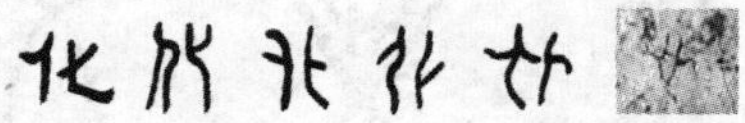

图1—2 古代"化"的写法

二 "文化"的内涵

内涵是一个逻辑学名词，指一个概念所反映的对象的本质属性，也称为"定义""含义""涵义"等。

"文化"一词的边界模糊②，内涵非常难以界定。随着时代和主体需要的变化，"文化"不断地被重构和更新③，不同的人以不同的含义使用着"文化"④。

众说纷纭的"文化"如下：

文化指一般性的知识，如"学文化""文化人"；

文化指特别的知识，如美术或艺术；

文化指高深的知识，特别是学术；

文化代表素质，如社会对现在的大学生"有知识没文化"的评价；

文化指良好的习惯；

文化是一种特定的生活方式，如"民族文化""20世纪的文化"；

文化就是生活；

文化指某一历史时期的遗迹、遗物的综合，如"楚文化"；

文化代表一种身份认同，如"同性恋文化"；

文化是一个"意义的世界"，是在一个群体中"意义的共享"；

文化是一种精神或品质，如"奥运文化""松下文化"；

文化是只可意会不可言传的潜规则，如"官场文化"；

---

① 何平：《中国和西方思想中的"文化"概念》，《史学理论研究》1999年第12期。
② 金克木：《文化的解说》，中国人民大学出版社2007年版，第160页。
③ ［英］C.W.沃特森：《多元文化主义》，叶兴艺译，吉林人民出版社2005年版，第35页。
④ 何平：《中国和西方思想中的"文化"概念》，《史学理论研究》1999年第12期。

文化是一种"视野";

文化是一种"阐述模式";

文化是一种"生产力",当下,文化更多地被称为"软实力";

文化可当作点缀,是"雅"的象征;

……

在西方语境中,将文化作为一个特定的学科领域进行研究,是从文化人类学开始的。对于"文化",虽然各个学科领域、学术研究者所言各异,但内容亦有共通之处,只是缺乏公认的一致表述:

曾任英国伯明翰大学当代文化研究中心主任、被称为当代文化研究之父的斯图尔特·霍尔认为,对文化范畴的界定是随社会关系的不同而变化的①。

英国学者C. W. 沃特森②认为,文化是在万物之上的一个有关思想和行为方式的集合体。

美国人类学家克利福德·格尔茨认为,文化就是人们所生活的意义之网③。

英国马克思主义史学家汤普森④认为,文化是动态而非静态的,是体现在行动、言语和各种富有意义的客体等象征形式中的各种意义模式,个人通过这些形式与他人交流和分享经验、观念和信仰。

1947年诺贝尔文学奖得主、法国作家安德烈·纪德在1935年发表的《文化的辩护》中认为,文化差不多就是等于文学。

被称为"人类学之父"的泰勒的文化概念则包罗万象,他认为,就其广泛的民族学意义来讲,文化是一个复合整体,包括知识、信仰、艺术、道德、法律、习俗以及作为一个社会成员的人所习得的其他一切能力和习惯⑤。这个定义被很多文化研究者引用,但很显然,这个定义在文

---

① [英]马克·J·史密斯:《文化:再造社会科学》,张美川译,吉林人民出版社2005年版,第101页。

② [英]C. W. 沃特森:《多元文化主义》,叶兴艺译,吉林人民出版社2005年版。

③ [美] C. M. Clifford Geertz, *The interpretation of cultures*, New York: Basic Books, 1973, p. 5.

④ [英] E. P. Thompson, "The end of the Cold War", *New Left Review*, Vol 1990, No. 182, pp. 139 – 146.

⑤ [英]泰勒:《原始文化》,连树声译,上海文艺出版社1992年版,第1页。

字表述上忽视了物质文化。不过，泰勒本人并没有明确主张文化可以离开物质，相反，他在随后的研究中常常谈及文化的物质方面。

在中华民族的语境中，文化是围绕着人得以创生和发展的：

冯友兰先生在《中国哲学的特质》中说，中国的"文化"讲的是人学，着重的是人，所以，文化是人的文化。从本质上讲，"文化"就是"人化"，是人的主体性或本质力量的对象化；从功能上说，文化就是"化人"，是教化人、塑造人、熏陶人[①]。

季羡林先生也认为，中国文化的特点在于重视人，重视人的社会关系和伦理关系[②]。

费孝通先生指出，文化就是"人为"和"为人"，"人为"是指文化是改造自然界而形成的人文世界，"为人"是指文化要为人的发展服务[③]。

辜鸿铭先生在《春秋大义》里指出，文化是人格，也就是道德。

龙应台说："人本是散落的珠子，随地乱滚，文化就是那根柔弱又强韧的细丝，将珠子串起来成为社会。"

文化研究学者陆扬认为：从最广泛的意义上说，"文化"可以被视为"自然"的反义词，一切不是自然生成的东西都是文化[④]，因此，文化的概念实际上"是一扇敞开的窗户"[⑤]，就像宇宙中的黑洞，深邃而包容。

笔者根据本书的目的，在综合众多"文化"概念的基础上，将文化定义为：文化是人类创造的一切物质成果和精神成果的总和。

三 "文化"的外延

"外延"是一个与"内涵"相对应的逻辑学名词，指一个概念所概括的思维对象的数量或适用范围。

---

① 刘刚、王文鹏、陆俊杰：《多维大学校园文化研究》，中国书籍出版社2012年版，第1、29页。
② 季羡林：《季羡林文化沉思录》，张培锋编，时代文艺出版社2013年版，第180页。
③ 费孝通：《全球化与文化自觉：费孝通晚年文选》，外语教学与研究出版社2013年版，第238页。
④ 陆扬：《文化研究导论》，高等教育出版社2012年版，第1页。
⑤ 同上书，第24页。

由于文化无确切的"内涵",所以,其外延也难以统一,不同的划分标准呈现出"气象万千"的文化"外延";

若以地域为划分标准,文化可以分为:西方文化、东方文化、中原文化、岭南文化、都市文化、乡土文化等;

若以产业来源为划分标准,文化可以分为:农业文化(明)、商业文化(明)、工业文化(明);

若以产生的时间为划分标准,文化可以分为:传统文化、现代文化、旧文化、新文化等;

若以与时代核心价值的符合度为划分标准,文化可以分为:正向文化、反向文化、灰色文化、主流文化、非主流文化等;

若以内容所属主题为划分标准,文化可以分为:红色文化、自然文化、民族文化、名人文化、旅游文化、饮食文化、服饰文化等;

若根据所依附的组织的不同,文化可以分为:企业文化、学校文化、团队文化等;

若根据主体的层次划分,文化可以分为:高雅文化、大众文化、低俗文化等;

若根据显现程度不同,文化可以分为:物质文化(即"器"的文化)、精神文化(即"道"的文化)[1];

若根据功能的不同,文化可分为(马林诺斯基,1936):物质设备、精神文化、语言、社会组织等。

……

如前所述,本书采用的文化概念"是人类创造的一切物质成果和精神成果的总和"。与之相对应,本书认为,文化的"外延"包括人类创造的物质成果和人类创造的精神成果两个大的方面。人类创造的物质成果是可见的、有实体的;人类创造的精神成果不一定有实体,也不一定可见,但一定都是可知、可感的。

对于人类创造的精神成果所囊括的范围,各家观点又有差异:

有人认为,道德是文化的主体,哲学可以说是文化的导师[2];

---

[1] 陈序经:《文化学概观》,岳麓书社2009年版,第277页。
[2] 同上书,第131—132页。

有人认为,精神成果包括精神信仰、知识情感、伦理道德、制度规范、语言符号等①;

有人认为,言语是文化很重要的方面②

……

综上,本书认为,人类创造的精神成果即精神文化,范围包括:语言文字、哲学思潮、伦理价值、风俗习惯、生活智慧、法律规范、科学知识、宗教信仰、文学艺术、礼仪传统等。

四 "文化"的功能

作为虚实相杂的"文化",是否有用?又用在何处?虽然有人认为,真正的文化总是避开功利主义的计算形式,文化的价值正在于它的无用③。但更多的人认为文化是有用的,如:

社会学家认为,文化在行为的思想规范层面具有指导作用④。

费孝通先生的英国导师、世界著名的人类学家 B. 马林诺斯基认为,文化是人为了满足其需要而产生的,文化中的各个要素(从器物到信仰)对人的生活来说都是有功能的;文化是一种手段性的现实,文化的存在是为了满足人类的需要,而且创造新的需要;文化给予人类以一种构造器官以外的扩充,一种防御保卫的甲胄,一种躯体上原有设备所完全不能达到的空间中的移动及其速度,文化是人类累积的创造品,可以提高个人效率的程度与动作的力量,又给人类以深刻的思想与远大的眼光,同时又使许多个人成为有组织的团体,从而使之无止境地继续存在。总之,文化是功能⑤。

实际上,文化的功能是不言而喻的,且越来越渗透到政治、经济、教育等各个领域,发挥着越来越大的影响。

---

① 蔡劲松等:《大学文化理论建构与系统设计》,文化艺术出版社2009年版,第4页。
② 张耀南:《知识与文化:张东荪文化论著辑要》,中国广播电视出版社1995年版,第237页。
③ [英]尼克·史蒂文森:《文化公民身份:全球一体的问题》,王晓燕、王丽娜译,北京大学出版社2011年版,第181页。
④ 何平、张旭鹏:《文化研究理论》,社会科学文献出版社2014年版,第8页。
⑤ 陈序经:《文化学概观》,岳麓书社2009年版,第92页。

（一）"文化"的传统功能

"文化"历史悠远，文化的功能也从远古而来，且代代沿袭。

1. 文化的认同和象征功能

人是文化中的人，人是带有天然文化标签的。对于个人而言，文化有着身份认同和地位象征的功能。

认同是个人身份构成的内在过程。所谓文化认同，是指借助一定的文化符号如地方、性别、种族、历史、国籍、宗教、族群等，来完成个人或群体的界定的过程。文化认同必须经过长期的积累和建构，且文化认同一旦形成，便具有较强的稳定性和延续性，并与个人或群体的心理机制和价值判断紧密相连。文化认同的丧失或者对某种文化认同的否定，都会使人产生强烈的焦虑感和无所适从感[1]。从总体上看，文化是个人修身立命的追求，甚至是一种世界大同的必由之路[2]。

象征是个人身份的外显过程。所谓地位象征，是指一个人在获得身份认同的基础上，通过服饰礼仪、言谈举止、精神风貌等所表现出来的细化身份的确证过程。

身份认同和地位象征是互为表里的文化功能的体现，二者相辅相成，对个人的心理和精神产生稳定的影响。

2. 文化的吸附和凝聚功能

对于团体而言，文化发挥着耳目吸附和精神凝聚的功能。因为，文化有一种双向辐射现象，一种是内辐射，即文化产生向心力，发挥凝聚功能；一种是外辐射，即文化产生发散力，发挥融合功能[3]。在一个团体内部，文化犹如"磁场"，所以有"文化场""文化圈"之说，各种"团建"活动也在企业开展得如火如荼。团体通过其核心价值这个文化内核，润物细无声地同化团体成员的观念，吸附团体成员的耳目，凝聚团体成员的精神，进而形成具有向心力、战斗力、创新力的"文化共同体"，合力实现团体的既定目标。

---

[1] 何平、张旭鹏：《文化研究理论》，社会科学文献出版社2014年版，第29页。
[2] 陆扬：《文化研究导论》，高等教育出版社2012年版，第1页。
[3] 刘刚、王文鹏、陆俊杰：《多维大学校园文化研究》，中国书籍出版社2012年版，第34页。

3. 文化的教化和引领功能

对于社会而言，文化具有社会教化和引领发展的功能。

《周易》有云："观乎天文，以察时变，观乎人文，以化成天下。"冯友兰先生在《中国哲学的特质》中说，中国的"文化"从功能上讲是"化人"，即教化人、塑造人、熏陶人。文化通过道德示范、道德舆论、道德激励、规范教育、规制惩罚等途径，实现其社会教化和引领发展的功能。

在政治、经济、文化三大社会领域中，文化与政治、经济的联系日益紧密，文化对政治、经济的影响也比以往任何时候都要广泛而深刻。约瑟夫·奈创造性地提出了"软实力"概念，且认为中国的软实力优势就在于文化层面。政治和经济属于一个国家的"硬实力"，但只有在文化这个"软实力"的引领之下，才能保持政治改革、经济发展的正确方向，才能实现持续发展、健康发展和创新发展。人是要有一点精神的，社会也是要有一点精神的，精神是文化的核心意蕴，精神能够提振人、提升人，通过对人的精神这个中介的提振和提升，进而实现文化对社会的引领作用[1]。

（二）"文化"的当下功能

文化在中国的当下功能，主要体现在高度的文化自信是促进中国建设社会主义现代化强国、实现中华民族伟大复兴的精神动力。

党的十八大以来，习近平总书记多次指出："坚持不忘初心、继续前进，就要坚持中国特色社会主义道路自信、理论自信、制度自信、文化自信"；"文化自信，是更基础、更广泛、更深厚的自信"，要"坚定文化自信，推动社会主义文化繁荣兴盛"；"文化是一个国家、一个民族的灵魂。文化兴国运兴，文化强民族强。没有高度的文化自信，没有文化的繁荣兴盛，就没有中华民族伟大复兴"。

文化自信，是一个国家、一个民族、一个政党对自身文化价值的充分肯定，对自身文化生命力的坚定信念[2]。实现中华民族伟大复兴，需要

---

[1] 周浩然、李荣启：《文化国力论》，辽宁人民出版社2000年版，第3页。
[2] 云杉：《文化自觉文化自信文化自强——对繁荣发展中国特色社会主义文化的思考（中）》，《红旗文稿》2010年第16期。

充分激扬文化自信的强大精神力量。因为，文化自信是中华民族伟大复兴的重要前提，没有坚定的文化自信，不可能实现中华民族的伟大复兴；文化自信是中华民族伟大复兴的内在基础；文化自信也是中华民族伟大复兴的现实需要。

第二节 学校与文化

如前所述，本书的理论视角是组织行为学，即把学校文化作为一种组织文化进行研究。关注文化是任何一个成功组织的基本信条，任何一个有凝聚力的组织，都有一套为其成员所共享的、正式或非正式的习俗和传统体系，从而赋予自己的工作或职业一定的意义和目的，激发组织成员内在的生活热情与工作动力。一些学校繁荣昌盛，遇逆境而不衰，正是因为有了强大而富有激情的文化，它们富有追求，传统丰裕；一些薄弱学校毫无生机，正是由于"正文化"疲弱或者拥有的是一种"无焦点"的文化，缺乏领导和核心价值，它们只是在"求生存"[1]。可见，学校与文化是一体两面的关系，互为因果，也互相促进。要培养"有文化"的新人，需要"有文化"的学校，学校因而被期待成为"有文化的场所"[2]。

一 学校因文化而兴起

文化和教育自诞生之日起就形成了密不可分的联系，文化构成了教育的内容，教育则是文化的一种"生命机制"，文化的传承离不开教育[3]。

在中国的传统语境中，很多时候"学校"与"教育"可以互相取代。"教"字的甲骨文写法如图1—3，其结构从"孝"从"文"，可见，教育与文化同根，与文化是同时发生的。教育在本质上是一种文化活动，是

---

[1] D. Peterson Kent, E. Deal Terrence, *The Shaping School Culture Field Book* (2nd Edition), San Francisco: Jossey-Bass, 2009, p. 8.

[2] 张释元、谢翌、邱霞燕：《学校文化建设：从"器物本位"到"意义本位"》，《教育发展研究》2015年第6期。

[3] 王乐：《村落文化的传承与乡村学校的使命》，《湖南师范大学教育科学学报》2016年第6期。

汇集文化、传承文化、创新文化的活动。教育也是一种文化过程，是人与文化之间的双向建构过程，即"人化"和"化人"的统一过程。教育是文化发生、隔离、交流、选择的内在机制之一①。没有文化，教育就不可能产生。

图1—3 "教"的甲骨文写法

作为人与人之间一种交往活动的教育是需要场所的，这个场所中的正规部分就是学校。中国古代学校的称谓包括庠、序等。《孟子·滕文公上》曰："设为庠、序、学、校以教之。庠者养也，校者教也，序者射也。""养"即"养育""培养"，本身就有"教育"之义。夏朝把学校称为"序"，"序者射也"，"射"即"射箭"，乃习武之意，因为夏朝是中国第一个奴隶制王朝，统治者为了对内镇压和对外征讨，特别注重习射，以培养武士。虽然从字面上看，"武"与"文"对立，但从内容上看，"武""射"亦均属文化之列。"学"的文字变化如图1—4，在其上部的两边加"爪"，突出"手把手"教练的含义；金文在房屋下面加"子"，表明了教育的对象。"校"的甲骨文为 （交、双腿）+ （木、桎），表示用桎梏连锁双脚，使双脚不能自由活动，表明"校"乃规训之所。

图1—4 "学"的文字变化

---

① 刁培萼：《教育文化学》，江苏教育出版社1992年版，第19页。

可见，学校是应知识需要传承而产生的，起初的学校或许只有知识传授即"教"的单一功能，但随着知识总量的增大，对知识的辨析和选择需求增加，同时，随着社会组织分工的细化，学校被赋予了越来越多的"育"的文化功能，即通过知识的媒介实现育人、化人的目的。总之，学校因文化而生，没有文化，学校就会成为一具空壳，失去其存在的意义。

二　文化随学校而盛衰

文化具有累积性，文化之所以能够累积，是特别得力于教育[①]。因为，教育是文化的一种"生命机制"[②]。

（一）学校盛则文化兴

纵观中外教育发展史，学校获得大发展时期，往往也带来了文化的大繁荣、大昌盛。

1. 西方案例

拉丁语在欧洲的持续生命力源于系统的学校教育。如前所述，语言是文化的重要组成部分，拉丁语原本是意大利中部拉提姆地区的方言，后来因为发源于此的罗马帝国势力扩张而使拉丁语广泛流传于帝国境内，并成为官方语言。在基督教普遍流传于欧洲之后，直到20世纪前，拉丁语一直是欧洲教育的核心课程。在2016年以前，掌握拉丁语甚至是法国"精英们"的象征[③]。虽然拉丁语作为口语很早就消失于民间，现在只有梵蒂冈使用，而作为教会、学术和文化的专用语言，拉丁语却延续了一千多年，至今，欧洲的学术论文大多仍然要用拉丁语完成。

与拉丁语相仿的文化现象还有阿拉伯数字、罗马字母等。笔画简单、书写方便、使用十进位制便于运算的阿拉伯数字，是当今世界各国的通用数字。阿拉伯数字最初由古印度人发明，后由阿拉伯人传向欧洲，在欧洲得以现代化，大约在十三、十四世纪传入中国。在启蒙教育阶段，

---

① 陈序经：《文化学概论》，中国人民大学出版社2005年版，第75页。
② 参见石中英《知识转型与教育改革》，教育科学出版社2001年版。
③ 杨雨晗：《学哪门语言有讲究，掌握拉丁语成法国"精英们"的象征》（http://www.oushinet.com/news/europe/france/20151107/211107.html）。

儿童就开始学习认识、书写阿拉伯数字,中外学校,概莫能外。

古希腊哲学也是因学园而得以光大、传承的。苏格拉底开创了古希腊哲学研究的新方向,作为苏格拉底的学生,柏拉图在公元前387年创办了柏拉图学园,作为讲学授徒之所,其学生亚里士多德又仿效柏拉图创办了吕克昂学园,使古希腊哲学在"希腊三贤"的推动下成为整个西方哲学乃至西方文化之根。

2. 中国案例

"百家争鸣"是古代中国春秋战国时期一个非常璀璨夺目的文化现象,与当时学校体制的变化及其兴盛有着非常密切的因果关系。《周礼》中有"学在官府",表明夏商周时期学校完全由官府控制,那时的史官既是官府的官吏,又是学校的老师;只有王公贵族子弟才有资格进入学校学习。至周平王东迁,天子地位衰微,"礼坏乐崩",一些"王官"散入各诸侯国,有的甚至流落民间,"学在官府"的局面被打破,私人办学蓬勃兴起,入学条件也大为改变,教育对象不再分贵贱等级,受教育者的范围大大扩大,有学问的人迅速增多,逐渐发展起一个"士"阶层。各诸侯或大夫纷纷设立类似学校性质的"养士"场所,如齐国的稷下学宫招揽天下贤士讲学传道、著书立说,成为当时的学术文化中心和"百家争鸣"的发源地。诸侯各国纷纷效仿,使"百家争鸣"愈加繁荣,与同期的古希腊文明形成交相辉映之势。

儒家文化是中华民族文化体系中经久不衰的主流文化,与作为封建社会主流教育制度的科举制度及其影响下的学校教育具有牢不可破的勾连关系。汉武帝"罢黜百家,独尊儒术",在设置儒学五经博士的同时,罢免其他诸子博士,并下诏在长安兴办太学,用儒家经书教育青年子弟,使儒学成为官学的主体内容。及至唐朝,儒学在整个教育体系中占主导地位,不仅种类多、学额多,而且上下贯通、体系完整。科举制度是中国帝制时代设科考试、举士任官的制度,始于隋炀帝大业元年,到清光绪三十一年废科举兴学堂,在中国历史上整整存在了一千三百年之久[①]。科举制度的产生、兴盛及衰亡与相应时期学校教育的内容和形式相互印

---

① 刘海峰:《"科举"含义与科举制的起始年份》,《厦门大学学报》(哲学社会科学版) 2008年第5期。

证，二者遵循统一原则，形成一个有机整体。科举考什么，学校就教什么，科举制度指导和操纵着学校教育。由此，学校教育和科举考试共同推动儒家文化的发展兴盛，最终融入中华民族的骨髓。

以欧美文化为代表的西方文化传入中国并在中国大行其道，也与学校教育息息相关。晚清时期，少数有识之士如林则徐、魏源等开始注意到西方文化有其优越之处，提出"师夷长技以制夷"的政治主张，洋务派进而在"中学为体、西学为用"的文化教育观指导下，开办新式学堂，在学校实行"西学"教育、实科教育，大量传授自然科学知识和社会科学知识。进入民国时期，新文化运动又提出了"民主""科学"的口号，公开主张以西方文化取代传统的封建文化。在中国特色社会主义建设中，在经济体制改革取得巨大成就之后，教育体制、文化体制改革也逐步推进，有关西方文化或有利于接触西方文化的教育内容所占比重越来越大，如根据《教育部关于积极推进小学开设英语课程的指导意见》要求，全国城市和县城小学从2001年秋季学期开始开设英语课程，乡镇所在地小学从2002年秋季学期开始逐步开设英语课程；义务教育阶段各种涉及西方技术或西方文化的课文、信息技术课程等，高等教育阶段的西方思潮类课程、西方政治制度类课程、西方文化类课程等都在不同程度地帮助学生接触西方文化，西方文化甚至成了少数年轻人的价值主导文化。

（二）学校衰则文化败

以上都是学校教育促进文化繁荣的案例。从另一方面看，学校若衰落，发展处于低谷甚至停滞倒退，也会带来文化的大崩溃和大衰竭，典型的例子一是"文化大革命"时期，二是农村学校快速撤并时期。

1."文化大革命"时期

"文化大革命"发生于1966年5月—1976年10月，"文化大革命"时期的学校教育严重衰落，表现为：中小学学制缩短为5+2+2；教学内容除难度大大降低的语文、数学、外语、物理、化学以外，强调劳动课程和政治课程；大学停止招生，1971—1976年从工农兵子弟中选拔推荐大学生；大、中学生成立的"红卫兵"组织蜂拥而起，率先起来"造反"，张贴大字报、进行大批斗、全国大串连；因为"知识越多越反动"，不少教师被打成"反动学术权威"，学生交"白卷"反而成了英雄；为了平息学校内部的派系斗争，由"工宣队""农宣队"接管学校……"文化大革命"期间,学校不再是传播文化的组织,文化人在学校无立足之地。在学校遭受灭顶之灾的同时,文化也不能幸免,其中,破除旧思想、旧文化、旧风俗、旧习惯的"破四旧"对很多传统文化遗存造成了无法弥补的严重破坏,"文化大革命"让中国变成了一片没有文化的荒原(周有光语),"文化大革命"造成了整个中华民族的文化精神分裂(马健语)。习近平总书记在2013年11月底赴山东考察期间,专程到山东曲阜参观了孔子研究院并与各方座谈,在座谈会上,习近平总书记讲到"文化大革命"对传统文化的戕害。

2. 农村学校大撤并

中国从2000年开始通过撤销、合并等方式对农村学校进行布局调整,到2010年,全国农村普通中小学数量分别下降37.06%和62.25%。2012年,农村学校撤并被国务院叫停。在农村学校大撤并的十三年间,村小的快速撤并引发了社会和学界的普遍质疑。村小曾是国家机构在村落的象征,是村民能够看见庄严国旗的地方,孩子的琅琅书声和欢跳身影表明村落是宜居之所,拿着粉笔和备课本的老师续接着村落的文化气息……但村小的大面积撤并和快速撤离,意味着新文化从乡村撤离,意味着社会对村落文化的放弃,破坏了城乡之间的文化均衡,危及乡村文化自然生态的延续。乡村文化是中国社会的原住文化和本土文化,是城市文化的母体与原生态,是中国社会文化的细胞与源泉。作为村落地域中的社会文化实体,村小是村落和村民的重要文化设施,是村落文化形态栖身、繁衍的家园;是村落文化群落的内部整合者,是村落文化生态的守护者、建设者与滋养者;是先进文化的代表者,担负着塑造和推进村落核心文化的重任。村小的撤离,使整个社会文化同质化、城市化的趋势日益明显,削弱了中国社会文化体系原本的多样性、平衡性和差异性,使中国整个文化机体的生命与品质随之下降[1]。从此,乡村社会成为文化的看客,不再具有自我文化生长与更新的能力与机制[2]。失去了村小的村落,社会风气严重衰退,文化生活单调枯萎,难以找到生机活力。

---

[1] 龙宝新:《村小消逝现象的文化学思考》,《中国教育学刊》2012年第6期。
[2] 刘铁芳:《乡土的逃离与回归:乡村教育的人文重建》,福建教育出版社2008年版,第31页。

总之，离开学校，文化就失去了汇聚、传播、延续的最主要途径。学校好似遍布人体的大小血管，文化是流淌其间的、象征生命的血液，血管发生破裂或血液出现病变，都将重创生命机体，甚至导致生命完结。

我们说"文化随学校而盛衰"，只是一种理想的、乐观的应然状态。在现实场景中，学校繁荣文化却不一定繁荣，因为，有不少学校"有知识无文化"，甚至"反文化"。唯升学率独尊的学校，只重知识传授，甚至只重应考技能，如安徽六安的"高考工厂"毛坦厂中学，其题海文化、许愿树文化等实际上是一种教育领域的"反文化"。绝大多数农村学校，只满足于完成上级政府部门的各种要求，没有独立的、符合自身特色的文化追求，基本上可称为"无文化"。"反文化"或无文化的学校，都与教育本质相背离，与文化相背离，与人的发展相背离，不能算作真正意义上的学校。

三 学校与文化在互动中共发展

这里我们要剖析的是当下背景下学校与文化的关系。当前，中国正处于文化觉醒复兴、学校内涵发展的双繁荣时期，学校与文化相互映照、互相促进。

早在 2004 年，文化就被哈佛大学肯尼迪政府学院院长、全球战略问题研究专家约瑟夫·奈在其新著《软实力：国际政治中的制胜之道》中称为"软实力"[1]。作为软实力的文化，不仅是发展的力量和方式，本身就意味着发展[2]。学校文化建设是学校的一种发展方式，是一种符合教育本质的、内生的、生态的、可持续的发展方式。

（一）学校与文化通过"人"这个中介形成互动

如前所述，文化即"人"化，文化是属于人、定义人、装点人、构成人的重要元素，人是文化的主体与载体，文化是人存在的象征与标识[3]。学校是"人为"的，也是"为人"的，是聚集人、教化人、发展

---

[1] S. Nye Joseph, *Soft Power: The Means to Success in World Politics*, New York: Public Affairs, 2004, p.25.
[2] 成尚荣：《学校文化呼唤"深度建构"》，《人民教育》2011 年第 20 期。
[3] 龙宝新：《村小消逝现象的文化学思考》，《中国教育学刊》2012 年第 6 期。

人的文化组织。学校与文化的连接和互动是通过对"人"的教育活动这个中介，通过教育活动完成之后人的变化、发展和完善来完成这个连接和互动的。学校通过以文化为核心内容的教育活动促进"人"的发展，"人"在得到发展之后，又反过来对学校的发展和文化的繁荣产生积极的"反哺"，从而形成螺旋上升的良性循环。

（二）文化使学校保持特色发展和持续发展

学校属于服务性组织，要受市场和市场竞争的影响。户籍制度、划片入学、市场细分、教育领域综合改革等，都增加了学校竞争的激烈程度和竞争的文化内涵。要想在白热化、高层次的竞争中求得生存和发展，资金的投入、硬件的改变不再是放之四海而皆准的灵丹妙药，只有通过内部的文化塑造才能为学校的发展赢得"特许""金质"标签。文化既是教育之根，也是教育的手段[1]，学校进行文化建设就是要茁壮文化之根、丰富教育手段，获得持续发展的不竭动力。学校文化是达成学校师生共同愿景的引导和约束力量，这种内生力量不易消逝，也难以转向，能使学校保持发展的稳定性和持久性。在办学实践中，每所学校都会遇到各种各样的挑战和危机，如教育政策的变化、适龄入学人口数量的变化、教师队伍的更迭等，如果没有达成共识的学校愿景、没有一以贯之的育人目标等作为"定心丸"，学校的发展就极易出现跌宕起伏，甚至违背教育规律，偏离发展方向，不利于学校的特色发展和持续发展，反而可能导致学校的消亡。

（三）学校使文化得以汇聚和传承

人多而集中，是文化发展的一个条件[2]。学校是人群集中之所，具有文化发展的基本条件。学校能够汇聚各种正式课程所包含的主流文化、各种教师所携带的个体文化、各种家庭背景的学生所带来的世俗文化、各种建筑和教具所凝聚的"缄默"文化、各种信息途径所裹挟的网络文化等，欣欣然、泱泱然，看似花团锦簇，但这种自然汇聚的"文化杂丛"是不利于学生成长的，并不能直接教授和传承。因为学校不应只是一个单纯的知识传承机构，还担负着作为文化机构的社会使命。作为国家的

---

[1] 刘献君：《论文化育人》，《高等教育研究》2013年第2期。
[2] 陈序经：《文化学概论》，中国人民大学出版社2005年版，第185页。

法定文化机构，学校履行着正式的、正统的文化续构功能①。对于自然汇聚的多元文化，学校还要进行比较甄别、价值判断，对"文化杂丛"进行去粗取精、去伪存真，然后将正向的、主流的文化向学生传承，达到教育人、培养人、发展人的教育目标。

（四）学校使文化得以创新和提升

文化只有不断地创新才能得以延续和发展。中华文明之所以五千年绵延不绝，成为四大文明古国中唯一延续至今的文明体系，就是因为能够不断吸纳外来文明，并在融合的基础上不断创新。一方面，学校是文化汇聚之所，文化汇聚为文化融合奠定了必要的基础，而文化融合又给文化创新提供了丰沃的土壤。另一方面，学校通过建设创新型学校、打造具有创新意识的师资队伍、培养具有创新思想和创新素养的学生，才能在已有的基础和土壤条件下将文化创新落到实处。对于教师而言，可以通过课程开发尤其是基于地方文化的校本课程开发、关注以问题为中心的教学、将教育教学落脚于"人"等途径参与文化创新。对于学生而言，可以通过参与探究式学习、参与各种文化体验、参与科技创新活动等为文化创新助力。

文化提升与文化创新有着千丝万缕的联系，但又不尽相同。简而言之，创新是多维的，而提升是一维的，提升是指纵向水平的跃升。学校对文化的提升，主要是指在对多元文化淘洗的基础上促进文化的升华，这种提升的对象，既适用于外来文化，又适用于地方文化，这里仅以地方文化为例进行简单阐述。大多数地方文化是原生态的、质朴粗俗的，甚至表面看起来还是封建糟粕②，只有对其进行提升，保留其中的质朴道德、人情本性和独特形式，去除某些粗陋粗俗的表现方式，才能成为适宜的教育内容，并保持地方文化的绵延和螺旋式上升。经过创新和提升后的地方文化，不仅能够成为学校文化的一部分，而且能够对地方和社区起到文化引领的作用。如由鄂西南地区土家族的跳丧舞改编提升而来的"长阳巴山舞"，既是这一地区很多中小学大课间的活动内容之一，又

---

① 李令永：《学校的文化功能：一种社会学的视角》，《教育理论与实践》2010年第10期。
② 李素芹、张晓明：《基于差异分析法的地方高校研究生教育的文化价值》，《湖北社会科学》2010年第10期。

是这一地区城乡流行的广场舞曲目。

（五）不同的文化使学校各安其位、和谐共荣

中国古代、民国时期、新中国建立初期和改革开放初期，我们的学校曾经是百花齐放、异彩纷呈的。随着市场经济的深入推进，"城市中心主义""应试教育"等犹如市场"通货"般大行其道，且呈愈演愈烈之势，使大多数学校向"千校一面"发展，破坏了教育系统的正常生态。毋庸置疑，包括教育系统在内的任何一种社会系统，实际上都是一个"类生态"系统，系统内部只有在具有种类多样性、功能互补性等基本特征之后，才能够保持动态平衡，并实现可持续发展。教育系统的种类多样性，应由学校的不同文化属性来决定。文化是一所学校的内在本质属性，甚至就是学校本身。不同的学校应有不同的文化定位，确定不同的文化目标。就中国的城乡差异现状而言，位于城区的学校，更多的是代表一种现代城市文化，其文化定位就要以此为依据；而农村学校既应在乡土之地代表先进文化，也应保留、传续传统的乡土文化，需要在先进文化与传统文化、城市文化与乡土文化的碰撞和冲突中找到平衡，并承担起为乡土文化和地域文化"去蔽"的重任。城市文化具有一元性，而乡土文化和地域文化具有天然的多样性，城市文化和乡土文化之间没有层次高低之分，只有属性种类之别。从某种意义上说，乡土文化和地域文化更具有存在的价值和意义，因此，农村学校更需要关注其文化定位，以保证教育系统良好的生态发展。

除了上述理论分析之外，对于学校与文化在互动中共发展，还有不少实例可以佐证。如，遍布全球146个国家（地区）、向世界传播中华优秀传统文化的525所孔子学院[①]，着力于地方民族文化、民族传统体育文化、地方名人、文化创意产业等研究的吉首大学[②]，通过大课间、地方课程等方式传播展示各地民族民俗文化的大量乡村中小学，充分挖掘乡村教育资源的阆中教育和蒲江"现代田园教育"等，都是"学校与文化在互动中共发展"的现实注解。

---

① 《关于孔子学院》（http：//www.hanban.edu.cn/confuciousinstitutes/node_10961.htm.）。
② 《学校简介》（http：//www.jsu.edu.cn/xygk/xxjj.htm.）。

第三节 学校文化概述

理清学校文化是有一定难度的,因为,从实体性与实质性思维的视角看,学校文化的内涵具有多义性;从历史性与地域性时空的视角看,学校文化的外延具有多重性;从认识论与方法论哲学的视角看,学校文化的属性具有多质性[①]。

一 学校文化概念辨析

"文化"概念的多义性,决定了"学校文化"概念的多义性。

(一)"学校文化"的内涵

文化是学校的本体存在,办学校就是办文化。作为本书的核心概念,我们必须对"学校文化"概念有一个充分的辨析和准确地把握。

在西方,最早提出"学校文化"概念的是美国学者华勒(Waller),他在1932年出版的《教育社会学》中将学校文化定义为学校中形成的特别的文化。在中国,"学校文化"最初是作为"校园文化"提出来的,始于20世纪80年代。随着时代的发展,"校园文化"逐步拓展为"学校文化"。

对于"学校文化"的内涵研究,研究者观点不一:

中国最早在专著中论及"学校文化"的是朱颜杰,他认为,"所谓学校文化,是指一所学校内部形成的、为其成员所共同遵循并得到同化的价值观体系、行为准则和共同的思想作风的总和"[②]。

顾明远主编的《教育大辞典》认为:"学校文化是指校内有关教学及其他一切活动的价值观念及行为形态"[③]。

中国最早对"学校文化"进行专门研究的论文是李学农的《广义学校文化论》[④],他认为,广义的学校文化涵盖学校中的一切文化要素。

---

① 李广:《学校—社区互动》,《教育研究》2018年第4期。
② 朱颜杰:《学校管理论》,辽宁教育出版社1990年版,第133页。
③ 顾明远:《教育大辞典》,上海教育出版社1992年版。
④ 李学农:《广义学校文化论》,《江苏教育学院学报》(社会科学版)1994年第1期。

叶澜认为，学校个性的本质是文化个性，文化是开发学生生命潜能并具有生命意义的一种力量。学校文化建设又叫隐性课程建设。我们把学校新文化建设称为学校大文化建设，把通常理解的校园文化建设称为学校小文化建设。学校大文化建设的实质是学校文化精神和使命的确立①。

俞国良提出，要从心理学和组织氛围的角度研究学校文化，学校文化是承载师生价值观（学生为主体、教师为主导）的活动形式和物质形态②。

郑金洲从组织学、文化学入手探讨学校文化，他认为，学校文化是"学校全体成员或部分成员习得且共有的思想观念和行为方式等"③。

赵中建认为，学校文化是"物的部分"和"心的部分"的完美结合，能够区别不同的学校④。

袁先潋认为，学校文化是一所学校的历代领导和师生员工在长期的教育教学实践中积淀创造而成的、为全体成员认同和遵循的价值观念、行为准则、组织结构、思维方式、物化环境及由此而产生的物质和精神形态的总和⑤。

张东娇认为，学校文化是指学校全体成员共同创造和经营的文明、和谐、美好的生活方式，是学校核心价值观及其指导下的行为方式和物质形式的总和⑥。

约翰·塞菲尔（John Saphierand）、玛修·金（Mathew King）、大卫·斯图瓦德（David Stewart）都一致把学校文化定义为"学校里的人做事的方式"。

特伦斯·E.迪尔等认为，学校文化是教师、学生、家长和管理人员通过共同努力，在处理危机和取得成绩的过程中逐渐创立起来的传统和

---

① 叶澜：《世纪之交中国学校教育的文化使命》，《教育参考》1996年第5期。
② 俞国良：《学校文化新论》，湖南教育出版社1999年版，第30—31页。
③ 郑金洲：《教育文化学》，人民教育出版社2000年版，第240页。
④ 赵中建：《学校文化》，华东师范大学出版社2004年版，第105、98页。
⑤ 袁先潋：《学校文化力建设策略》，西南师范大学出版社2009年版，第12页。
⑥ 张东娇：《论学校文化与校长领导力》，《教育科学》2015年第1期。

仪式的复杂模式①。

学校文化是一张"意义之网",具有很强的弥漫性和渗透性。

虽然上述表述形式不尽相同,但总体来看,都认为学校文化是一种组织文化。综合上述观点,本书认为,学校文化是一所学校在长期的历史发展过程中形成的、为学校广大师生普遍认同并共同遵循的价值观念及其静态和动态的呈现方式。此处使用"呈现方式"而不使用"行为标准"和"行为方式",是因为"呈现方式"更具有包容性,因而作为概念表述可能也更为恰当。

(二)"学校文化"的外延

"学校文化"的外延是指"学校文化"这个概念所概括的思维对象的数量或者这个概念的适用范围。因"学校文化"的内涵具有多样化表述,其外延也显示出多样化特征。

俞国良对"学校文化"的外延表述最为繁杂,他认为,学校文化包括学校的教育目标、校园环境、校园思潮、校风学风以及以学校教育为特点的文化生活、教育设施、学生社团组织、学校传统习惯和学校的制度规范、人财物等内容②。

借鉴美国沙因教授对组织文化的分类,赵中建将组织文化分为由内而外的四个层面:默许假设、共享价值观、共享行为规范和象征性活动③。

刘刚等对大学文化外延的分析也适用于中小学。他认为,从组织构成的不同层面,学校文化可分为精神文化、制度文化、行为文化、环境文化;按照文化的内容结构,则可分为物质文化、制度文化和精神文化;根据文化在学校中不同的存在和表现形态,又可分为制度形态、观念形态、关系形态的文化④。

张东娇认为,一般把学校文化分为精神文化、制度文化、行为文化

---

① [美]特伦斯·E. 迪尔、肯特·D. 彼德森:《校长在塑造学校文化中的角色》,王亦兵译,中国青年出版社2006年版,第13页。
② 俞国良:《学校文化新论》,湖南教育出版社1999年版,第30—31页。
③ 赵中建:《学校文化》,华东师范大学出版社2004年版,第11页。
④ 刘刚、王文鹏、陆俊杰:《多维大学校园文化研究》,中国书籍出版社2012年版,第80页。

和物质文化，精神文化又被称为学校的办学理念体系，制度文化、行为文化和物质文化则合称为学校的办学实践体系①。

特伦斯·E. 迪尔等认为，学校文化包括典礼、仪式、传统及符号、历史典故和学校历史事件等②。

还有人把学校文化分为理念层、行为制度层和符号层三个层次。

也有人把学校文化细分为使命、目标、历史、校园事迹或故事、传统、典礼、仪式、文化象征物、符号、校训、文化展示区、特色活动、规范、价值观和信念、假设和行为方式等。

本书以组织行为学的视角研究学校文化，对学校文化外延的概括既不能太粗，也不能太细，因为，太粗则缺乏对学校文化建设的实践指导意义，太细则不利于不同的学校发挥各自的主体能动作用。基于此，本书认为，宜把学校文化的外延确定为精神文化、制度文化、物质文化和行为文化。其中，精神文化是学校文化的核心，制度文化、物质文化和行为文化都要体现精神文化的价值内涵：精神文化应固化在组织的制度体系之中才能形成制度文化，否则只能称为"制度"；精神文化也应物化在组织的环境景观之上才能形成物质文化，否则只能叫作"建筑"或"景观"；精神文化还应外化在组织成员的行为之上才能形成行为文化，否则只能称为"行为"。

精神文化、制度文化、物质文化和行为文化是由内而外、由隐到显呈同心圈层排列的，且外圈对内圈应全部包含或体现，即制度文化要包含或体现精神文化，物质文化要包含或体现精神文化、制度文化，行为文化要包含或体现精神文化、制度文化、物质文化。虽然从某种意义上说，学校师生的行为文化是受学校精神文化和制度文化规约的，是二者自然延展的外显形态，单列的意义不是特别充分，但由于学校的灵气在于人和人的行为，所以，为了更好地发挥本书的实践指导意义，我们仍将行为文化作为学校文化外延的一个组成部分。

---

① 张东娇：《论学校文化的双重属性》，《中国教育学刊》2016 年第 2 期。
② ［美］特伦斯·E. 迪尔、肯特·D. 彼德森：《校长在塑造学校文化中的角色》，王亦兵译，中国青年出版社 2006 年版，第 59、80 页。

二 学校文化的内在价值意蕴

文化因其本身的内生价值属性,首先实现"自为"的存在,进而展现"他为"的功能。学校文化的内在价值意蕴,指的就是学校文化对于本校的内在功能。越来越多的学校管理者意识到,要适应教育变革和社会发展的需要,要在激烈的竞争中求生存、求发展,必须打造学校文化。学校文化对学校的发展、学生的成人、教师的成长等均具有非常重要的意义和价值。

(一)学校文化是学校历史积淀的绵延之根

每所学校都有或长或短的历史,在学校发展的历史长河中通过大浪淘沙,那些具象的东西会随风而去,但那些不变的价值追求、隽永的经典故事、伟岸的标杆人物等则可穿越历史,通过学校优势、学校特色、学校品格、学校品牌等积聚成为一所学校的特殊基因,与学校融为一体,一方面不断实现学校的自我超越,另一方面帮助学校在复杂多变的环境中实现永续绵延。

(二)学校文化是学校生命机体的精髓灵魂

常有人把学校比作生态系统,也有人把学校称为"生命体",这不仅是因为学校里有人、有花草树木,更多的是因为学校是文化的象征,甚至学校就是文化本身。因为有了文化,因为是文化,所以学校才是"活"的,是文化赋予学校以活的灵魂,是文化凝聚成学校的灵动精髓。一所学校若失去了文化,失去了对特有文化的坚守和追求,而只是作为制造考试机器的标准化工厂,或任由学校成为政府的附庸,这样的学校就像没有头脑、没有心脏,没有灵魂的稻草人,没有自身的成长故事,没有对未来的生命向往,也就经不起风吹雨打,因而无法代代相传。学校师生需要文化,因为文化具有内辐射和外辐射的双向功能,其中的内辐射即凝聚,能对学校各种生命机体发送磁场和向心力,指引学校一致向前。

(三)学校文化是学校全部活动的旗帜统领

一般而言,学校的活动涉及教学、教研、师资队伍建设、德育、学生管理和服务、学生社团、社区开放服务、各种荣誉竞争、校外交流等,不同的活动有不同的管理部门或社会组织与之相连,纷纷杂杂,头绪众多。一所有文化的学校，会以学校文化为旗帜和统领，制定中长期战略发展规划，并在战略规划的引导下开展学校的全部活动。这样的学校，能够根据学校文化方向和战略规划内容，对各种事务进行合理取舍、统筹兼顾，不会对他校特别是"名校"的经验简单地"拿来"、照搬，有文化自信的"我们"永远是学校活动的主体，一切坚持以"我们"为主、对"我们"有益、为"我们"所用的原则。而一所文化薄弱的学校，由于缺乏核心价值追求，必然难以形成科学有效的战略规划，会经常受到外界干扰，所以无论是人还是事，都难有凝聚统领，群龙无首难成团队，工作忙乱顾此失彼。福建省厦门市第一中学校长任勇认为，学校文化建设是学校教育教学的载体，是有效实施课程改革的基本保证，也很可能是实施素质教育的突破口。

（四）学校文化是学校持续发展的"司南"指针

学校的发展可以大体分为外延发展和内涵发展。所谓外延发展，指的是学校规模的扩张和学校物质条件的改善，在中国，很多学校尤其是农村学校仍然需要这样的外延发展，但只要有足够的经济支撑，这种外延发展毕竟是可以实现的，因而是阶段性的。当学校的外延发展达到某种程度之后，学校即进入"高原期"，如何实现学校的后续发展？在生源减少的背景下如何实现学校的可持续发展？有些学校陷入了迷茫，使学校发展停滞甚至倒退。在这种学校发展的转型期，需要在校长团队的带领下，集合全体师生的智慧凝练学校文化，用学校文化为学校的可持续发展指明方向，并沿着这个方向规划学校未来方方面面的工作，防止迷失或跑偏。在城乡二元体制仍然存在的背景下，开展学校文化建设，根据各校的历史传统、目前状态和未来期许等确定学校发展的理念体系，并在理念体系指导下推进学校文化实践体系的建设，能为城乡学校实现"两不相害"的生存和发展提供适合的路径指引，为各不相同的学校找到适合自身发展的定心力、牵引力和推动力，从而引领学校健康可持续、差异有特色的发展。

（五）学校文化是学校师生员工的风貌精神

20世纪90年代，华中科技大学的涂又光先生提出了著名的"泡菜理论"，即泡菜的味道取决于泡菜水的味道。学校文化好比四川泡菜的泡菜水，影响和决定着浸润其中的师生的精神风貌和行为风格。众所周知，人是要有点精神的,因此,"精气神"成为大众化的书法作品,悬挂在很多人的书房或办公室。学校作为培养未来建设者和接班人的文化机构和文明场所,师生断不能萎靡不振,更不能邋遢粗俗。一所学校,只有具有了鲜明的文化特质,且其独特的文化得到全体师生的高度认同,才能润物细无声地影响人、感染人、熏陶人、教化人、塑造人,使师生员工由内而外自然散发出特有的"精气神"和文化品位。

三 学校文化的外显功能

学校文化的外显功能,指的是学校文化在学校对外展示宣传、合作交流、声誉竞争、社区贡献等活动中所发挥的作用和功能。

(一)学校文化是学校对外展示宣传的金质"名片"

一所学校要在社会系统中立足,必须获得社会的理解和支持,这就需要学校进行适当的对外展示宣传。在对外展示宣传中,不同的学校利用不同的"名片",有的使用校园美景,有的使用特色的校园建筑,有的使用教育教学改革成果,有的借助优秀校友,有的借助优秀教师,有的则利用得天独厚的地理位置……学校文化既可以是上述各种"名片"的综合,也可以是上述某一种或某几种"名片"的凝练提升,所以,学校文化作为对外展示宣传的"名片",其含金量要比某种单一的宣传手段高得多,既能体现学校作为文化机构的本质属性,也是完成学校文化使命的当然途径。

(二)学校文化是学校寻求合作交流的资格条件

唯物辩证法告诉我们,事物之间是普遍联系的,世界上不存在完全孤立的事物。在这个"蝴蝶效应"彰显的时代,一个组织机构更是不可能独善其身而获得良好的生存和发展。早在 2011 年 4 月清华大学的百年校庆上,胡锦涛同志就明确提出了"要积极推动协同创新""建立协同创新战略联盟"。很快,协同创新从高等教育领域逐渐扩展到基础教育领域。基础教育领域的合作主要包括家校育人合作、校校教研合作、U - G - S 全方位合作[①]、中外学校合作等。学校文化的有无和优劣是一所学

[①] 刘益春、李广、高夯:《"U - G - S"教师教育模式构建研究——基于教师教育创新东北实验区建设的实践与思考》,《教师教育研究》2013 年第 1 期。

校办学质量高低的核心指标,一所学校在寻求合作伙伴时,一味"高攀"是不可能找到良好的合作交流空间的,而是需要"门当户对""强强联手",才能实现有效的资源共享,使合作学校获得双赢、共创辉煌。

(三)学校文化是学校参与荣誉竞争的布局谋篇

竞争是一种社会互动形式,是指人与人、群体与群体之间对于一个共同目标的争夺。荣誉作为一种社会稀缺资源,只有通过竞争才能获得,越是高级别的荣誉,竞争就越是激烈。如果竞争只是人、财、物的竞争,是不符合科学发展观的,对一所学校来说也是不可持续的,对于市场来说则会造成极大的混乱。相反,如果一所学校有其稳定的文化特质,就会在此引领下形成核心竞争力、品牌竞争力和发展定心力,根据进一步发展的需要谋划荣誉结构,从而在多元复杂的荣誉竞争环境中有所为、有所不为。

(四)学校文化是学校做出社区贡献的营养来源

文化具有双向辐射功能,其中的外辐射体现的是学校文化的发散力,即学校不能只在自身固定的"场域"内传递能量,必然要将自身在不断发展过程中积聚和创造的精神成果和物质成果辐射到社区乃至整个社会[1]。学校存在于社区之中,社区是学校发展的土壤,学校理应通过多种方式回报、回馈社区,如净化校园周边环境、进行社区政策宣传、进行主题式家校互动等。通过文化辐射为社区提供文化滋养,是学校回馈社区的最好方式,也是最不可替代的方式。因为学校文化不仅能使校内师生拥有共同的使命和任务,也能增强整个社区的动力和活力,能使家长和当地居民形成一个关系密切的共同体。如果学校的意义和成就能够在社区得到广泛宣传,人们就不会仅仅从测试成绩来判断一所学校的价值了[2]。学校文化具有历史继承性、地域独特性、发展导向性、品德濡染性等特征,既与社区及其居民有着天然的"接口",又能满足社区及其居民

---

[1] 刘刚、王文鹏、陆俊杰:《多维大学校园文化研究》,中国书籍出版社2012年版,第34页。

[2] [美]特伦斯·E.迪尔、肯特·D.彼德森:《校长在塑造学校文化中的角色》,王亦兵译,中国青年出版社2006年版,第173—175页。

越来越高的文化需求。学校是社区居民的精神家园和文化枢纽，而不仅仅是学生掌握一般文化知识的场所①，尤其是在乡村文明遭遇荒漠化、农村文化处于困境突围之时，农村学校是可以有所担当的，也更应有所担当②。

---

① 马培芳等:《农村社区与小学教育的双向参与》,《教育研究》1995年第4期。
② 董树梅:《"后撤点并校时代"农村文化困境突围中农村学校的担当》,《河北师范大学学报》(教育科学版) 2014年第1期。

第 二 章

必要：农村学校文化建设之"理"

绪论已对本书的实践意义进行了简要说明，本章将在此基础上从开启文化自信的心理源泉、更新义务教育的发展理念、坚持"以人为本"的教育目的、化解农村学校的发展困局几个方面对农村学校文化建设的必要性进行更加深入的理性分析。

第一节 开启文化自信的心理源泉

自信是一种心理特征和心理状态。只有坚定文化自信，不断推动文化繁荣兴盛，才可能实现中华民族的伟大复兴。

一 建设文化强国需要文化自信

习近平总书记在党的十九大报告中明确了坚持和发展中国特色社会主义的总任务是实现社会主义现代化和中华民族伟大复兴。全面建设社会主义现代化国家分为两个阶段：2020—2035年为第一个阶段，目标是基本实现社会主义现代化；2035—2050年是第二个阶段，目标是把中国建设成为富强民主文明和谐美丽的社会主义现代化强国。

文化是一个国家、一个民族的灵魂，是民族持续之根，是一国人民的精神家园。实现中华民族伟大复兴，迫切需要中国由文化大国发展成文化强国。所谓文化强国，是指一个国家具有强大的文化力量，这种力量既表现为具有高度文化素养的国民，也表现为发达的文化产业，还表现为强大的文化软实力。建设社会主义文化强国，必须培养高度的文化自信。坚定文化自信，事关国运兴衰，事关文化安全，事关民族精神的独立性。

二 中华民族文化自信的源泉是农业文明

要坚定中华民族的文化自信，首先必须弄清楚应该"信"什么样的"文化"。一个民族文化自信的根本源泉是这个民族特有的文明①。不管是否愿意，每个人都天生带有所属民族的文化基因，且这种文化基因决定着一个人基本的价值观和基本的行为习惯。通过学习和培养，一个人明确意识到民族文化和特有文明的特殊价值，从而使潜意识里的文化基因与显性的文化自信同向发力，才能使作为文明生物的人更加和谐，民族也更加昌盛。只有具有文化自信的人，才能在现代化的生活中和谐地生存；同时也才能够在面临文化冲突时坚定地保持自己的身份和文化自信②。缺乏对自己民族文化的自信，会因为内外冲突产生个人精神上的分裂，也会使民族内部产生裂痕。

根据美国政治学家塞缪尔·亨廷顿在《文明的冲突与世界秩序的重建》中的观点，世界文明划分为七大或八大文明区域，即西方文明、拉美文明、东正教文明、伊斯兰文明、中华文明、印度文明、日本文明，以及可能存在的非洲文明，中华文明属于农业文明。中国台湾史学大家许倬云对照中西文明，得出中华文明五千年经久不衰的原因就在于农业文明。农业文明是中华文明的根基，是中华民族的魂魄。中华民族不能在拥抱工业文明和城市文明的同时，毁了自己农业文明的根基③。陈锡文在为刘奇所著的《中国三农"危"与"机"》序中指出："农业文明是与工业文明、城市文明并行不悖的一种文明形态，它们之间并不是非此即彼、你死我活的关系。没有农业文明，一切文明都将是空中楼阁。"

农业文明带有自然的"乡土味"。位于农村的中小学不可能、也不应该摒弃农业文明及其乡土味。相反，农村学校必须弘扬农业文明，必须尊重并放大它所独有的乡土味。具体来说，农村学生的文化自信应该首

---

① "文明""文化"有时可以混用，但二者的外延不确定，有时文明比文化大，有时文化比文明大。
② 刘铁芳：《重新确立乡村教育的根本目标》，《探索与争鸣》2008年第5期。
③ 阎海军：《崖边报告：乡土中国的裂变记录》，北京大学出版社2015年版，第275—281页。

先来自对生于斯、长于斯的乡土味的自信。乡土味的中华民族文化包括乡村伦理文化、乡村风俗文化、山水文化、乡土技艺文化、种养文化等等。其中，乡村伦理文化又包括天人合一的生态伦理观（可作为农村学校开展环境教育的主题）、勤勉耐劳的生存伦理观（可作为农村学校开展德育活动的主题）、信任互助的交往准则（可作为农村学生人际交往的准则）等①。如果农村学校放弃对乡土味的农业文明的尊重和弘扬，则会斩断中华民族文化自信的源泉，因为，中华文化之复兴应是乡土文化与城市文明的互补共生②。

三 文化自信要"从娃娃抓起"

俗话说："三岁看大、七岁看老""少成若天性、习惯成自然""嫩枝易弯也易直"……中小学生如同嫩芽幼苗，文化如同水分肥料，水分肥料充足，则嫩芽幼苗的根茎粗壮结实。一个人对本民族的文化自信应该从幼年时期开始培养，应该从对其民族身份的文化认同入手进行培养。

"认同"不是天生或固有的东西，而是在文化环境中进化而来的，通常包括阶级、性和性别、种族和民族③。认同是身份构成的过程，文化具有传递认同信息的功能。所谓文化认同，就是借助一定的文化符号如地方、性别、种族、历史、国籍、宗教、族群等来完成个人或群体的界定。文化认同必须经过长期的积累，依靠对集体记忆、共享传统和共同历史的认知，才能逐渐建构起来。每一种文化认同，都是在特定的文化环境中通过特定的文化再生产机制被塑造出来的。文化认同一旦形成，便具有了较强的稳定性和延续性，并与个人或群体的心理机制和价值判断紧密相连。文化认同的丧失或对某种文化认同的否定，都会使人产生强烈的焦虑感和无所适从感。在人的社会化进程中，文化认同植入人的自我结构的过程，也是个体不断发现自身、确认其与世界的联系、建构自己

---

① 张悦：《试论乡村伦理下的农村学校德育》，《中小学德育》2016年第7期。
② 邬志辉：《乡村教育现代化三问》，《教育发展研究》2015年第1期。
③ [英]尼克·史蒂文森：《文化公民身份：全球一体的问题》，王晓燕、王丽娜译，北京大学出版社2011年版，第200页。

生活意义的过程①。文化认同是"向内"和"向外"的统一②。

如果孩子在幼年时缺乏来自本民族主流文化的全面濡染和滋养,没有能在其心目中建立起基本的文化认同,那么,在其后期成长过程中会本能地漠视本民族的文化,更不会对本民族的文化产生自信。当他在光怪陆离的文化盛宴中自由"取食""饱餐"之后,其文化信仰、思想品格将成为"大拼盘""大杂烩",想要再去让他重拾对本民族的文化自信将是事倍功半、亡羊补牢,甚至是无济于事的。

邓小平同志说过,"计算机的普及要从娃娃抓起""足球要从娃娃抓起"。我们认为,内生的文化自信更要从娃娃抓起。如前所述,中华民族的文化是农耕文化,中华民族的文明属于农业文明,农村学校位于中华民族文化的根基之地,位于农业文明的涵养之源,更有培养学生对农耕文化认同、对农业文明自信的地利之便,加上中小学阶段是基本价值观形成的关键时期,也是文化认同的奠基时期,如果错过这一时期,长大后的农村孩子无论生活在哪里,就都可能只是"香蕉人",表里相异,内心缺乏和谐、宁静。

第二节　更新义务教育的发展理念

多年来,绝大多数农村学校的发展缺少文化引领和文化内涵,发展的范本是城区优质学校,但由于硬件设施、教育环境、师资力量、生源素质等方面的绝对差异,这种"城市中心主义"的"一元化"追随模式既没能向社会尤其是农村输送"多元"适用的后备人才,也没给广大农村学校带来健康可持续的发展格局。相反,随着农村学龄儿童的持续减少,农村学校的数量和规模不断缩减,不少农村学校的生存尚且堪忧,更难论及发展。十八届五中全会提出创新、协调、绿色、开放、共享的五大发展理念,是中国共产党关于发展理论的重大升华,是习近平新时代中国特色社会主义经济思想的主要内容,也是

---

① 何平、张旭鹏:《文化研究理论》,社会科学文献出版社2014年版,第29页。
② 田夏彪:《城镇化进程中农村教育文化认同功能失衡的审视》,《内蒙古社会科学》(汉文版)2014年第3期。

全面指导新时代义务教育发展的基本理念。无论城乡，所有学校都需要因地制宜地重设发展规划、自主自觉地探索发展路径、与时俱进地创新发展模式。

一 统筹城乡发展

统筹城乡教育发展理念是新时代五大发展理念中协调、共享的具体体现。中国教育领域的统筹城乡发展经历了从"均衡"到"一体化"的过程变化。2005年《关于进一步推进义务教育均衡发展的若干意见》第一次将"均衡"作为义务教育发展的指导思想和发展方向；党的十七大报告提出了"义务教育均衡发展"思想之后，义务教育均衡发展被逐渐提升为国家战略，上升为国家意志。2010年，《国家中长期教育改革和发展规划纲要（2010—2020年）》发布，"城乡教育一体化"作为国家政策概念正式形成。两相比较可以发现，城乡教育均衡发展指向的是城乡教育差距问题，而城乡教育一体化则更多指向城乡交流、城乡互动、城乡协调，追求的是城乡隔离逐渐被打破状况下教育要素资源"交流融合的城乡教育平等"，不仅包含了城乡教育均衡发展的内容，而且提出了实现这一目标的方式方法，即对教育目标、教育对象、教育资源等进行统筹，以达到双向沟通和良性互动。因此，城乡教育一体化比城乡教育均衡发展有着更为丰富的内涵和更高的要求，是当前中国处理城乡教育关系的最新发展理念和政策表述[①]。

在统筹城乡教育发展的理念下，城市和乡村的教育不再是二元分离、泾渭分明的，也不再是城优乡劣、乡退城进的，而是互补共赢、各美其美的。在这样的教育发展理念指导下，需要城乡学校以学校文化建设为统领，抓住教育领域综合改革的政策机遇，化解城乡学校恶性竞争的挑战，充分发挥自身条件和教育环境的独特优势，克服各自困局，人人"有为"，校校"有位"，形成城乡教育互动、资源优势互补的多元发展和互利共赢格局。

---

① 杨卫安：《城乡教育一体化：问题指向、内涵阐释与方法论选择》，《湖南师范大学教育科学学报》2015年第5期。

二　勇于自主管理

学校自主管理理念是新时代五大发展理念中创新理念的具体体现。长期以来，政府对义务教育学校管得多、管得严、管得死，学校缺乏自主管理意识，"守成"和"等靠要"思想严重，工作被动、求稳。但根据《中华人民共和国教育法》第二十九条规定，学校有"按照章程自主管理"的权利。近几年，各学校也纷纷制定了学校章程，应该离自主管理不远矣！"自主"就是要充分发挥学校自身的积极性，挖掘学校潜力，自为、自立、自强，用足各方资源，并不断创造条件谋求学校的更好发展。

对于属于义务教育阶段的中小学而言，由于是国家强制性教育，受到法律、政策、政府、社会的监管颇多，其自主管理有较多的限制条件，但仍然具有一定的自主运作、自主发展的空间。一所义务教育学校要想在政府主导的资源配置和有限的自主管理空间获得更好的发展，应从氛围营造、人心凝聚、文化建设等"软处"着手，才能找到自主管理的现实空间。

三　寻求特色发展

学校特色发展理念是新时代五大发展理念中创新、开放理念的具体体现。由于长期受应试教育的影响，"高分即高质量"的观点在中国曾大行其道，导致中小学千校一面。随着教育领域综合改革的深入推进，教育质量观正在逐渐由一元质量观向多元质量观转变，学校与学校之间的竞争不再仅仅是分数的竞争，校园及周边环境、学校人文氛围、课程结构、教研水平、管理水平、文体活动、家校合作、社区贡献等均不同程度地成为吸引家长和学生的亮点，从而成为评价一所学校教学质量、吸引生源的重要影响因素。在此背景下，一所学校，哪怕是在传统的一元教育质量观中不占任何优势的学校，也可以通过在某一方面或某几个方面寻找亮点、培育特色而获得突破，改变过去的平庸状况，获得各美其美的发展。

学校寻求特色发展，是学校在激烈的市场竞争中寻找当下立足点和未来发展空间的行动策略。同时，鼓励每所学校寻求特色发展，又是中国义务教育学校实现差异化发展的必经之路。有研究者认为,中国义务教育发展大致需经历普及化—均衡化—后均衡化三个阶段,当前正处于均衡化向后均衡化过渡的阶段,教育的发展也正由"追求均衡"向"鼓励差异"转变①,而特色就是差异。

行动离不开思想的指引,学校文化作为学校思想的载体和集成,既要先于行动而存在,又需要在行动中不断丰富和完善。从这一角度看,学校特色发展和学校文化建设是相辅相成、互促共进的。

四 转型内涵发展

学校内涵发展理念是新时代五大发展理念中创新、绿色理念的具体体现。内涵发展是相对于硬件条件建设、学校规模扩张等外延发展而言的。任何一个组织、一所学校的发展都要经历从无到有、从小到大的外延发展阶段,但仅有外延发展是远远不够的,在外延发展达到一定条件和规模之后,如果没有接续的内涵发展,学校要么陷入停滞,要么由于目标的丧失开始倒退。学校是培养人的文化机构,停滞和倒退的衰败态势都非常不利于人的培养。所以,任何一所学校,无论当前处于什么发展阶段,都必须有转型内涵发展的精神准备和能力准备。

学校转型内涵发展的意义不言而喻。但学校内涵发展要怎么做?文化建设在学校内涵发展中处于什么位置?

近些年来,农村学校似乎失去了长期以来的奋斗目标,加上生源数量递减,不少学校越来越缺乏活力、动力和吸引力,处于停滞甚至倒退状态,外延发展似已不太可能。在此背景下,农村学校除了接受"输血"之外,还必须增强"造血"功能,即改变教育观念、营造良好的教育氛围、主动变革传统的教学方法和简单的管理方法、全面提升教育教学质量,转型内涵发展。农村学校要获得持续发展,必须由"硬件推动型"

---

① 李生滨、傅维利、刘伟:《从追求均衡到鼓励差异——对后均衡时代义务教育发展的思考》,《教育科学》2012 年第 1 期。

向"软件驱动型"过渡①，实现内涵发展。学校文化建设是一所学校走向内涵发展的重要标志，也是一所学校走向个性化办学的关键②，是学校的"软件驱动器"。农村学校的内涵发展应强化"非竞争性立场"，即发展并非是为了在和其他学校尤其是城市学校的竞争中获得某种优势，而是在充分尊重本校生命特性的基础上，更好地促进自身的本土化发展③。学校的内涵发展，必须以学校文化为统领，因为文化是学校的灵魂，是学校发展的持续动力和不竭源泉。文化建设与农村学校吸引力、农村学校教育质量之间的关系，不是单向度的、线性的关系，而是"共时共生"的关系，因为，学校文化是系统思考学校发展和改进的有效工具，学校文化建设是学校稳定持续发展的必由之路④；就当下现实来看，当我们讨论学校文化建设问题时，不是在说学校的某项具体工作，而是在谈论整体的学校发展问题⑤。

从微观操作上看，学校内涵发展应从"一观""二人""三课"着力。"一观"是指学校全体成员共享的核心价值观，这既是学校内涵发展的灵魂，也是学校文化建设的核心要素。"二人"是指教师和学生，学校要获得高质量的发展，必须依靠德才兼备的教师，而教师的能力和水平也只有通过教书育人、立德树人体现为学生成长才有价值和意义。一所学校即使没有新楼、新校园，但如果师生生机勃勃、奋发向上，具有特有的"精气神""文化味"，其内涵发展也必定是指日可待的。"三课"是指课程、课堂、课题，"一观"的科学性合理性、"二人"的积极性和谐性，都会在"三课"平台得以体现。国家、地方、校本三级课程的结构、质量和特色，体现学校对于课程的理解、掌控和开发能力，是一种典型的内在力；课堂教学内容的展示、课堂教学方式的创新、课堂教学效果的评价等是直接关乎学生发展的，是学校内涵发展的核心指标；课

---

① 李益众、王建强：《提振教育质量的"三驾马车"——"后硬件"时代农村教育内涵发展的蓬溪实践》，《特别关注》2016年第10期。

② 项红专：《学校文化建设》，浙江大学出版社2010年版，第145页。

③ 吴支奎：《校本课程开发：农村学校改进的重要路径》，《课程教学研究》2016年第6期。

④ 张东娇、张凤华：《学校文化示范校建设指标体系学理解读与评估应用》，《教育科学研究》2015年第2期。

⑤ 陈学军：《学校文化是什么》，《教育研究与实验》2015年第3期。

题主要是围绕学校教育教学的研究课题,既可以是课程和课堂的准备,也可以是课程和课堂的反思和提升,既可以是微型课例探讨,也可以是对学校综合管理能力的改进研究,无论聚集什么对象,课题称得上是学校更高层次的内涵发展。

学校整体性、可持续的内涵发展,不可能毕其功于一役,必须要有理念、规划、领导、过程控制、反馈、改进等管理的基本环节,而统领这些环节并使其有序、高效衔接的,非学校文化莫属。简言之,学校文化建设既是学校内涵发展的题中应有之义,又是学校内涵发展的精神统领。

从某种意义上说,发展是赢得自尊的一种方式,而以前的发展理论忽视了人类生活的最深层面即文化层面[1]。因此,更新发展理念,注重文化建设,是农村学校在教育领域获得自尊、达至自为的必要前提,是保证农村学校获得健康、可持续发展的必要准备。

第三节 坚持"以人为本"的教育目的

教育目的是对教育活动所要培养的人的个体素质的总预期和总设想,是对社会历史活动主体的个体素质的规定,简言之,教育目的就是"培养什么样的人"。教育目的作为教育活动的起点和归宿,不仅决定着教育活动的实践走向,在一定程度上还是教育区别于其他社会活动的重要标志。根据马克思的人的全面发展理论,新中国成立以后中国的教育目的虽然在不同时期的表述不完全相同,但都包含几个基本点,即培养社会主义劳动者和社会主义建设者、追求人的全面发展、发展人的独立个性等[2]。1993年,联合国计划署明确阐明了"发展"的含义,提出发展是"人的发展、为了人的发展、由人去从事的发展"。学校的发展离不开人,也更需要突出人、强调人,要时刻坚持"以人为本"。人是文化的人,人与文化不可分离。人既是文化的"创造物",更是文化的"创造者"[3],

---

[1] 周浩然、李荣启:《文化国力论》,辽宁人民出版社2000年版,第192、267页。
[2] 王道俊、郭文安:《教育学》,人民教育出版社2016年第7版,第80—96页。
[3] 衣俊卿:《文化哲学十五讲》,北京大学出版社2013年版,第17页。

人与文化是互动生成、双向建构、相互滋养的①。所以，学校坚持"以人为本"的教育目的离不开"以人为本"的学校文化。

一　促进学生的全面发展

根据马克思的人的全面发展思想，中国始终把培养德、智、体、美全面发展的人作为国家的教育方针，人的全面发展既是"马克思主义的最高命题和根本价值"②，也是中国特色社会主义教育事业的核心追求。

人的"全面发展"就是人在生存状况中的个性、能力、知识的整合与开发的协调性、充分性、广泛性得到共同提高③。学生的全面发展包括体力、智力、审美力、创造力、思想道德、人格、生产和享用物质和精神财富的能力等方面的发展④。

学生阶段应以全面发展为主，这是社会历史发展和个人发展的必然趋势，无论是从生物学、人的本能性需要，还是从社会学角度来看，提倡并致力人的全面发展都是毋庸置疑的。人的生物学基础是大脑，人的全面发展意味着全面发展大脑的各功能区域，实现人脑的充分开发；从人的本能性需要来看，人排斥单调乏味，倾向新异刺激，追求变化与挑战，不断实现自我完善与自我超越，由此看来，人是愿意并乐于全面发展的；从人的社会性来看，人的全面发展是为适应未来的社会生活做全面准备，人的发展就是人的社会化过程，应该完成进入社会的全部准备⑤。人的全面发展能够削弱专业化训练的工具理性，彰显教育应有的价值理性。过度的专业化训练会造成人的片面发展甚至畸形发展，虽在某一方面游刃有余，可一旦离开这个熟悉的领域，就会无所适从，很难胜

---

① 李红路、张闯胜：《学校文化的反思与重建——一种基于方法论的视角》，《中国教育学刊》2015 年第 3 期。
② 俞可平：《人的全面发展：马克思主义的最高命题和根本价值》，《马克思主义与现实》2001 年第 5 期。
③ 刘同舫：《自由全面发展：人类解放的最高境界与必然归宿》，《江汉论坛》2012 年第 7 期。
④ 庞跃辉：《论人的全面发展价值系统的三大维度》，《江汉论坛》2016 年第 4 期。
⑤ 李义丹、王雅茹：《论人的三维度发展——基于人的科学发展观的理论视角》，《天津大学学报》（社会科学版）2015 年第 4 期。

任新的领域，成为"单向度的人"①。

但由于人的时间和精力有限，要真正做到全面发展特别是高水平的全面发展，不仅在有限的学生阶段不可能实现，穷其一生可能都是难以企及的。所以，全面发展的教育目的是一种理想追求，其价值和意义应主要存在于哲学层面。实践中坚持全面发展的教育目的，实质是实现人的有效发展，即在有限的生命里获得最大限度的发展：一是把人的全面发展作为努力方向，尽量提高人的发展的全面性；二是在德、智、体、美的发展或知识、能力、素质的发展上保持相对的大类平衡；三是提高发展的实用性，即在与人的社会存在关联度较大的发展内容上要优先发展并达到较高水平②。

但现阶段的教育实践往往对全面发展的教育目的存在某些误读。一是把全面发展片面地理解为德、智、体、美的均等发展。二是忽视全面发展基础上的个性发展，没有在社会本位和个人本位的教育目的观之间找到平衡。实际上，马克思主义关于人的全面发展学说的基本内涵大致包括人的自由发展、人的社会关系的全面性、人的素质与个性的发展三个方面。个性发展应在现阶段的教育目的观中明确提出，这不仅是当前教育实践发展的迫切需求，也是深化教育领域综合改革的必然要求，还是对马克思主义关于人的全面发展学说基本内涵更深层次的认知以及对加德纳多元智能理论的接纳与应用。三是把人的全面发展这一发展手段当成发展目标，而人的可持续发展这一真正的发展目标却一直被忽视③。

二 促进学生的个性发展

人的个性发展是指个体兴趣、爱好和优势潜能的发展，核心是个体

---

① 纪谦玉：《人的全面发展：通识教育的灵魂》，《教育评论》2016年第1期。
② 李义丹、王雅茹：《论人的三维度发展——基于人的科学发展观的理论视角》，《天津大学学报》（社会科学版）2015年第4期。
③ 周常稳、周霖：《论现阶段我国教育目的观的局限及改进》，《教育理论与实践》2017年第28期。

独特性的增长①。

个性发展暗含马克思所说的自由发展之义,在很多时候这两个概念可以互换使用。人的自由发展即个性发展,就是要实现个人基本素质个性化的全面和谐②。自由发展的结果是个性的形成,人的发展最终应该走向个性发展。马克思在现实的基石上考察人的自由发展,早在《共产党宣言》中马克思就指出,"每个人的自由发展是一切人的自由发展的条件"。

所谓自由发展,就是结合个体差异性,个人自由地选择发展内容、发展重点和发展目标③,自觉、自由地创造自己的历史的状态④,实现自觉、自主的发展过程⑤。人的自由发展的实质是作为主体的人的独立性和自主性的实践表现⑥,是人的独立性、人格和个性在生存状况中最大限度地、不受阻碍地发展⑦。

促进人的个性发展和自由发展,一是彰显了个人本位的教育目的观,这是对中国一直以来过于偏重社会本位教育目的观、过于强调全面发展教育目的的一种纠偏。重视社会本位和全面发展,虽然为社会主义现代化建设培养了大量的劳动者和接班人,但既压抑了个人的自由发展和个性发展,又在教育实践中形成难以逆转的千校一样、万人一面的局面。由此,中国现阶段亟须明确提出个性发展的教育目的,将全面发展与个性发展置于同等地位⑧,发挥自由发展的多元价值作用。正如印度学者阿

---

① 周常稳、周霖:《论现阶段我国教育目的观的局限及改进》,《教育理论与实践》2017年第28期。

② 扈中平:《"人的全面发展"内涵新析》,《教育研究》2005年第5期。

③ 李义丹、王雅茹:《论人的三维度发展——基于人的科学发展观的理论视角》,《天津大学学报》(社会科学版)2015年第4期。

④ 王金福:《对马克思关于实现人的自由全面发展理论的再思考》,《南京政治学院学报》2012年第5期。

⑤ 周常稳、周霖:《论现阶段我国教育目的观的局限及改进》,《教育理论与实践》2017年第28期。

⑥ 金建萍:《从"政治解放"到"人的解放":人的自由发展的理论逻辑》,《人文杂志》2015年第12期。

⑦ 刘同舫:《自由全面发展:人类解放的最高境界与必然归宿》,《江汉论坛》2012年第7期。

⑧ 周常稳、周霖:《论现阶段我国教育目的观的局限及改进》,《教育理论与实践》2017年第28期。

马蒂亚·森在《以自由看待发展》中指出的,"自由既是发展的首要目的,又是发展的主要手段"①。二是符合多元智能理论。美国哈佛大学霍华德·加德纳教授在对认知科学、神经科学和不同文化知识发展及人类潜能开发研究成果分析的基础上,在1983年提出了多元智能理论。加德纳教授认为,人类至少存在着言语、逻辑、推理、空间、运动、人际交往、内省、观察八种智能,不同的人会有不同的智能组合,因而有不同的发展优势。但传统的学校教育一直只强调学生在逻辑—推理和言语(主要是读和写)两方面的发展,很显然,这两个方面并不是人类智能的全部。学校应为发展学生各方面的智能创造条件,同时,还必须留意每一个学生在某一、两个方面的突出智能,并完善相应的评价体系,科学激励、小心责罚。当前,国际上有关脑科学、认知科学、神经科学的最新研究越来越多地支撑了多元智能理论②,多元智能理论也已被世界各国所接纳和应用,并掀起了以关注个性发展为特征的教育改革热潮③。

但在促进学生个性发展的同时,我们要谨防陷入对"自由""个性"的片面理解。人的发展理论中的自由,不是认识论或政治学意义上的自由④;人的发展理论中的个性,也不是脱离传统评判标准的出格和怪异。

三 学生全面发展与个性发展之间的关系

如前所述,学生的全面发展是包括体力、智力、审美力、创造力、思想道德、人格、生产和享用物质和精神财富的能力等方面的发展;学生的个性发展是指学生在兴趣爱好、优势潜能等方面个体独特性的增长。二者的关系,一是表现为二者统合于马克思主义的教育理论和教育目的,二是表现为全面发展最终要体现在个性发展之中。

---

① [印度]阿马蒂亚·森:《以自由看待发展》,中国人民大学出版社2012年版,第42页。
② 傅维利:《新教育目的观的确立》,《光明日报》2015年9月8日第14版。
③ [美] J. L. 金奇洛:《多元智力再思考》,霍力岩、李敏谊等译,中国轻工业出版社2004年版,第51—53页。
④ 王金福:《对马克思关于实现人的自由全面发展理论的再思考》,《南京政治学院学报》2012年第5期。

首先，全面发展与个性发展统合于马克思主义的教育理论和教育目的，二者同等重要、互促共进。马克思关于人的全面发展学说的完整表达应该是"全面而自由的发展"，全面发展和自由发展不是等值的或并列的，而是发展的不同层次之间的关系，前者是后者的基础，后者是前者的升华①。在教育目的中，二者也不是非此即彼的对立关系，而是互促互进的共生关系，全面发展是个性发展的基础和前提，个性发展不断优化和提升全面发展的质量和水平②。

其次，全面发展最终要体现在个性发展之中。人的全面发展应该包括完整发展、和谐发展、多方面发展与自由发展③。全面发展是基本面的发展，全面发展的过程是自由发展，全面发展的实现形式是和谐发展，全面发展的实质是个性发展④。只有在全面发展的基础上实现了个人的自由发展，才能避免人的单向度、工具性的异化，也才能实现国家、民族更好的发展，兼顾个人本位和社会本位的教育目的观。

但无论全面发展与个性发展、社会本位与个人本位如何组合，教育学生都需要整个校园（It takes entire campus to educate one student）⑤，而不是仅仅只靠课堂，这正是学校文化建设的价值和空间所在。

在教育实践中，学校中的人虽然主要指学生，但也应该包括教师。实现"以人为本"的教育目的，不仅能促进学生在全面发展的基础上实现个性发展，也能使教师在育人、树人的过程中教学相长地获得更好的专业发展。

第四节 化解农村学校的发展困局

20 世纪 90 年代以来，党和政府陆续出台了支持农村教育的系列政

---

① 罗祖兵：《"全面而自由的发展"的教育及其制度建构》，《中国教育学刊》2014 年第 9 期。
② 周常稳、周霖：《论现阶段我国教育目的观的局限及改进》，《教育理论与实践》2017 年第 28 期。
③ 扈中平：《"人的全面发展"内涵新析》，《教育研究》2005 年第 5 期。
④ 张楚廷：《全面发展的九要义》，《高等教育研究》2006 年第 10 期。
⑤ 黄茂树、Leesa V. Huang：《以学生为中心的校园文化——建构与管理》，《复旦教育论坛》2015 年第 6 期。

策，如免费义务教育、国家贫困地区义务教育工程、对口支援西部贫困地区学校工程、农村学校危房改造工程、农村寄宿制学校建设工程、全国中小学校舍安全工程、农村义务教育薄弱学校改造工程、义务教育学生营养改善计划、农村学校现代远程教育工程、教学点数字教育资源全覆盖项目、义务教育学校标准化建设项目等。农村学校在硬件设施方面有了极大改善，师资队伍的数量和质量也有了相当的改观，但发展软件的困境仍然严峻，甚至处于严重的冲突、断裂[1]与迷茫[2]之中，极大地影响了农村学校的内涵发展，离满足人民追求优质教育的愿望还有不小的距离。

一 农村学校存在错误或偏斜的办学理念

（一）农村学校代表落后、面临消亡

这是对农村学校的一种错误认知。基于"城市中心主义"的教育观念及其背后的"城市—乡村""先进—落后"的二元对立模式，一些人认为，农村教育是绝对落后于城市教育的[3]，城市学校是现代学校的代名词，是学校未来的发展方向；而农村学校是落后的代名词，如果不能达到与城市学校一样的发展，农村学校终将消亡。"工业化—城市化—现代化"是任何一个以农业为主的传统国家迈向现代化的必经之路，农村学校的衰败，如同乡土社会的衰落一样，顺乎时势，不可逆转[4]。

这种错误认知的源头在于混淆了"优质"和"同质"，固化了现代化的一元模式。实际上，农村学校的现代化及其优质发展，应该是基于农村学校特色、保留农村学校本质的发展，绝不应该是被城市学校同化的发展，不应该走与城市学校同质的发展道路。教育系统是一个生态系统，学校之间不能同质发展，正如生态系统必须要有生物多样性一样，如果农村学校全部消亡，由城市学校一统天下，这样的学校系统也终将

---

[1] 王铭铭:《教育空间的现代性与民间观念——闽台三村初等教育的历史轨迹》，《社会学研究》1999年第6期。
[2] 吴锦:《以共生谋发展，寻求乡村学校生存路径》，《教学与管理》2015年第10期。
[3] 钱理群:《农村教育的理念和理想》，《教育文化论坛》2010年第1期。
[4] 胡俊生:《农村教育城镇化:动因、目标及策略探讨》，《教育研究》2010年第2期。

崩溃。

美国[①]、新西兰[②]等国家的经验表明，农村学校不能消亡，也不会消亡。

（二）农村学校被动办学，崇尚工具理性

所谓被动办学，是指农村学校经历了"被消亡""被恢复""被保留"之后，主动发展意识薄弱，等待观望的"被发展"现象严重[③]。被动办学在学校行为上主要表现为上面怎么要求学校就怎么做，上面不要求的学校就不做。

工具理性是与价值理性相对而言的。价值理性一般体现为理念的合理性，而工具理性一般体现为方法的科学性和功能的完备性。农村学校办学崇尚工具理性，主要是指片面追求分数和升学率，教学质量评价标准单一，在师生事务中重事轻人，忽视学生的全面发展等。片面追求分数和升学率，主要表现是重课堂教学、重主课、评价体系以考试分数为主；重事轻人，主要表现是以事的实现与否和质量高低为唯一标准，视人为机械体而非生命体，视人为工具而非目的[④]。

被动办学不能充分发挥学校的主体性、主动性，学校也不会尊重师生的主体性，人的价值和人的诉求被严重忽视，实际上是严重偏离了教育的本质。

（三）农村学校育人目标偏斜

农村学校不是落后的代名词，应在受到正视和尊重的前提下认真分析其特点和价值[⑤]，进而确定适切的育人目标。

但长期以来，在教育教学实践中，农村学校一直只是城市学校的追随者、模仿者，缺乏独立的"校格"；理论界对农村学校的育人目标、农村学校的特殊价值等问题探讨得也很不充分，没有弄清"农村教育

---

① 纪德奎、孙嘉：《美国农村中小学文化的发展历程及启示》，《湖南师范大学教育科学学报》2015 年第 1 期。

② 赵丹等：《农村中小学撤并对学生上学距离的影响——基于 GIS 和 Ordinal Logit 模型的分析》，《教育学报》2012 年第 3 期。

③ 雷万鹏：《城镇化进程中农村小规模学校发展》，《全球教育展望》2014 年第 2 期。

④ 蒋亦华：《农村中小学发展的政府行为评价与建构》，《中国教育学刊》2015 年第 3 期。

⑤ 杨兆山、侯玺超、陈仁：《农村教育理论建设：必要性、问题域与落脚点》，《东北师大学报》（哲学社会科学版）2015 年第 6 期。

是什么""农村教育为了什么""优质的农村学校应该是怎样的"等基本问题,缺乏真正属于农村教育、农村学校的价值取向①。没有标准,也就无法"对标",因此,很少有人对农村学校育人目标的偏斜提出质疑。

所谓农村学校育人目标偏斜,指的是农村学校的育人目标一边倒地"离农""向城"。陶行知早就指出:"中国乡村教育走错了路,他教人离开乡下向城里跑,他教人羡慕奢华,看不起务农,他教农夫子弟变成书呆子。"所以,在20世纪二三十年代,以陶行知为代表的生活教育派、以晏阳初为代表的平民教育派、以梁漱溟为代表的文化教育派、以黄炎培为代表的职业教育派等掀起了"乡村教育运动",开始了中国农村学校育人目标的"为农"指向。1949年新中国成立以后,党和政府始终坚持农村学校要为农村服务的宗旨,历次扫盲运动、"文化大革命"期间的"开门办学"和知识青年"上山下乡"、20世纪80年代推行的农村教育综合改革试验区、20世纪90年代推行的"星火计划"和"燎原计划"等②,都可视为农村学校"为农"育人目标的体现。山西省示范高中风陵渡中学多年坚持"生活教育"理念,实行"爱农村、爱农民、爱农科"的"三爱"教育,做到了"升学不慌、就业不愁、致富不难",成为农村学校坚持"为农"育人目标的典范。但在全国范围来看,类似风陵渡中学这样的农村学校实在太少,绝大部分农村学校尤其是贫困地区的农村学校一直把跳出农门、进入城市、洗掉腿上的泥等作为育人目标的全部或主体,且这一"离农""向城"的育人目标受到农村地区教育主管部门、农村学校教师、农村学生及其家庭的高度认可,任何违背这个目标的行为都被认为是没用的,甚至是居心不良地要维护阶层固化、阻止农民子弟向上流动。

理性地分析农村学校"离农""向城"的育人目标,很容易发现其理论缺陷和实践偏颇。众所周知,目标是连接当下生活和未来生活的纽

---

① 田夏彪:《城镇化进程中农村教育文化认同功能失衡的审视》,《内蒙古社会科学》(汉文版)2014年第3期。

② 葛新斌:《关于我国农村教育发展路向的再探讨》,《中国农业大学学报》(社会科学版)2015年第1期。

带，既要有未来实现的可能，又要为不达目标者提供变通的生存和发展空间。

1. 不符合"教育即生活"理念

从理论上看，农村学校"离农""向城"的育人目标抛开了当下，是对农村学生当下生活的全盘否定，不符合"教育即生活"的基本理论和"做中学"的学习理论。从教育的实质来看，教育是代际之间的贯通作用，它使新成员进入他们居住的世界，这个世界是包括理解、想象、意义、道德和宗教信仰、关系与实践的①。农村社会也需要这样的教育，农村的道德、习俗、节日、仪式、价值观等的传递都是发生在日常生活中的，它是代际之间在生产生活实践中自然而然的传递。然而这种最质朴而真实的教育却已经随着空间上的隔离和时间上的疏离严重弱化，也使得农村学校及其师生不断被异化②。农村学校虽身在农村，却已然成为"他者"的教育工具，甘于作城市知识和文化的代言人，不仅在空间区域上与村落相互隔离，也通过排除乡土社会和地方性知识等从功能上"离农""远乡"，急于摆脱"乡村"身份符号的农村学校在乡村中渐渐陷入"那喀索斯"式孤立，成为一种不直接与周围的生活相联系的抽象的教育③。从组织系统论的角度看，农村学校作为文化系统子单元与乡村文明断裂，作为教育系统子单元与城镇学校角逐失利，作为政治系统子单元日渐被边缘化④，造成农村学校、农村师生全都失去了对"农"字牌、"乡"字牌的价值认同，"耕以务本，读以明教"的传统消失殆尽。单一的"离农""向城"育人目标疏远了乡土环境，使农村学生感觉到他们在智力和物质方面的雄心越来越难以在农村实现，最终只能造就出两种人，一种是村落文化的"逃离者"，另一种是村落文化的"不适应者"⑤。由此看来，"离农""向城"的育人目标是一种"无根"的目标，不可能培

---

① ［英］迈克尔·欧克肖特：《人文学习之声》，孙磊译，上海译文出版社2012年版。
② 吴锦：《以共生谋发展，寻求乡村学校生存路径》，《教学与管理》2015年第10期。
③ 刘铁芳：《乡土逃离与回归——乡村教育的人文重建》，福建教育出版社2008年版，第139页。
④ 吴锦：《以共生谋发展，寻求乡村学校生存路径》，《教学与管理》2015年第10期。
⑤ 王乐：《村落文化的传承与乡村学校的使命》，《湖南师范大学教育科学学报》2016年第6期。

养出有用之才和参天大树。

2. 不符合城乡发展的实际需求

从实践上看，农村学校不可能走"为农"或"离农"非此即彼的两个极端，单纯强调"为农"，与中国推进城镇化建设和农村人口的实际需求不相符；单纯强调"离农"，与农村建成小康社会、守住中华民族的精神家园也不相符。另外，当下农村学校"离农""向城"的育人目标既显得非常模糊甚至碎片化，又是非常短期的，主要指向是升入好的初中、升入重点高中，然后考上大学永远"离农"，至于"离农"后如何生活、如何立足、如何发展，则无暇顾及，也无人言及。对于通过考上大学成功进城者而言，随着城市生活压力的逐渐加大，在学生时代对城市的理想憧憬与城市生活的现实困境之间形成不小的张力，减少了进城者的获得感，降低了他们的幸福指数；而对于进城失败者而言，很容易成为非农非工亦非商的浮萍，村庄回不去，城市又进不了，"种田不如老子、喂猪不如嫂子"，难以找到安身立命之所，只得在社会的边缘挣扎。

3. 不同利益相关者对农村学校育人目标的认识存在偏差

农村学校有多个利益相关者——政府、乡村社会、教师、学生及其家庭、更高学段的学校等。对于不同的利益相关者群体，在不同的历史时期，对农村学校育人目标的认识是有差异的，国家目标与个人目标、家庭目标与学生目标、传统目标与现代目标、短期目标与长期目标之间存在互相矛盾之处，导致农村学校无所适从，一些学校只好得过且过。

总之，农村学校育人目标偏斜，一是导致学校找不到或找不准正确的办学方向，学校很容易沦为政府的附庸，师生也很容易被裹挟在"分数至上"的功利主义洪流中既累且疲；二是学校缺乏对师生作为"人"的成长关怀，而只是漫无目的地让学生积累知识且不考虑学以致用，最终使学生思维僵化[1]，教师厌教、学生厌学，低效蔓延；三是使许多农村学生对农村失去情感与关注，对农村生活和农业生产持有鄙视心理，加

---

[1] 参见［英］怀特海《教育的目的》，庄莲平、王立中译注，文汇出版社2012年版。

速了农村的被边缘化，被边缘化的农村又使得农村教育变得更加消沉[①]。通过科学、系统的文化建设，能使农村学校找到符合自身现状、自身定位的办学理念，明确办学方向，廓清育人目标，从而在正确的目标指导下获得良好的发展。

二 农村学校办学氛围衰败

办学实际上就是办氛围，但长期以来，农村学校处于全方位衰败不利的办学氛围之中。

（一）农村衰败，农村学校的数量、规模锐减

农村尤其是中西部贫困地区的农村，其快速衰败有目共睹，甚至可以说是触目惊心。少量老年农民留守、大面积土地抛荒的"空心村"越来越多，甚至出现了一些"一人村"。随着村庄衰败而来的，是农村学校减少、小规模学校增多，这成为农村地区非常普遍的现象。根据国家数据网年度统计数据，中国城乡学校数量总体呈下降趋势，然而，农村、县镇与城市三类地区学校数量的减少趋势却相差甚远。1995—2013年，中国农村小学减少3/4，县镇小学减少1/3，城市小学只减少了1/5；同一时段内，城乡小学生数量的变化差异更加明显，农村小学在校生数减少了2/3，县镇小学在校生数增加了1/2，而城市小学在校生数增加了近2/3。2011—2013年，农村初中学校数量减少了近2/3，城市初中只有微弱减少，而县镇初中增加了1/5；初中城乡在校生数统一呈现减少趋势，但农村初中在校生减少了近1/3，县镇与城市初中在校生仅有微弱减少[②]。通常，中国把在农村地区的学生规模少于240人的学校定义为农村小规模学校，根据这一标准，2012年中国小规模小学（含教学点）共有16万余所（个），占当年全国小学总数22.86万所的70%左右，其中，学生人数少于120人的小学（含教学点）有11万余所（个），占当年全

[①] 董新良：《论农村中小学功能的释放与农村社区良性互动》，《湖南师范大学社会科学学报》2015年第6期。

[②] 周芬芬、王一涛：《农村中小学衰败的个案研究——以Y区S中学为例》，《教育发展研究》2016年第20期。

国小学总数的 48% 左右①。

(二) 农村学校社会资本严重不足

农村学校社会资本薄弱，无法通过增加社会资本的占有量获得社会的良好认同。有研究者利用帕特南的社会资本三分论，对农村学校拥有的社会资本进行研究后发现，农村学校所拥有的社会信任、互惠规范和关系网络在质与量方面均存在明显不足，因此认为，城乡学校的深层差距实际上是社会资本占有量的差距。从社会信任角度看，绝大多数农村学校面临较为严峻的外部社会信任危机，社会美誉度不高甚至较差，不具备吸引潜在生源和潜在师资的能力，由此缺乏影响环境的能力，难以拥有获取更好资源的途径，基本不具备增殖效应；同时，农村学校还存在着严重的内部信任危机，调查表明，农村学校教师对学校现状不满意者与满意者几乎旗鼓相当，认为学校领导班子群体及其管理存在很大问题，校长也认为教师们的工作表现问题重重。从互惠规范角度看，农村学校的外部互惠规范是单向的、疏离的、有限的，上级教育行政部门对学校具体工作干涉过多，也容易导致农村学校管理者受制于事务性工作，难有充裕的时间去创造性地思考农村学校的改革发展问题；在县级教育行政部门成为农村学校的主要管理者之后，镇级政府与农村学校的传统互惠规范变得松懈且随机；农村学校就像一个个孤岛，校际交流与合作很不普遍；城乡学校之间的合作虽然增多，但大多是地方政府"强扭的瓜"，既没有合作的自主，又加上文化背景差异巨大，导致合作效果难达预期；农村学校与家长尤其是留守儿童家长、隔代抚养家长之间的互动也是疏离和隔膜的；农村学校的内部互惠规范也存在着诸如缺乏个体性、不平等等缺陷。从农村学校现有的关系网络角度看，农村学校多数外部关系对象结构单一、类型匮乏，眼界、思路较为狭隘，能够对农村学校的发展产生积极有效影响的外部关系并不多见；而农村学校的内部关系网络则存在着群体之间与群体内部的严重割裂现象②。

---

① 范先佐：《乡村教育发展的根本问题》，《华中师范大学学报》（人文社会科学版）2015年第5期。

② 刘国艳：《农村学校社会资本的现实缺陷与重构路径》，《教育发展研究》2015年第15—16期。

（三）地方政府对农村学校支持、指导不足

在市场经济条件下，师资基本上是"向城"单向流动的，所以，与城市学校相比，农村学校的师资队伍整体水平不高，农村学校要获得发展，需要地方政府的大力支持和专业指导。但由于主、客观两方面的原因，地方政府对农村学校的财力、物力支持明显不够，对农村学校目标定位指导、分类发展指导明显不够，对农村学校办学氛围的改善振兴力度也明显不够。我们在调研中发现，由于县级教育主管部门人力、精力、水平、财力等方面的缺失，除对极少数基础较好的农村学校采取"见花浇水"式策略促进其发展以外，对大多数农村学校的发展普遍采取的是顺其自然的"维持生存"式策略，对极少数小规模农村学校基本投入不达标的情况也时有耳闻。地方政府对农村学校管理体制机制方面存在的弊端将在下文详述。

（四）农村学校教师的自我放弃

农村学校的生活环境、发展氛围普遍较差，难以留住优秀教师。在不得已而留下的教师中，面对农村学校不断衰败的大环境，工作态度消极的教师大有人在，或不思进取、做一天和尚撞一天钟，或心不在焉、兼职赚取更高的经济收入，或喝酒打牌、自寻乐趣、自我麻痹，在学生和家长心目中背离了为人师表的传统道德形象，与农村学校客观的衰败形成恶性循环，加剧了农村学校的颓势。

总之，无论是在学校教育系统内部，还是在社会大系统中，农村学校似乎长期处于"卷我屋上三重茅"的"秋风瑟瑟"境遇之中，致使好学校变差、薄弱学校拖垮，社会地位低下，教育话语旁落。但农村学校的意义应不止于教育功能，它又是中国农民才情所归的"心智堡垒"，农村学校的屹立存在应该被中国这个重视教育传统的国度视为理所当然[1]；它还是所在地域"适于居住性"的象征[2]；另外，农村学校还负有推动农村社区发展、开发农村人力资源等重大职责[3]。所以，我们不能任由农村

---

[1] 卢宝祥：《论城镇化进程中农村教育基本矛盾》，《教育研究与实验》2015年第3期。

[2] 蔡应妹：《学校撤离后农村文化建设的困境与出路》，《浙江师范大学学报》（社会科学版）2015年第2期。

[3] 董新良：《论农村中小学功能的释放与农村社区良性互动》，《湖南师范大学社会科学学报》2015年第6期。

学校衰败下去，要通过学校文化建设，积聚农村学校自身的力量，拓展农村学校原有的资源，开辟农村学校的独特空间，回应乡民期许，有效帮助农村学校减衰、止衰，修正农村学校"孤岛化"带来的负面影响，以"图强"精神鼓舞"自强"行为，以"自身"有为换取"社会"有位。

三 农村学校内部人心涣散

农村学校的发展困局，主要不在物而在人。这些年来，政府对农村学校的校舍、设施设备等物的方面持续加大了投入，做了不少实事。但人的问题依然严峻。首先是校长，很多农村学校的校长离真正的校长标准相去甚远，无理念、不内行、不作为时有发生；其次是教师，高龄、低资、倦怠较为普遍[①]；再次是学生，自由散漫、无心向学。

（一）教师"远农""离心"——乡村教师职业吸引力亟待提升

晏阳初曾经指出，要化农民，首先要农民化。教师是影响学生健康成长的关键，是一切重大教育变革的核心力量。农村教师是农村学校的精神所在，其作用是任何其他教育资源无法取代的，优秀的教师甚至还能在一定程度上弥补农村学校硬件设施的不足——我们时时追忆、耳熟能详的西南联大的故事，就是这一观点的最好注脚。

但在农村人口整体逃离乡土的潮流中，农村教师更是无所牵挂，逃离决心更大，逃离速度更快。农村教师对农村及农村学校的逃离，既有思想意识、内心精神对乡土文化认同上的"离心"，也有身体行为、生活经验与农村社区的联系日渐凋敝的"远农"[②]，还有农村教师不断寻求逃离农村和农村学校的梦想追寻。

农村教师的"远农""离心"原因，既有农村学校社会环境的因素，也有农村教师队伍结构的因素。农村学校社会环境因素已如前述，短时间内难以得到根本逆转。农村教师队伍的结构可以概括为"三多三少一

---

① 《农村学校的发展困境与突破》（http://edu.people.com.cn/n/2015/0507/c1053-26962066.html.）。

② 朱志勇、韩倩、张以瑾：《村落中的堡垒：风险社会学视角下的农村中小学与社区发展》，《清华大学教育研究》2016年第1期。

大",即中老年教师和刚出校门的年轻教师多、中青年骨干教师少,低职称教师多、高职称教师少,后续学历教师多、全日制学历教师少,临聘(代课)教师数量大。

中国农村学校教师一般有三大来源,一是生长于本土的中老年教师,二是近些年招聘或资教的年轻大学毕业生,三是没有编制的临聘(代课)教师。对于有编制的本土中老年教师而言,他们身上虽烙有深深的农业文明、乡土文化的印痕,但教育教学活动主要以传播工业文明为核心,工作内容基本与他们置身其中的乡土田园、滋养他们内心的乡土文化偏离,这让他们陷入深刻的内心矛盾和精神冲突,因而容易比城市教师更早、更久地陷入精神懈怠、职业倦怠而无法自拔,很多在城区学校还被当作骨干的40—45岁的教师,在农村学校却以"老教师"自居,提前进入职业"高原期",早早停下了奋进的脚步。对于近些年招聘的年轻大学毕业生,大多来自于外县甚至外省,还有不少来自于城镇,与本乡本土的联系非常松散,对农村生活的认同度几乎为零,大多数到农村学校任教只是暂时的权宜之计,其"远农""离心"意识和行为更为强烈,这一点从我们连续两年(2015—2016)对湖北省新机制招录教师(非师范专业)岗位技能培训班学员(下文简称"新机制教师")进行的岗前职业认知调查(见附录1)结果可以获得证实。该调查共发放问卷240份,回收204份,回收率85%。调查结果表明,"新机制教师"希望在农村工作的时间都不长,47.06%的人打算在3年内离开,41.18%的人打算在3—6年内离开。另外,由于许多农村学校教师数量"标准上超编但现实中不足",只能大量临时聘请代课教师。有研究者对12个省(自治区、直辖市)的抽样调查表明,临聘教师占所调查教师总数的比例为13.57%,华东某县的临聘教师比例甚至高达34%[①]。编制是教师的一种身份标识,可能是值得农村学校教师珍惜、"说道"的唯一资本。俗话说,"无恒产者无恒心",没有编制的农村学校临聘(代课)教师,既没有身份,又没有收入优势,其"离心"意识自然更强。

农村学校教师对农村生活的"逃离"梦想,可以从多种调查数据中

---

① 刘善槐、韦晓婷、朱秀红:《农村中小学公用经费测算标准研究》,《中国教育学刊》2017年第8期。

得到证实。研究者对云南省16个州30个县86个乡镇10356份有效问卷的统计表明，云南省农村教师中近80%有流动（即调动）及流失（即改行）意愿，30岁以下青年教师的流动及流失意愿最强，农村山区教师比农村坝区、乡镇政府所在地、城郊的流动及流失意愿更强。调查还发现，有近60%的乡村教师经历过调动，其中23.5%的人调动过1次，15.4%的人调动过2次，18.5%的人调动过3次及以上[1]。对云南省西双版纳州勐腊县基础教育阶段教师的调查表明，该县教师总数为2137人，2013—2015两个学年共有307位教师调动、64位教师改行，其中，从乡镇调往县城和市区的有247人，而从县城调往乡镇的只有2人。从教师流失情况看，2012年9月到2016年2月，云南省基础教育阶段登记在册的教师流失人数为11479人，其中，辞职4983人（占流失教师总数的43%）、考入公务员2433人（占21%）、考入其他事业单位1758人（占15%）；从学段来看，小学教师流失5437人（占流失教师总数的47%），初中教师流失3413人（占30%），高中教师流失1975人（占17%）。云南省流动与流失的教师主要是农村教师，其中又以中青年骨干教师为主。根据云南省教育科学研究院的调查，2012年9月到2016年2月，云南省基础教育阶段学校共有9941名教师辞职考入行政机关或其他事业单位，其中绝大部分是农村教师；调动的教师数量更大，仅昭通市就有2390位教师调动，其中绝大多数是从农村学校调往城镇学校[2]。

2018年7月，我们对鄂西南某县几所乡村初中的实地调研发现，最近几年来，乡村学校的教学楼、塑胶操场、教室装备、师生食宿条件、教师办公条件等硬件都得到了极大改善，但仍然留不住教师。以该县最西部的一个经济发展水平不错的某镇为例，我们在该镇中心学校会议室看到一张全镇教师2010年的合影，共100余人，到2017年底，照片上的教师已有60余人通过系统外招考、系统内调动等方式调离了该镇；2012年来到该镇的新招录教师共18人，到2018年只有本地的4人仍然在岗，

---

[1] 王艳玲、李慧勤：《乡村教师流动及流失意愿的实证分析——基于云南省的调查》，《华东师范大学学报》（教育科学版）2017年第3期。

[2] 王艳玲：《稳定乡村教师队伍的政策工具改进：以云南省为例》，《教育发展研究》2018年第2期。

表明该镇中青年教师的稳定性极差。该镇中心学校领导感叹，农村教师的工作积极性越来越低，薪酬制度改革尤其是绩效工资改革并没能起到调动教师工作积极性的作用，反而破坏了教师之间原来的团结，给学校管理带来了新的困扰。此外，该镇 30 岁以下的青年教师共有 46 人，其中女教师 32 人，男教师只有 14 人，性别比严重失调，由此带来的婚恋问题、子女教育问题等，都加重了青年教师的逃离愿望。

上述这些"身在曹营心在汉"的身心隔离，既不利于农村学校的发展，也阻碍了农村教师的专业进步。由于乡土身份的消失、乡土知识的缺乏、乡土关系的淡漠，农村教师在追逐与城市教师趋同的专业化过程中，创造力、判断力与反思力等均在发生全面退化[①]。

西北师范大学李瑾瑜教授在对农村教师"义务与权利失衡"问题进行研究时，将农村教师的"离心"现状形象地描述为"四无"状态：一是"无助"，即想做事而得不到帮助和支持；二是"无奈"，即想做的事没有办法做成；三是"无望"，即看不到自己的希望所在；四是"无为"，即无所作为，陷入孤独、孤立的困境[②]。

农村教师的乡土坚守和教育坚守固然可贵，但农村教师也需要从自己的坚守中获得持续的价值体验和不断的专业成长，这就需要学校文化的介入，通过文化建设凝练农村学校的特有精神，唤醒农村教师的内心激情，为农村教师的价值追求和发展诉求营造和谐的文化氛围、提供强大的文化援助。

（二）学生"离土""离心"——农村学生对农村的认知、认同亟待加强

农村学生对农村的认知不足，对农村生活的认同不够，导致"离土""离心"思想根深蒂固。这种"离土""离心"，大致有以下四个方面的表现及原因。

1. "城市中心主义"的不良影响

中国的教育设计是"城市中心主义"一元化的。农村学校虽然是深

[①] 唐松林、丁璐：《论乡村教师作为乡村知识分子身份的式微》，《湖南师范大学教育科学学报》2013 年第 1 期。

[②] 钱理群：《农村教育的理念和理想》，《教育文化论坛》2010 年第 1 期。

入农村的国家机构,但它并没有真正嵌入农村社区和农民生活中去,没有展现出"村落中的国家"所应该具有的象征和意义,而是悬浮在农村地区的一座文化孤岛[①]。一方面,农村学校将应试教育、升学教育作为其最高追求,教育内容与农村生活无关,是完全脱离中国农村实际的教育,也是脱离中国基本国情的教育,是根本不考虑农村改造与建设需要的教育,也就是说,农村完全退出了教育的视野。这样的"城市中心主义"教育,使农村学校陷入了全方位困境。几乎所有的农村学生都把成为城里人作为他们的奋斗目标,其中的少数学生,承受着远超出城市学生的负担,以超常的努力,通过残酷的竞争考上了大学,实现了"离土""离乡"之梦,但也从此走上了永远的"不归路"——当他们毕业后在城里找不到理想的工作不得不回到农村,却完全不能融入农村社会,因为这与他们的理想、父母的期望背道而驰。正如韩少功观察所发现的,"如果你在这里看见面色苍白、人瘦毛长、目光呆滞、怪癖不群的青年,如果你看到他们衣冠楚楚从不出现在田边地头,你就大致可以猜出他们的身份——大多是中专、大专、本科毕业的乡村知识分子",他们"承受着巨大的社会舆论压力和自我心理压力,过着受刑一般的日子,他们苦着一张脸,不知道如何逃离这种困境,似乎没有想到跟着父辈下地干活正是突围的出路"[②]。另一方面,大部分高考竞争的失败者,即使有机会以"打工者"的身份来到城市,也会因为自身文化素质等原因在竞争中处于不利地位,最后也不得不回到农村,同样在农村找不到自己谋生的位置,成为在城市与农村之间漂泊的"游民"[③]。可见,无论是教育成功者还是失败者,最终都成了没有"乡村文化血液"的乡村"陌生人"[④]。

2. 教师不当言行对学生的误导

学生特别关注教师的言行,也会不自觉地模仿教师的言行。教师"离乡""向城"的言行举止为农村学生的"离土""离心"提供了示范

[①] 凡勇昆、邬志辉:《社会转型背景下农村教育发展新走向》,《中国教育学刊》2014年第5期。
[②] 韩少功:《山里少年》,《文汇报》2003年8月29日。
[③] 钱理群:《农村教育的理念和理想》,《教育文化论坛》2010年第1期。
[④] 田夏彪:《城镇化进程中农村教育文化认同功能失衡的审视》,《内蒙古社会科学》(汉文版)2014年第3期。

和激励。如前所述,农村教师逃离农村环境的意识普遍且强烈,表现在教育教学工作和日常生活行为之中,既有诸如"苦过,方能跳出农门""孩儿立志出乡关"等激励性语言,也有诸如"你这么不用功,就是一辈子种地的命""这么笨,干脆回去养猪算了"等讽刺性语言,还有言谈举止中对城市生活、城市文明、非农职业的无限艳羡,对农村生活、农业文明、农民职业的贬低轻视。教师"离乡""向城"的言行举止,无疑会在学生心目中产生挥之不去的深远影响。

3. 农村社区生活的缺位

农村本来可以有比城市更加丰富的社区生活,农村学生如果能够浸润其中,会留下难以舍弃的眷念。但由于大量农民进城务工,大多数农村地区只剩下被戏称为"99 38 61 部队"的老人、妇女和儿童,导致原本丰富的社区生活严重缺位。缺乏有效管教的农村学生大多在课余沉迷于电视、手机、网络,游离于本已缺位的农村社区生活之外,严重弱化了农村社区生活应有的乡情教育功能,此消彼长,加剧了农村学生的"离土""离心"情绪。

4. 农村家庭教育的偏失

农村学生中,留守儿童多、寄宿学生多,家庭教育的主体、方式、内容、频率等都存在着严重偏失。一般而言,父母在哪里,家就在哪里;家在哪里,孩子的心就在哪里。对于不少农村学生而言,父母远在遥远的城市务工,父母所在的城市牵引着农村学生的思念,心心念念,念之所及,心之所往,加剧了农村学生的"离土""离心"。

总之,农村学校的人心涣散使得师生缺乏教育应有的"精气神"和"一股劲",虽然不得不暂时生活在农村环境之中,但老师的教和学生的学都充斥着对城市生活的向往羡慕和对农村生活的唾弃厌倦,这样的教育教学既不符合农村师生原有的经验架构和现实认知,也不利于农村教师的可持续专业发展,更无法为农村学生未来的多元发展提供有益的准备和帮助。要改变农村学校师生"身在曹营心在汉"的现象,必须通过学校文化建设,着力凝聚学校精神,凝练共享的学校核心价值观,为农村师生凝神、打气和提劲,纯化学校的校风、教风和学风,彰显农村师生特有的生命价值,用精神力量筑起农村教育和农村学校"新的长城",遏制衰败困境的蔓延,为振兴乡村、美化家园、记住乡愁贡献力量。

四 农村学校管理体制过死

对农村义务教育阶段学校的管理，主要政策依据是2002年出台的《关于完善农村义务教育管理体制的通知》，该通知确立了在国务院领导下，由地方政府负责、分级管理、以县为主的农村义务教育管理体制。无论城乡，对义务教育阶段学校管理过死似乎是一个较为普遍的现象，但在农村尤其是中西部地区的农村尤甚，致使农村学校对上级事务应接不暇，自主权与附庸之争长期存在[1]。这既有管理惯习的原因，也有农村学校经费来源几乎完全依靠政府财政拨款的原因，还有农村学校管理者管理观念落后和管理水平不高等原因。中国是一个行政本位的国家，重要资源基本上是由政府配置并进行效益评估的，这一特殊的管理体制，使得教育变革虽然呈现在学校的具体场景之中，但始终无法摆脱甚至必须依靠政府的力量，政府往往以直接或间接的方式对教育问题进行干预[2]。

农村学校管理体制过死，主要表现是财政经费紧、教师编制紧、各种检查多，县级政府通过管钱、管人、管考核评价，牢牢掌控着农村学校的一举一动。

（一）经费紧

作为学校运转的基本资源保障，公用经费对农村学校的生存和发展具有非常重要的作用。农村学校经费紧，一是表现在教育支出在县级公共财政支出中的比例不高；二是农村学校生均公用经费测算标准不合理。

2005年12月，国务院印发《关于深化农村义务教育经费保障机制改革的通知》，将农村义务教育经费全面纳入财政预算，由中央和地方共同分担，标志着农村义务教育经费保障机制改革的正式启动。2011年，国务院发布《关于进一步加大财政教育投入的意见》提出，"切实提高财政教育支出占公共财政支出比重，教育类支出占财政总支出比重不低于14%"。刘善槐教授对全国12个县的调查结果显示，教育支出占县级公

---

[1] 蒋亦华：《农村中小学发展的政府行为评价与建构》，《中国教育学刊》2015年第3期。
[2] 吴康宁：《中国教育改革为什么会这么难》，《华东师范大学学报》（教育科学版）2010年第4期。

共财政支出比例最小的只有17.21%，最大的达到29.52%①。由于各地经济发展水平、执政理念等不同，全国各地教育支出占其公共财政支出的比重有很大的差异，中西部地区普遍较低。2016年，《国务院关于进一步完善城乡义务教育经费保障机制的通知》印发，规定统一城乡义务教育学校生均公用经费基准定额，即中西部地区普通小学按600元/年、东部地区普通小学按650元/年、农村地区不足100人的小规模学校按100人核定公用经费。总体上看，农村学校公用经费政策体系在不断完善，生均标准在逐渐提高，农村学校的经费得到了基本保障。但由于农村学校的校舍老旧化、教师老龄化、平均班额小、寄宿生比例大、临聘教师多等特殊性，公用经费仍然捉襟见肘。

  刘善槐教授的抽样调查研究表明，农村学校基于"学生数"单维指标的公用经费测算标准存在着严重缺陷，理念偏移导致校际不公，技术缺陷引发供需不匹配，功能缺位迫使经费挤占现象严重。农村学校公用经费测算标准单维化与支出结构影响因素（如各类教师培训、老旧设施修缮等）的多样性、复杂性之间的矛盾越来越突出，导致校际经费分配不公、经费供给与现实需求不对应、结构性短缺与相对过剩并存等一系列问题。现有的学校公用经费测算标准只考虑了学生人数，而气候特点、设施设备使用年限、班级数、教师数等均未纳入测算标准之列。至于公用经费的支出，财政部、教育部于2006年出台了《农村中小学公用经费支出管理暂行办法》，对公用经费支出范围进行了界定，主要包括教学业务与管理、教师培训、实验实习、文体活动、水电、取暖、交通差旅、邮电、仪器设备及图书资料等的购置，还包括房屋、建筑物及仪器设备的日常维修与维护等，其中经费预算总额的5%用于教师培训。刘善槐教授的研究测算结果表明，当学校规模小于100人时，教师人均培训经费随学校规模呈指数递减；当学校规模大于100人时，教师人均培训经费趋于稳定，并随着生均公用经费的增加而变大。此外，对于农村学校而言，公用经费支出范围未将一些日常必要的支出项目如临聘教师工资、营养餐配套经费、寄宿制学校运行成本等涵盖进去。实际上，农村学校临聘教师的工资支出给农村学校带来了巨大的经费压力。调查发现，西南某

---

① 刘善槐：《我国农村教师编制结构优化研究》，《教育研究》2016年第4期。

农村学校现有8位临聘教师，每人每月工资为1400元，全年需从公用经费中支出11.2万元，仅这一项就使该校公用经费所剩无几。根据国务院办公厅《关于实施农村义务教育学生营养改善计划的意见》，国家对每位农村义务教育学生提供每天4元餐补，且明确规定这4元是食材花费，必须"吃到学生嘴里"，而食材的运输费用、烹饪所需要的水电煤气费用、厨师和其他服务性工作人员的工资等，均只能从学校公用经费中支出。中部省份某农村学校校长指出，每增加一名寄宿生，就会相应增加500元的成本，而目前寄宿生的补贴标准是每生200元，300元的差额也只能用公用经费补足[①]。

（二）编制紧

教师编制配置是政府对义务教育学校进行人力资源投入的主要方式，教师的编制结构基本决定了教师队伍的总体结构。理想状态的教师编制，应该是教师数量充足、结构合理、质量有保障，且每位教师都有充分的专业成长空间。按照中央编办、教育部、财政部2014年发布的《关于统一城乡中小学教职工编制标准的通知》确定的编制配置标准，小学教职工数与学生数之比为1∶19，初中为1∶13.5。根据这一配置标准，2015年小学应有教职工编制5101149人，但实际教职工数为5489441人，超编388292人，超编率7.6%。但是，中国农村地区又存在临聘教师70443人，城镇地区存在临聘教师76240人，临聘教师现象意味着学校实际上是缺编的。这是什么原因呢？县级教育主管部门是农村教师核算编制和分配编制的主体，通常按照全县学生数核定教师编制总量，并未考虑县内各所学校对教师需求的内部结构要求。因此，即使县内的教师编制总量和结构是合理的，也并不意味着县内每所学校的编制数和结构是合理的。加上在编制紧缺的状况下，县级教育主管部门基于优先保障大部分学生教育利益的考虑，会按照先城区后农村的顺序来分配县内编制，使农村学校的编制紧张程度更为严重[②]。刘善槐教授对12个省份、24个县

[①] 刘善槐、韦晓婷、朱秀红：《农村中小学公用经费测算标准研究》，《中国教育学刊》2017年第8期。

[②] 刘善槐、邬志辉：《我国农村教师编制的关键问题与改革建议》，《人民教育》2017年第7期。

（区）、178 所农村学校、5178 名农村教师的调查研究结果表明，中国农村教师存在着分布结构、供给结构和功能结构等多重矛盾，严重阻碍着农村教育教学质量的有效提高。在分布结构上，农村教师的地理分布与农村学校的实际需求并不对应，县内总量超编但村屯小规模学校和县镇大规模学校同时"缺人"。在供给结构上，农村教师的学科配比、年龄结构、性别比例和专业背景与实际需求并不匹配，语文、数学学科教师占比过大，小学科专任教师严重不足，教师承担多学科教学任务的现象非常普遍，影响农村学生的全面发展；农村学校教师平均年龄大，且地区越偏远，教师平均年龄越大；农村教师性别比严重失调，县城小学女教师占 78.26%，中心小学女教师占 75.27%，村小及教学点女教师占 60.17%。在功能结构上，地方教育主管部门没有根据农村学校的需要设置寄宿制学校生活教师编制和机动编制。相关统计数据显示，2014 年，农村小学有寄宿制学生 1061.4 万人，农村初中有寄宿制学生 2014.8 万人，按照生活教师与小学生比为 50∶1、与初中生比为 100∶1 的标准，当前农村学校至少需要 41.3 万名生活教师[1]。此外，农村教育自身的发展需要教师不断更新教育观念和专业知识，要求教师有更多的时间和机会参加脱岗学习或培训，而这就需要设置部分机动编制。但是，农村教师基本处于"一个萝卜一个坑"甚至"一个萝卜多个坑"的超负荷工作状态，一旦脱岗培训或学习，将导致某些班级无教师上课的窘境[2]。

  对于农村地区的村小和教学点而言，编制则更显紧张。一些只有 2—3 个教师的村小或教学点不得不进行"复式教学"，甚至在"一师一校"的微型学校，教师不得不承担所有课程的教学。一方面，农村学校及其班级的小规模化对师资的需要并未随着学生数量的减少而显著减少，编制的测算标准对农村小规模学校非常不利，基于生师比的教师编制核算标准不符合班级授课方式的教师实际需求。另一方面，按照全县学生总数核定的县内教师编制总量即使是合理的，但对处于编制分配末端的村小和教学点则始终难以获得充足的编制，无法开足开齐课程，音乐、美

---

[1] 刘善槐：《我国农村教师编制结构优化研究》，《教育研究》2016 年第 4 期。
[2] 刘善槐、邬志辉：《我国农村教师编制的关键问题与改革建议》，《人民教育》2017 年第 7 期。

术和体育教师更是奇缺[①]。

（三）检查多

中国的教育管理体制是相对集中的管理体制，一所学校通常受到国家相关纵向、横向的多头管理。在中国政府和学校的关系中，政府在人事和资源方面拥有绝对的掌控权，尤其是在掌握了财政大权之后，政府处于绝对的优势地位[②]。中国政府与学校的关系实质上是一种地位不对等的行政法律关系，因而成为中国教育体制改革的难点[③]。政府对学校管得过多、过死，表现在各种检查、考核、评比让学校和教师应接不暇，但由于检查结果与学校声誉、教职工收入等密切挂钩，所以，学校和教师也不敢敷衍。我们在调查调研时，不时听到校长们的抱怨，昨天是安全检查，今天是食品督查，明天是新课程检查，还有远程教育检查、精准扶贫检查、文明城市建设检查等……网上也有一些农村教师吐槽"检查多见效少""应付各部门的检查，使学校不像学校，倒像政府部门""不少检查与教育教学不直接相关，教育教学反而成了学校的副业""几乎每周都有检查，多的时候一周能有三四次""与检查相伴的是年终学校积分评比，积分与优秀教师评比、职称评选等挂钩""检查大多是走过场，但学校需要大量的材料支撑"[④]。名目繁多的检查，一方面会束缚农村学校的发展；另一方面，检查大多采用的是"城市中心主义"的"一把尺子"，必然会导致学校发展的普遍同质化，体现不出农村学校的资源特殊性和特殊的发展诉求。为了应对名目繁多的检查，不少学校"上有政策下有对策"——积极的应对措施如将周一至周五定为"安静学习日"，不接待除安全检查和违法违纪案件调查之外的检查评比；有的学校还设立了专门应对各种检查的机构。消极的应对措施则是普遍受到诟病的数据造假。

要减轻学校应对检查之苦，政府对学校的管理应从直接管理转向间

[①] 刘善槐、邬志辉：《我国农村教师编制的关键问题与改革建议》，《人民教育》2017 年第 7 期。

[②] 褚宏启：《政府与学校的关系重构》，《教育科学研究》2005 年第 1 期。

[③] 蒲蕊：《政府与学校关系重建：一种制度分析的视角》，《教育研究》2009 年第 3 期。

[④] 《乡村教师倒苦水，政府重视被转换成各种检查》（http：//edu.people.com.cn/n/2014/0918/c367001-25686836.html.）。

接管理，从以"管"为主转向以服务和指导为主，并帮助学校完善多元治理体系。

总之，农村学校普遍缺乏办学自主权，既有各地区教育主管部门的管理习惯问题，也有农村学校领导层管理能力普遍不足的问题。我们在问卷和走访调查中发现，大多数农村学校管理层缺乏宽阔的视野和长远的规划，导致上级政府部门不放心，因而不放手、不放权。加强学校文化建设，锻炼农村学校领导层的战略规划能力、沟通协调能力，通过文化建设凝聚全校师生的智慧，在众多日常事务中各负其责，就能在一定程度上化解政府对农村学校管理过死的困局。

五 国家乡村教育振兴政策低效乏力

21世纪以来，特别是十六大以来，国家出台了大量促进乡村教育振兴的政策，如"两免一补"政策（2001年）、《关于完善农村义务教育管理体制的通知》（2002年）、《关于进一步加强农村教育工作的决定》（2003年）、《关于进一步推进义务教育均衡发展的若干意见》（2005年）、《关于贯彻落实科学发展观，进一步推进义务教育均衡发展的意见》（2010年）、《国家中长期教育改革和发展规划纲要（2010—2020年）》（2010年）、《关于实施农村义务教育学生营养改善计划的意见》（2011年）、《关于深入推进义务教育均衡发展的意见》（2012年）、《关于全面改善贫困地区义务教育薄弱学校基本办学条件的意见》（2013年）、《关于进一步完善城乡义务教育经费保障机制的通知》（2015年）、《关于统筹推进县域内城乡义务教育一体化改革发展的若干意见》（2016年）、《教育脱贫攻坚"十三五"规划》（2016年）等，涉及农村学校的校舍、设施设备、经费、师资、学生等，已取得了一定的成效，尤其是在农村学校硬件条件的改善方面成效较为显著。

"百年大计，教育为本""教育大计，教师为本"，振兴农村教育，关键还在教师。因而，有关农村师资队伍建设的政策更多，使"农村教师""乡村教师"成为近些年来教育政策和教育研究的热点。有关农村师资队伍建设的政策包括：2006年由教育部、财政部、人事部、中央编办联合颁发的《农村义务教育阶段学校教师特设岗位计划实施方案》（简称"特岗计划"），公开招聘高校毕业生到"两基"攻坚县农村义务教育阶段学校任教，以逐步解决农村地区师资力量薄弱和结构不合理等问题，提高农村教师队伍的整体素质。2007年教育部、财政部、人事部、中编办出台了《教育部直属师范大学师范生免费教育实施办法（试行）》，对教育部直属的北京师范大学、华东师范大学、东北师范大学、华中师范大学、陕西师范大学和西南大学六所部属师范大学的师范生实行免费教育，在校学习期间免除学费、住宿费，并补助生活费，所需经费由中央财政安排，这些免费师范生毕业后根据协议，要回到生源所在省份从事中小学教育十年以上，到城镇学校工作的应先到农村义务教育学校任教二年。2012年由教育部、财政部、人力资源和社会保障部等五部委发布的《关于大力推进农村义务教育教师队伍建设的意见》，从教师补充机制、编制标准、师资来源、专业发展、轮岗交流、教师待遇、教师荣誉等几个方面完善了农村学校师资队伍建设政策。2014年教育部、财政部、人力资源和社会保障部出台了《关于推进县（区）域内义务教育学校校长教师交流轮岗的意见》。2015年4月1日中央全面深化改革领导小组第十一次会议审议通过、2015年6月国务院办公厅印发了《乡村教师支持计划（2015—2020年）》，把农村教师队伍建设摆上了优先发展的战略地位，从思想政治素质和师德水平、教师补充渠道、教师生活待遇、教职工编制标准、职称（职务）评聘倾斜、城镇教师向乡村流动、提升教师能力、建立乡村教师荣誉制度等多个方面做出了明确规定，进一步完善了农村教师的补充和发展政策。

在国家政策的框架下，各省又出台并实施了个性化的农村教师队伍建设地方政策。以湖北省为例，湖北省教育厅印发《湖北省"农村教师资助行动计划"实施方案》的通知，从2004年开始实施"农村教师资助行动计划"（简称"资教计划"），每年选拔一批大学优秀应届毕业生到农村乡镇学校任教，以政府出面购买大学毕业生阶段性服务的方式解决农村学校教师短缺的问题，参与此项计划的大学毕业生被称为"资教生"。2012年，湖北省人民政府出台了《关于创新农村中小学教师队伍建设机制的意见》（简称"新机制"），对于全省农村义务教育学校新进教师，实行全省统招统派、经费省级负担、县级教育行政部门负责管理、农村中小学使用的补充新机制，为农村中小学补充教师进入事业编制，以进一步加大"资教计划"的实施力度，从根本上全面加强和发展农村基础教育。湖北省"新机制"教师实行年薪制,资金由省级财政负担,在偏远贫困地区任教的"新机制教师"每人每年 3.5 万元,在其他地区任教的每人每年 3 万元,并根据经济社会发展水平适时调增。

以上各级支持农村教育的系列政策,尤其是促进农村师资队伍建设的相关政策,虽然立意高远,但实施效果并不理想,基本处于低效状态,有些甚至可以称为政策实施乏力。

(一)全国政策执行情况

研究者对六所部属师范大学免费师范毕业生的就业情况进行的调查表明,首届免费师范毕业生在乡镇和农村任教的分别只占毕业生总数的 6.0% 和 2.8%,90% 以上的免费师范生留在了县城及以上城市,与《教育部直属师范大学师范生免费教育实施办法(试行)》的政策规定相去甚远[1],甚至还有不少学生在毕业时通过补交学费等方式远离教育岗位。

据王艳玲等对云南省农村教师流动和流失状况的调查,"特岗教师"中有流动及流失意愿的人数比普岗教师更多,这不仅违背了《农村义务教育阶段学校教师特设岗位计划实施方案》的政策初衷,反而涣散了乡村原有老教师的坚守之心[2]。

国家和各省都寄予厚望的《乡村教师支持计划(2015—2020 年)》,由于涉及面更大,其实施显得更为复杂和艰难。2015 年 12 月底,各省(自治区、直辖市)陆续出台了落实《乡村教师支持计划》的实施办法或实施细则。2016 年教育部还在湖北省宜都市组织召开了全国"《乡村教师支持计划》实施办法制定工作现场经验交流会",并就"计划"的组织实施进行研讨,教育部、各省(自治区、直辖市)教育厅分管教师队伍的领导和相关部门负责人参会。有研究者对湖南省泸溪县《乡村教师支持计划(2015—2020 年)》的实施情况进行了案例研究。截至 2016 年底,

---

[1] 范先佐:《乡村教育发展的根本问题》,《华中师范大学学报》(人文社会科学版)2015 年第 5 期。

[2] 王艳玲、李慧勤:《乡村教师流动及流失意愿的实证分析——基于云南省的调查》,《华东师范大学学报》(教育科学版)2017 年第 3 期。

泸溪县共有各级各类学校174所,其中农村学校164所（含136个教学点）,在校生35924人,在编教职工2972人,其中农村教师1901人。泸溪县将教师队伍建设作为教育发展的工作重心,将农村教师队伍建设作为精准扶贫的工作重点,通过顶层设计、制度建设和机制完善,构建了落实《乡村教师支持计划（2015—2020年）》的县内治理体系,在落实"计划"方面取得了明显成效:一是"计划"实施后,乡村教师在收入、住房、医疗等方面的待遇明显提高;二是在教师培养、培训上拿出了实招,在"计划"出台后,大幅度提高了对原"湖南省农村教师公费定向培养专项计划"的学生补助标准[①],"专项计划"支持的公费师范生成为湖南乡村教师补充的主渠道[②];三是城乡互动有成效;四是注重师德重感召;五是经费保障有力道。但研究也表明,泸溪县的农村教师队伍建设仍然面临诸多困境:一是农村教师尤其是年轻教师和科学、物理、化学、生物、地理等小学科教师引进困难,农村学校师资队伍的学科结构、学历结构、性别结构、年龄结构均不尽合理,总体上学历层次偏低,如某所学生规模较大的乡镇中心小学有212名教师,本科学历不足15%,远远落后于全国41%的平均水平。二是农村教师的职业发展通道狭窄。泸溪县虽然已在职称评定上对农村学校进行倾斜,中级职称名额增加了5%,高级职称名额增加了3%,但新增名额与历史欠账相比仍有较大差距。由于老教师普遍水平不高,所以,新任教师缺乏有能力、有水平的教师指导。三是资源配置尤其是教师编制标准僵化,泸溪县农村学校的生师比一般在10∶1至14∶1之间,个别学校甚至低于10∶1,数据显示为严重超编,但中青年教师比例低、部分学科教师紧缺的结构性缺编问题普遍存在。四是教师培训供需不匹配,农村学校培训名额分配不合理,越是骨干、学习动力越足的教师,由于教学任务繁重,越是难以外出参加培训。五是农村教师工作压力大,不仅要从事教育教学工作,寄宿制学校的教师还要照顾学生,安全管理压力大。六是单向流动依然严峻,

---

[①] 教育部教师工作司:《筑梦乡村讲台奠基民族未来》,上海交通大学出版社2016年版,第128页。

[②] 邓桂明、周承志、李旭林:《湖南出台乡村教师支持计划,将培养更多公费定向师范生》（http://hunan.voc.com.cn/article/201601/201601221650544817.html.）。

虽有局部地区出现了教师竞相去村小的可喜局面,但农村教师向城镇单向流动仍是主流,某镇中心学校近五年调到城镇学校的教师多达31人,且全是中青年骨干教师,而由城镇调入该校的教师仅有2人①。

(二) 湖北省政策执行情况

从湖北省的相关政策执行情况看,政策低效乏力同样存在。2004年开始实施的"资教计划"、2012年开始实施的"新机制"招录教师,尽管在一定程度上缓解了湖北省农村中小学教师的短缺问题,但"资教生"和"新机制教师"的来源层次整体不高,不仅绝大部分为非师范生,且第二批本科、第三批本科学生比例很大;到农村学校从教的各方面准备普遍不足,导致队伍稳定性差;"资教生"和"新机制教师"很难下到最缺教师的村小和教学点。我们对"新机制教师"的调查表明,有35.29%的教师来自城镇,出生地位于从教学校所在县的只占32.35%,这就意味着绝大部分"新机制教师"是外县人,对本乡本土缺乏原生的文化认同,潜在的不稳定性因素巨大;"新机制教师"普遍对农村教师岗位所需要的能力准备不足,有近60%的教师直言能力准备"不太充分""很不充分""完全无准备";有超过1/3的教师甚至对做农村教师的心理准备也"不太充分""很不充分";而他们对农村学校食宿条件、教学条件、工作量、收入、单调生活等不习惯或不满意的比例分别达到57.84%、31.37%、33.33%、55.88%、36.27%;他们希望在农村学校工作的时间都不长,有47.06%的教师准备在3年内离开,41.18%的教师准备在3—6年内离开。

类似问题也得到了其他研究者的证实,有的"资教生"在任教不到一个月就离开了,在一些偏远山区甚至出现了"上午来、下午走"的极端案例②。

综上,中国乡村教育振兴政策虽然内容较为全面,但基本都是从外部着力、单项挺进,没有充分考虑农村地区的社会心理,没有有效激发

---

① 王炳明:《乡村教师队伍建设的政策分析——基于湖南省泸溪县落实〈乡村教师支持计划〉的案例研究》,《中国教育学刊》2017年第2期。

② 范先佐:《乡村教育发展的根本问题》,《华中师范大学学报》(人文社会科学版)2015年第5期。

农村学校和农村教师的内生动机，没有形成系统的政策导向合力。学校文化建设从根本上讲是一项人心工程，是最能触发农村学校和农村师生的内生动机的，能在一定程度上弥补政策缺漏，从精神上和心理上营造政策实施氛围，助力政策实施，改变政策低效、政策乏力困局。

第 三 章

紧迫：农村学校文化建设之"困"

农村教师容易在不断重复自我的过程中走向倦怠、封闭和狭隘，但"新课改"的全面推进，又使农村教师面临着诸如开发校本课程、开发综合实践活动课程、开展研究性学习指导、应用多媒体信息技术、开展双语教学等全新职业素质新要求的挑战。要全面应对这些挑战，迫切需要农村学校通过全面的文化建设唤醒教师的创新意识，使教师逐渐成为学校发展和特色办学的创新主体。有研究者对全国15个省（自治区、直辖市）90所城乡中小学学生的调查表明，作为学校文化活动内容之一的班级文化建设和班集体活动能有效改善学生的学习状态，但令人遗憾的是，班集体文化建设的总体得分较低[1]。可见，学生也急需通过全面的学校文化建设改善学习状态，更好、更快地成人成才。因此，无论教师还是学生，都需要通过学校文化建设不断激励、唤醒他们的主体意识，使学校真正成为花园、乐园和家园。但对中国农村学校而言，要进行全面的学校文化建设，还存在着诸多困境。

第一节 理论困境

理论是实践的先导，尤其是在理论快速发展、经验管理已渐次退出历史舞台的今天，理论甚至可以成为某种"生产力"。列宁指出，"没有革命的理论，就不会有革命的运动"。农村学校进行开拓性的学校文化建

---

[1] 李晓文、王晓丽：《全国十五个区域儿童学校生存状态调查分析》，《华东师范大学学报》（教育科学版）2014年第1期。

设，不亚于一场革命，更是离不开科学理论的指导。

一　相关研究成果匮乏

与农村学校文化建设相关的研究主题，包括学校文化建设、乡村教育、农村中小学等。打开中国知网 CNKI，分别以关键词"学校文化""学校文化建设""乡村教育""农村中小学"进行检索，发表时间选择为"2010年1月1日至2018年7月21日"，在不限"文献来源"、不限"支持基金"的前提下，获得的文献分别是 1097 条、463 条、2605 条、4230 条，数量貌似可观。但细览"学校文化"1097 条检索结果，绝大多数是有关大学文化的，或研究中小学文化实际困境的，关于中小学文化建设的理论研究成果非常稀少。在"学校文化建设"的 463 条检索结果中，绝大多数是研究大学文化建设或中小学文化建设经验的，关于中小学文化建设的理论研究也很少。在"乡村教育"2605 条检索结果中，乡村教育政策、乡村教育困境占了绝大多数，少部分是关于乡村文化的，几乎没有关于乡村教育中文化建设的文献。在"农村中小学"4230 条检索结果中，绝大多数是关于课程教学、现状困境的，关于农村学校文化建设的文献也寥寥无几。用更加专指的关键词如"农村学校文化""乡村学校文化""农村学校文化建设""乡村学校文化建设"等进行检索，检索结果分别为 3 条[①]、7 条[②]、0 条、0 条。

与中小学文化建设直接相关且有一定系统性的研究成果主要是为数不多的硕士论文，如张裕家的《乡镇初中学校文化建设研究》（2010）对河北省邯郸市六所乡镇初中文化建设的成就和存在的问题进行了分析，并提出了建设策略建议；黎雯的《论中小学学校文化建设——从以应试为取向到以学生生命成长为取向》（2010）批判了应试教育取向的

[①] 篇名分别为：《农村学校文化调查：问题、原因与展望》《城镇化进程中农村学校文化建设现状分析》《韩国农村学校文化的发展历程及启示》。

[②] 篇名分别为：《城乡教育一体化进程中乡村学校文化的冲突与调适》《城乡教育一体化进程中乡村学校文化的本土化选择》《城乡教育一体化进程中乡村学校文化的定位与转型》《城乡教育一体化进程中乡村学校文化的问题表征与路径重构》《城乡教育一体化背景下乡村学校文化的现实形态与价值取向》《城乡教育一体化文化适应：进程与选择》《城乡教育一体化进程中乡村学校文化转型的影响因素研究》。

学校文化，认为这种取向的学校文化导致学校见"物"不见"人"、教师教书不育人、学生有知识无生命，倡导建设以生命发展为价值取向的学校文化，关注生命、关注学生成长、关注教师生存；夏祖瑞的《基于精神重建的学校文化建设探究——武穴市师范附属小学文化重组现象透视》(2013)在分析当下学校文化流弊的基础上，介绍了武穴市师范附属小学文化建设的经验；潘丽琴的《初中学校品牌建设的文化途径研究——基于苏州初中友好学校发展联盟的调查》(2010)对苏州六所初中的教师和家长进行了问卷调查，结果表明，绝大多数教师和家长认同文化建设对学校发展和品牌提升的作用。不难看出，在以中小学文化建设为研究主题的为数不多的硕士论文中，聚焦农村学校文化建设的硕士论文只占1/4。

可见，中国的教育研究者和文化研究者对农村学校文化建设的关注太少，正如钱理群教授所说，太多的人在做相对轻松的"锦上添花"之事，太少的人愿意去做艰苦的"雪中送炭"。农村学校要进行开拓性的学校文化建设，只有在向别人学、向书本学、借力借智的基础上才能进行自我突破。但目前，中小学文化建设的经验绝大多数来自城市学校，这种"城市中心主义"的经验不适合农村学校；"书本"上的理论研究成果少之又少，不足以为农村学校进行学校文化建设提供有价值的遴选和借鉴；又由于地域、社会资源、眼界视域等多方面的限制，农村学校获得外部专家智力支持的可能性也非常小。诸多因素相叠加，使农村学校的文化建设似乎走入了死胡同，只好以"无为"应对。

二　基本理论未达成共识

所谓理论，是指人们关于事物知识的理解和论述，是一个用"概念"组织起来的信息体系。基本理论是指一门学科的基本概念、范畴、判断与推理。理论成熟的首要标志，是众多研究者在一系列基本概念、基本范畴、基本判断方面达成共识，并形成相对稳定的理论体系架构。在中国，有关学校文化建设的基本理论还很不成熟，主要表现在相关概念混淆和学校文化结构混乱两个方面。

(一) 相关概念混淆

概念是学术领域最基本的知识单元，是科学思维的细胞，是学术人共同话语的前提。学校文化涉及一个复杂的概念群,包括"学校文化""校园文化""校园文化活动""精神文化""制度文化""物质文化""行为文化"等。如前所述,"文化""学校文化"难有统一的定义,导致相关概念的相互混淆,特别是"学校文化"与"校园文化"、"校园文化"与"学生活动"、"学校文化"与"校园环境"、"学校文化"与"一训三风"、"制度文化"与"行为文化"、"物质文化"与"精神文化"等。

1. "学校文化"与"校园文化"

"学校文化"是组织管理中的一个概念,是相对于一个特定的组织机构而言的,是一所学校在其长期的历史发展过程中形成的、为学校广大师生普遍认同并共同遵循的价值观念及其多维"呈现方式"和"行为方式",包括学术传统、价值追求、规范体系、标志性建筑景观、行为方式等,是一所学校"特有的物"与"特有的人"的完美结合,能全面体现一所学校的办学历史、办学理念、目标定位、办学特色和主要办学成就,具有积淀内生性、物人合一性、内凝统整性、外溢辐射性、时空弥漫性等特征。而"校园"只是一个空间概念,虽与学校这个组织密切相关,但本身并不能完整、确切地代表学校这个组织,尤其是随着学校向社会开放,社区服务和互动功能凸显,学校的价值和影响力远远超出了"校园"的框架束缚。"校园文化"是以学生为主体,以教师为主导,以弘扬主流文化、传播正能量为宗旨的学生群体文化,空间范围以学校围墙为限,时间上囊括了学生的第一、第二课堂,内容上包括学生的精神文化和学生的行为文化[①]。赵中建认为,"学校文化"是组织文化,"校园文化"是现象文化[②]。在中国,"校园文化"一词的出现比"学校文化"要早——1986年4月,上海交通大学举行第十二届学代会,竞选学生会主席的候选人不约而同地把推进校园文化建设作为竞选旗帜。1997年《中共中央关于加强和改进思想政治工作的若干意见》将校园文化建设提上重要的议事日程,从此,"校园文化"成为一个热

[①] 李素芹、胡慧玲:《大学文化:概念群及建设方略》,《扬州大学学报》(高教研究版)2016年第5期。

[②] 赵中建:《学校文化》,华东师范大学出版社2004年版,第111页。

词，校园文化活动也在各级各类学校如火如荼地开展起来。

从上述分析可知，"学校文化"可以看作"校园文化"的上位概念，"校园文化"只是"学校文化"一种特殊的呈现方式和行为方式，是主要体现在学生身上的、可以看到听到感受到的那一部分"学校文化"。如果我们把学校文化比喻成宇宙中的一个灿烂"星系"，那么，校园文化就仅仅只是"星系"中一个单色的"星球"而已。但在中小学教育和管理实践中，不少人往往用"校园文化"取代"学校文化"，很显然是窄化了"学校文化"，这种窄化的错误概念是无法科学、有效地指导学校文化建设实践活动的。

2."校园文化"与"学生活动"

有些教育实践工作者不仅把"学校文化"窄化为"校园文化"，且进一步把"校园文化"等同于学生活动，认为只要临时组织一些诸如主题班会、兴趣特长班、节庆等学生活动，就等于有了校园文化，进而有了学校文化。根据前述概念，校园文化是校园内学生的群体文化，但众所周知，学生的校园生活从时间上可划分为课堂内和课堂外，从内容上可划分为各种学科课程的学习（即第一课堂）、活动课程或综合实践课程（即第二课堂），以及浸润在第一和第二课堂之中的德育等。实际上，学生活动只能算作校园文化这个"星球"上的人的一些"动作"。

3."学校文化"与"校园环境"

另有一些教育实践工作者，把"学校文化"等同于"校园环境"，认为只要在校园里种上花花草草，建一条文化走廊，立几个刻字的石头或雕塑，给学校的几栋楼起几个雅致的名称，就表明学校有了文化。有的甚至直接找文化公司外包，花费不菲的资金对校园环境进行"大手笔"的改造和设计。对照前述"学校文化"的概念，我们很容易发现，这些与校园环境相关的文化建设内容，都是属于学校文化中的物质文化范畴，是学校文化最表层的部分，虽然华丽，也可能见效最快，但它聚焦的是"器物图腾"而非"意义关系"，如果缺少精神文化这个内核，则是无魂的，不免有风中芦苇之隐忧。实际上，"校园环境"只能算作"学校文化"这个"星系"中的一些"物质结构"或"光影景象"。

4. "学校文化"与"一训三风"

还有一些教育实践工作者,把"学校文化"等同于"一训三风",认为一所学校只要有了明确的校训、校风、学风、教风,不管这些表达是否具有与自身发展相关的独特内涵,也不管这些表达是否获得师生的认同,就算是有了学校文化。现实中我们看到,很多学校的"一训三风"充斥着"求实""创新""自强""团结""乐教""乐学""一切为了学生、为了一切学生、为了学生的一切""为师生的发展奠基"等放之四海而皆准的教育类格言警句。毋庸置疑,"一训三风"确实属于学校精神文化的范畴,但并非学校精神文化的核心内容,将"一训三风"放大为学校文化,其实质是将学校文化简单化、口号化,无法正常发挥学校文化对学校发展的引领、统领作用。形象地说,"一训三风"只能算作对学校文化这个"星系"中某些"星球"的"命名",具有极大的偶然性。

5. "制度文化"与"行为文化"、"物质文化"与"精神文化"

不少研究者认为,从内容和结构层次上看,学校文化包括物质文化、精神文化、制度文化和行为文化,精神文化处于深层,制度文化处于中层,物质文化和行为文化处于表层[①]。但实际上,这四者不应是完全同等的并列关系,研究者只是为了研究的便利,把它们之间错综复杂的关系线性化了。在四者的关系中,"制度文化"和"行为文化"是相互制约、相互说明的。制度文化是静态的、文本的,是规范一所学校师生行为文化的"模子";而行为文化是动态的、人本的、活化的,是制度文化的外在体现;制度文化本身无法检验其合理性,必须通过外显的行为文化才能使其得到检验和评判,即完美的制度文化不一定能形成良好的行为文化,但良好的行为文化一定有完美且可行的制度文化作为支撑。另外,学校的"物质文化"与"精神文化"之间也存在着特别的关系。根据唯物辩证法的基本原理,物质是决定意识(精神)的,意识(精神)只是物质的反映。但在学校文化的相关概念中,"物质文化"和"精神文化"之间却不是这样的关系,恰恰相反,"精神文化"是决定"物质文化"的,如果学校的"物质"不能很好地体现学校的"精神文化",这个"物质"就不能成其为"物质文化"。

---

① 蔡劲松等:《大学文化理论建构与系统设计》,文化艺术出版社2009年版,第29页。

(二) 学校文化结构不成体系

如上所述，从内容和结构层次上看，学校文化包括物质文化、精神文化、制度文化和行为文化，最核心的是精神文化，物质文化、制度文化和行为文化都应该是紧紧围绕着精神文化而展开，不应该分离脱节。但物质文化、制度文化和行为文化如何与精神文化紧密相连进而形成体系？如何发挥学校文化四个层次的育人合力？学校的精神文化究竟应该包括哪些内容？学界至今仍未达成权威共识。由于对学校文化结构缺乏基本共识，在现实中我们不难发现各种五花八门的学校文化建设"成果"或"优秀案例"——有的只止步于校园环境的绿化美化，有的只满足于《学校章程》对办学目标和"一训三风"的表达，有的学校换一任校长就换一套"学校文化"，有的学校"理念""目标""口号""誓言"充斥天下，有的学校把学校文化主题、学校精神、办学理念、校训等混淆交叉，有的学校对理念体系中的某一要素有多种不同的"正式"说法……

虽然有关学校文化建设的专门研究未达成上述共识，但实际上我们可以借鉴品牌管理中的 CIS 企业识别系统（Corporate Identity System）来完善学校文化结构，因为品牌的核心也是文化[1]，CIS 系统包括的 MI 理念识别系统（Mind Identity）、VI 视觉识别系统（Visual Identity）和 BI 行为识别系统（Behavior Identity）三个部分，正好与学校文化建设中的精神文化、物质文化和行为文化有相通之处。借鉴 MI、VI 和 BI 的相关内容结构，可以帮助我们理清学校文化的结构体系。

企业的理念识别系统 MI 是指企业共同认可和遵守的价值准则和文化观念，以及由此决定的企业经营方向、经营思想和经营战略目标。因此，学校的精神文化即理念体系，至少应该包括学校共享的核心价值观、学校使命、办学理念、学校愿景和办学目标、育人目标、校训、校风教风学风等。企业的视觉识别系统 VI 是企业理念的视觉化，通过企业形象、广告、标识、商标、品牌、产品包装、企业内部环境布局、厂容厂貌等向大众表现、传达企业理念。因此，学校物质文化至少应该包括学校名称、标志性建筑物、校徽、标准字、标准色、象征图案、校歌等。企业

---

[1] 刘光明：《品牌文化》，经济管理出版社2011年版，第4页。

的行为识别系统 BI 是企业理念的行为表现,包括在理念指导下企业员工对内和对外的各种行为,以及企业的各种生产经营行为。因此,学校行为文化至少应包括对师生的典礼仪式、仪容仪表规范、教育教学规范、师德规范、学生综合素质评价体系等规范的实施及其效果。

第二节 认知困境

农村学校进行文化建设的困境,除了相关理论不够成熟之外,农村学校及其师生对学校文化建设的认知偏差也大量存在。

一 农村学校对文化建设的重要性认识不足

正如第一、二章所述,学校文化建设既有对内的凝聚价值,又有对外的辐射功能;农村学校进行文化建设,并不是"瞎折腾""没事找事",而是能够开启文化自信的心理源泉、更新义务教育的发展理念、坚持"以人为本"的教育目的、化解农村学校的发展困局,对绝大部分学校来说是"雪中送炭",对极少数学校来说则是"锦上添花"。

但不少农村学校还没有将学校文化建设列入议事日程,对文化建设的重要性认识严重不足——或认为文化建设与升学率和教育质量没有关系;或认为文化建设"华而不实";或认为农村学校本来就经费紧张,找不到"闲钱"来进行文化建设;或认为师生对文化建设不会有兴趣……总之,没有认清文化建设对农村学校自主发展、特色发展、内涵发展的统领作用,没有理解"三流学校靠权力、二流学校靠制度、一流学校靠文化"[1] 的精髓。

对文化建设的重要性认识不足,导致对文化建设相关理论的求知欲不强,理论准备不够。同时,也不可能主动对文化建设相关案例进行收集。当迫不得已要拿文化装点学校"门面"时,常常直接照搬他校的所谓文化建设"经验",导致对学校文化建设的反复误读。相关研究表明,一些农村学校校长和教师的思想观念、思维方式与价值取向落后,

---

[1] 杨骞:《学校文化建设中的相关因素分析》,《教育研究》2009 年第 1 期。

缺乏文化意识和文化信仰①；一些农村学校的文化建设存在着理念异化问题②。

总之，农村学校对文化建设的重要性认识不足，进行学校文化建设的主动性和积极性不高，甚至会找出各种借口抵触、排斥文化建设。

二 农村学校对学校自身的认知不足

《孙子·谋攻篇》有言："知己知彼，百战不殆。"在现实中，知彼相对容易，知己实在太难。要对自身进行客观公正的分析，并不是一件容易的事，因为"不识庐山真面目，只缘身在此山中"。在中国广大农村学校长期习惯于作为政府的附庸"被动发展"之后，不少学校放弃了主动寻求突破之途；或对学校衰败现象习以为常，不再抱有发展希望，因而懒得进行自我分析；或满足于玩文字游戏、数字游戏而不愿意做客观的自我分析；或自视甚高、自我感觉良好，认为不必要做自我分析……

（一）不能客观全面地分析自身的优势和劣势

农村学校很少对自身进行全面、客观的分析，又由于理念或眼界或水平或方法的局限，在对自身进行分析时，或者只看到农村学校的弱势、劣势；或者为了争取资源，片面地夸大自身劣势；或者只以升学率高、质量排名靠前为优势；或者应付性地照抄其他学校的优势、劣势……总之，要么分析得不够客观，要么分析得不够全面。实际上，事物都是具有两面性的，全优、全劣的事物都不可能存在。另外，在生源质量和师资水平越来越不具有竞争优势的情况下，农村学校所谓的升学率高永远只可能是与其他农村学校相比而言的，只可能是"矮子里拔将军"。对自身优劣势不能进行客观、全面的分析，就难以做到扬其所长、避其所短，也难以使农村学校获得适切的、特色的发展。

（二）不能全面准确地判断学校的当下位序

今天是连接昨天和明天的纽带，现状是承接过去和未来的桥梁，现状是过去的未来，也是未来的过去，事物的发展一般都是连续的，可以

---

① 参见张裕家《乡镇初中学校文化建设研究》，硕士学位论文，河北师范大学，2010年。
② 许芸：《城镇化进程中农村中小学文化建设现状分析》，《基础教育研究》2015年第9期。

通过现状说明过去，也可以通过现状推导未来，所以流行语倡导人们要"活在当下"，可见，对当下现状的认知尤为重要。对学校现状进行全面认知，应该是在尊重学校发展历史积淀的基础上，既包括对学校硬件的认知，也包括对学校软件的认知；既包括对学校外延发展的认知，也包括对学校内涵发展的认知；既包括对学校发展中完成上级主管部门规定动作情况的认知，也包括对学校自主进行特色发展的认知；既包括对学校规模、质量的认知，也包括对学校结构、效率、效益的认知；既包括对学校中"事"的认知，也包括对学校中"人"的认知，且更要重视对"人"的全面认知……只有全面认知学校发展的现状，并与同类学校、同层次学校、同区域学校进行科学比较，从中选出对比学校和标杆学校，才能准确判断学校的当下位序及其与对比学校和标杆学校之间的差距，才能科学确定学校今后的发展方向，并制定相应的战略目标、战略重点和战略步骤。

（三）不能科学确定学校的办学目标和育人目标

由于不少农村学校未能客观全面地分析自身的优势、劣势，未能全面认知学校发展现状和当下位序，导致办学目标模糊、育人目标单一。一方面，对绝大多数农村学校而言，要么不能清楚地表述其办学目标，要么办学目标就是"维持现状"或"努力办成和城市学校一样好的学校"，要么无法将办学目标一一细化到日常的教育教学工作、分解到具体的责任部门和责任人。另一方面，绝大多数农村学校往往见"物"不见"人"，也许可以成"事"，但不一定能够成"人"，因而，育人目标单一，脱离当下现实生活的"会读书""学习好""上大学"是雷打不动的育人目标。"学生苦读、老师苦教、家长苦帮"，三个"苦"字道尽了农村学校的辛酸和无奈。"苦"与"乐"是相反的两极，《孟子·尽心上》有"君子有三乐……得天下英才而教育之，三乐也"。不少学校的"三风"中有"乐园""乐教""乐学"等字样，如果学习过程总是苦的，尝遍十几年的"苦"，最后达到的目标即使是世俗公认的"甜"，也会因味觉的丧失而变得索然寡味，更何况还有那么多人最终无法尝到传说中的"甜"。

总之，农村学校对学校自身的认知不足，会导致文化建设缺乏个性特征，使学校文化建设物化、外化甚至异化，游离于学校的教育教学和人才培养工作之外,无法起到对学校工作的统领作用,无法有效地改变学校的面貌。

三 农村学校对学校发展环境的认识走偏

任何个人和组织的发展都离不开环境,"孟母三迁"的典故,"蓬生麻中,不扶而直;白沙在涅,与之俱黑"的警句,孟德斯鸠的"地理环境决定论",等等,都说明好的环境有利于人的健康成长,不良的环境会对人产生消极的影响。

(一)对学校发展的宏观环境缺乏全面把握

在中国,学校发展的宏观环境是由各级政府的教育政策所决定的。全面把握各级教育政策所形成的宏观教育环境,是每所学校办学的基本要求。2010年以来,笔者所在的大学每年都要承担多个主题的国家级或省级教师培训,对象大多是中西部农村学校的校长或教师,培训课程中一般都有教育政策和教育法规专题,但学员大多对这一专题缺乏兴趣。正如关注中央电视台的《新闻联播》对中国人生活的重要性非同凡响一样,作为教育工作者,全面关注教育政策和教育法规,寻求政策机遇和政策支持,用足、用活政策,避免政策误读,不触犯法规底线,是教育工作者的一门"必修"课程。所谓全面把握农村学校发展的宏观环境,既包括国家宏观战略和中长期规划中对教育发展的新要求,又包括专门的教育法规、教育战略和教育规划;既包括城乡教育均衡发展方面的政策,又包括农村学校特色发展方面的政策;既包括学校发展的保障条件即有关"物"的政策,也包括学校发展所需要的观念、质量等有关"人"的政策……全面掌握农村学校发展的相关政策法规,能够帮助农村教育工作者廓清很多模糊认识,明确农村教育事业的前进方向。如"国家教育事业发展'十三五'规划"中的基础教育质量综合评价改革、加强校园文化建设、教育脱贫攻坚行动计划、义务教育均衡优质发展、加强乡村教师队伍建设等,充分表明农村学校不仅不会消亡,反而应该获得更快、更好、更有特色的发展。

(二)对学校发展的竞争环境缺乏科学判断

竞争是市场经济的基本特征,在中国特色社会主义市场经济条件下,学校之间的竞争也理所当然。良性竞争对人的发展和社会的进步都有促进作用，学校之间的特色竞争就属于良性竞争，但互相"挖人"拆台、变本加厉的"题海"苦战等则属于恶性竞争。近些年来，"博弈"一词在学术领域高频出现，博弈实际上就是竞争的过程，我们可以用"博弈"直接取代"竞争"。作为现代数学和运筹学重要分支学科的博弈论，已经成为经济学的标准分析工具之一，也是各个学科和领域研究互利共赢问题的有力工具①。博弈论把博弈分为零和博弈和非零和博弈两种类型。所谓零和博弈，又称非合作博弈，是指参与博弈的各方在严格竞争下，一方的收益必然意味着另一方的损失，博弈各方的收益和损失相加之和永远为"零"，双方不存在合作的可能。所谓非零和博弈，又称合作博弈，是指博弈中各方的收益或损失之和不为"零"，即自己所得并不与他人所失相等，博弈双方存在着双赢的可能，能够达成合作。根据非零和博弈理论，农村学校与城市学校之间、不同的农村学校之间、农村学校内部成员之间等都必然存在着博弈，但这种博弈不必是"你存我亡""你死我活"的，可以通过城乡合作、片区合作、团队合作等，在竞争下合作，也在合作中竞争，在合作竞争中达至共赢，使各类学校获得两不相害的差异化发展和特色化发展。因此，在非零和博弈理论指导下，城乡学校都应修炼出"大教育""小学校"情怀，开阔心胸、开放视野、开明思路，既找到能够长期合作、有效合作的合作学校，又确定能够长期"比学赶超"的对手学校和标杆学校，营造良性的竞争环境，实现竞争中的合作共赢。

（三）对学校发展的社区环境缺乏正面认识

如前所述，中国对农村学校的界定有区域论、人口论、产业论三种不同的方法，本书采用的是区域论界定法，即认为农村学校是位于农村社区的学校。既然位于社区，根据教育环境的相关理论，农村学校就与农村社区有着"剪不断、理还乱"的联系。但在文献研究和实地调研中我们却发现，绝大多数农村学校对所处的农村社区环境缺乏正面的认识，即只看到社区环境对农村学校发展带来的消极影响，如农村学校为了应对来自"社会青年"和"网吧"的风险，采取了圈养与封闭的管理与控

---

① 张永胜：《互利共赢的博弈论分析》，《理论月刊》2008年12期。

制措施[1];农村学校的校外环境已经失去了许多它从前具备的教育特征,来自于农村家庭和邻里的教育机会消失了,来自于日常生活的智力和道德训练的机会消失了,截断了儿童接触现实、了解社会生活、参与社会实践的途径[2]……在普遍缺乏对农村社区环境的正面认识背景下,农村学校往往会将自我封闭起来,通过物质的"围墙"、思想的"屏障"、教学内容的"疏离"等多种途径,使农村学校与农村社区不仅在空间上疏离,也在价值上背离[3],进而使学校成为农村社区的"文化孤岛"。不少农村学校的生存常态从"自言自语"到"自怨自艾"到"自暴自弃",直到准备"自生自灭"。农村学校的学校文化建设或任其荒芜,或避实就虚,或舍近求远,不能将学校社区环境中的机遇因素"为我所用"从而进行本土化、个性化的文化建设;也不能将学校环境中的挑战"化险为夷",避免社区环境对学校文化的冲击或稀释,进而避免"5+2≤0"的学校教育无效窘境。

综观本节第二、第三两个部分,基本上是以思辨的方法分别从农村学校内部和外部来分析学校文化建设的认知困境。如果要进行更为系统的分析,有一个很好的工具可以借鉴,即近些年来兴起的来自 Mckinsey 咨询公司的战略规划工具——SWOT 分析法。SWOT 是由优势(Strengths)、劣势(Weakness)、机会(Opportunity)和威胁(Threats)四个英文单词首字母组合而成的,是指从内部入手客观分析组织的优势和劣势,从外部着力全面分析组织的机会和威胁,然后将四个方面的分析结果组合成为"SWOT 波士顿矩阵"(如图 3—1),得出四种不同的战略,并运用系统方法对四种战略加以分析,制定相应对策。其中,SO 战略是最大限度地发展战略,属"明星"业务;WO 战略是回避弱点、利用机会的战略,属"问题"业务;ST 战略是利用优势降低威胁的战略,属"金牛"业务;WT 战略是收缩合并战略,属"瘦狗"业务。由于 SWOT 分析法对各

---

[1] 朱志勇、韩倩、张以瑾:《村落中的堡垒:风险社会学视角下的农村中小学与社区发展》,《清华大学教育研究》2016 年第 1 期。

[2] 卢俊勇、陶青:《农村儿童日常生活方式的转变与农村中小学改革——农村教育如何应对农村社会的变革》,《教育科学研究》2018 年第 5 期。

[3] 李志超、吴惠青:《乡村建设的精神危机与乡村学校的文化救赎》,《中国教育学刊》2016 年第 4 期。

种组织管理都具有普适性,且易于学习操作,虽源自企业管理,但很快被广泛运用于教育研究和教育管理领域。

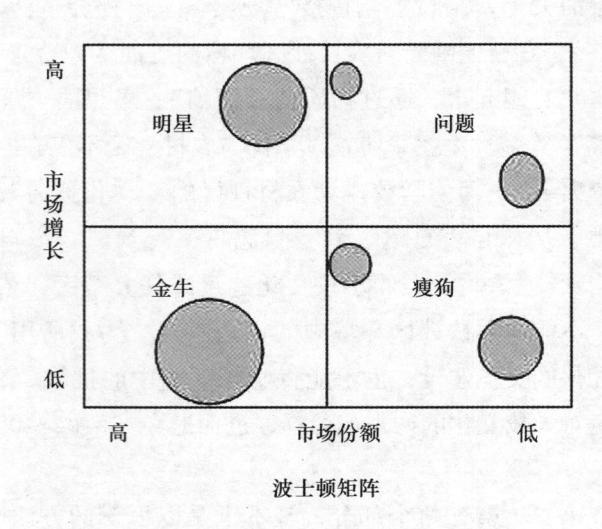

图3—1 波士顿矩阵

第三节 能力困境

农村学校文化建设是一项自主性很强的内部工作,必须依靠学校内部的人员来完成。对于学校文化建设这一以智力为主的"小众""高冷"的工作任务,学校内部人员的能力成为完成任务的最关键要素,但农村学校内部人员大多并不具备完成这一任务的核心能力。

一 校长的文化领导力不足

《义务教育学校校长专业标准》(教师〔2013〕3号)关于校长文化领导力的要求,在"规划学校发展"下有:

  2. 注重学校发展的战略规划,凝聚师生智慧,建立学校发展共同目标,形成学校发展合力;
  3. 尊重学校传统和学校实际,提炼学校办学理念,办出学校特色;

7. 诊断学校发展现状，及时发现和研究分析学校发展面临的主要问题；

在"营造育人文化"下有：

12. 将学校文化建设作为学校德育工作的重要方面，重视学校文化潜移默化的教育功能，把文化育人作为办学治校的重要内容与途径；
13. 热爱祖国优秀传统文化，充分发挥优秀传统文化的时代意义与教育价值，重视地域文化的重要作用；
15. 了解校园文化建设的基本理论，掌握促进优秀文化融入学校教育的方法和途径；
17. 绿化、美化校园环境，精心营造人文氛围，建设优良的校风、教风、学风，设计体现学校特点和教育理念的校训、校歌、校徽、校标；
20. 凝聚学校文化建设力量，发挥教师、学生及社团的主体作用；

在"调适外部环境"下有：

51. 坚持把服务社会（社区）作为学校的重要功能，勇于承担社会责任；
57. 优化外部育人环境，努力争取社会（社区）的教育资源对学校教育的支持"；

……

《义务教育学校管理标准》（教基〔2017〕9号）中也有如下要求事关校长的文化领导力：

"促进学生全面发展"下有：

12. 积极开展理想信念教育、社会主义核心价值观教育、中华优秀传统文化教育、生态文明教育和心理健康教育；
13. 统筹德育资源，创新德育形式，探索课程育人、文化育人、活动育人、实践育人、管理育人、协同育人等多种途径，努力形成全员育人、全程育人、全方位育人的德育工作格局；

17. 营造良好的学习环境与氛围，激发和保护学生的学习兴趣，培养学生的学习自信心；

27. 利用当地教育资源，开发具有民族、地域特色的艺术教育选修课程；

"提升教育教学水平"下有：

49. 根据学生发展需要和地方、学校、社区资源条件，科学规范开设地方课程和校本课程，编制课程纲要，加强课程实施和管理；

"营造和谐美丽环境"下有：

71. 立足学校实际和文化积淀，结合区域特点，建设体现学校办学理念和思想的学校文化，发展办学特色，引领学校内涵发展；

72. 做好校园净化、绿化、美化工作，合理设计和布置校园，有效利用空间和墙面，建设生态校园、文化校园、书香校园，发挥环境育人功能；

73. 每年通过科技节、艺术节、体育节、读书节等形式，因地制宜组织丰富多彩的学校活动；

"建设现代学校管理制度"下有：

75. 依法制定和修订学校章程，健全完善章程执行和监督机制，规范学校办学行为，提升学校治理水平；

76. 制定学校发展规划，确定年度实施方案，客观评估办学绩效；

87. 主动争取社会资源和社会力量支持学校改革发展；

……

虽然《义务教育学校校长专业标准》和《义务教育学校管理标准》都

对学校文化建设的相关内容提出了直接或间接的要求,但在多种场景的课题调查和相关研究成果的梳理中我们发现,文化领导力可能是中国绝大多数校长最缺乏的能力,在普遍凋敝的农村学校尤其如此。主要表现为:

(一) 校长缺少文化感召力

"感召力"来自古希腊语,后被马克斯·韦伯所采纳,是指一种不依靠物质刺激或制度强迫,而凭人格和信仰的力量去领导和鼓舞人的能力。一个有感召力的人,其权力和威信不是通过上级组织的任命就自然获得的,而主要是通过他的综合素质、文化素质和人格魅力而展现的。所以,感召力也可以称为文化感召力。但目前,中国农村学校教师虽然属于文化人之列,但由于他们所拥有的文化既与乡村生活基本脱节,又与高深知识和高精技术搭不上边,所以农村社区与农村学校之间、农村学校与其他文化机构之间都存在着相互的"文化"不认同。在农村环境中,农村学校对农村社区缺少文化感召力;在农村学校内部,校长虽然是教师群体的领头羊,既有较高的教学水平,也有一定的领导能力,但由于"文化"不属于职前师范教育和职后教师培训的必备内容,加上农村环境的"文化"荒漠化,校长自身对文化的重要性认识不足等原因,导致绝大多数农村学校校长的文化自觉、文化自信、文化修炼缺乏,离文化感召力还有相当的距离,只有极少数校长在此方面有一定的修为。

(二) 校长缺乏战略规划力

战略规划是一种重要的现代组织管理手段,是组织寻求成长和发展机会的重要途径,是基于组织的现实状态、面向未来一定时期对组织发展状态的整体的、系统的设想①。战略规划包括四个基本要素,即扫描外部环境、评估内部优势和劣势、分析从组织内外获得的数据、确定能够促进组织有效性的主要方向②。制定战略规划并非完全是技术层面的问题,而是要受到组织文化因素的深刻影响,因为,文化既是学校战略目标的重要组成部分,又直接关乎学校战略分析的精确度与理性程度,还是达成学校共同愿景的引导和约束力量。从某种意义上看,学校战略制

---

① 别敦荣:《论大学发展战略规划》,《教育研究》2010 年第 8 期。
② 李小娃:《大学战略管理的内涵、趋势与特征》,《现代教育管理》2013 年第 4 期。

定是学校文化的文本表达①，校长的战略规划力和文化感召力是互为表里的关系。战略管理和战略规划在教育领域的兴起和实施，是先美国再中国、先政府再学校、先大学再中小学的。20世纪80年代，美国大学开始实施战略规划，90年代中国大学也开始了自主性的战略规划活动②。中国中小学实施战略规划只是最近几年的事情，是随着《义务教育学校管理标准（试行）》（教基［2014］10号）和《义务教育学校管理标准》（教基［2017］9号）中"建设现代学校管理制度"下"依法制定和修订学校章程"和"制定学校发展规划"的要求逐步推行开来的。战略规划是一项系统工程，与中小学校长传统的经验管理和"等靠要"的被动管理有着天壤之别，校长要在对学校自身、外部环境进行全面、客观、科学、自主分析的基础上，既要敢想又要敢为，既要善谋又要善断。但绝大多数农村学校校长眼界不够宽广、思维不够灵活、行动不够迅速，"不敢想""想不出来""慢作为""不作为"的现象较为普遍，缺乏基本的战略规划力。

（三）校长缺少寻求外部智力支持的能力

农村学校要进行文化建设，仅仅依靠自身力量是远远不够的，还必须借助于外力，利用内外合力才能把学校文化建设规划好、实施好。在文献查阅、问卷调查和访谈中，我们发现极少数农村学校通过引进文化公司来美化校园，但这种支持不属于本书倡导的外部智力支持，在绝大多数农村学校也不具有可行性。

农村学校在文化建设方面缺少外部智力支持，既有客观原因，也有主观原因。第一，如前所述，国内学校文化研究者的目光主要集中于高等院校的文化建设和城市学校的文化建设，普遍忽视农村学校文化建设的理论研究和特殊性研究。第二，农村学校由于地域劣势和水平劣势等导致社会资本占有不足，对可能的外部智力支持如相关专家、相关学术组织的信息掌握不够，缺乏获得外部智力支持的途径。第三，农村学校一般地处偏远，如果缺乏先进的办学理念和特色办学成果，无法吸引外部智力支持主动进入提供帮助。第四，文化属于精

---

① 刘国瑞、林杰：《大学战略管理中的文化因素》，《现代教育管理》2012年第12期。
② 赵义华：《大学不能回避战略规划》，《现代教育管理》2012年第2期。

神领域，精神领域的交往主要依赖双方的平等对话，要借助适宜的对话平台和双方的对话能力。对于大多数农村学校校长来说，文化研究能力和文化对话能力相当缺乏，难以与相关专家平等对话，因而难以得到外部有效的智力支持。

二 教师的文化开发力不足

人类社会分为经济、政治、文化三大领域，教育属于文化领域，教师被称为"文化人""文明人"。作为"文化人"的农村学校教师，具有一定的文化知识，既能自觉学习文化，一般也能够接纳多元文化，但不一定具有更高层次的文化开发力，具体表现在：

（一）文化敏感性不足

教师是分层次的，根据个人能力水平和情怀境界的不同，中小学教师可以从低到高分为：心不在焉型、教书谋生型、"四有"好教师型、教育家型等，不同层次的教师对文化的敏感性不同，层次越低，文化敏感性越低。对于所有"心不在焉型"和大部分"教书谋生型"的农村学校教师，他们的日常就是教书，且主要是利用教科书和教辅材料被动地教书，不会主动寻求文化资源，甚至不会对眼前的文化资源加以最简单的利用；对于少部分符合"四有"好教师标准的农村学校教师而言，他们在教书的同时也注意育人，甚至会主动进行一些"文化育人"的尝试，设计一些较为简单的文化活动。但总体来看，农村学校教师的文化敏感性欠缺，大多满足于对国家课程和国家教材照本宣科，把考试分数、排名等作为最高教学目标。

（二）课程开发力薄弱

课程是学校教育教学活动的最重要载体，是由一定的育人目标、特定的知识经验和预期的学习活动方式构成的一种蕴含着丰富、基本而又有创造性与潜质的一套计划与设定。为增强课程对地方、学校及学生的适应性，中国实行国家课程、地方课程、学校课程的三级课程管理体制[1]。课程开发尤其是校本课程开发是中小学特色发展和文化建设的重要内容之一，但绝大多数中小学教师习惯于做忠实实施国家课程、忠实讲

---

[1] 王道俊、郭文安：《教育学》，人民教育出版社2016年版，第7页。

授固定教材的课程实施者,对课程开发者角色还较为陌生①,课程开发意识和开发能力都非常薄弱。所谓课程开发力,是指对校本课程的目标设计、主题筛选、内容取舍、教材编排、课程实施、效果评价等方面的综合设计和实践能力。课程开发力是教师职后综合能力的主要体现。但农村学校教师由于受到观念、眼界、地域、培训机会、工作压力等的束缚和限制,普遍缺乏课程开发力,缺乏科学设计课程目标、全面汇集整理乡土文化资源、对多元文化进行判断取舍、自主编排校本教材、探究校本课程实施、构建校本课程评价体系等方面的能力,无法通过课程开发助力农村学校的文化建设。

(三)文化提升力不足

生活中、校园里的许多文化现象是杂乱无序、良莠不齐的。要从这样的无序、不齐中选择素材组成教育资源,从混乱中找到关键,从现象中发现本质,从特殊性中寻求普遍规律,必须进行汇集、梳理、分析、凝练、提升。但我们发现,绝大多数中小学教师虽有一定的个人经验总结能力,但理念凝练、理论提升能力严重不足,写作能力、提炼能力缺乏,农村学校教师尤甚。

三 学生的文化自信不足

学校文化建设是为了"化人",这里的人虽然包括教师,但最终目的是学生的成长。根据建构主义学习理论,不同的学生由于原有经验不同,对同一事物的理解也会有不同。学习应该是引导学生从原有经验出发,建构起新经验的过程。在建构主义者看来,学生不是一张白纸,不可能任由教师在白纸上"画最新最美的图画",学生的学习效果与自身原有的经验密切相关。因此,我们也可以推论,学校文化建设效果也必然与学生原有的文化意识如文化认知、文化认同、文化自觉、文化自信等密切相关。

(一)学生对建设中国特色社会主义现代化强国所需要的文化自信力不足

文化自信是指人们对自身文化价值的充分肯定和对自身文化生命力的坚定信念,是更基础、更广泛、更深厚的自信。习近平总书记所说的

---

① 文银花:《浅谈校本课程开发中的三个重要角色》,《现代教育科学》2009年第12期。

文化自信，至少包括对中华优秀传统文化、革命文化和中国特色社会主义先进文化三个层面的自信。建设中国特色社会主义现代化强国所需要的文化自信，是宏观上的文化自信，更多归属于政治层面，对于世界观、人生观、价值观尚不成熟的中小学生而言，对宏观的文化自信虽然"知道"，但不可能完全理解，处于"知其然而不知其所以然"的状态，因而还无法上升到"自信力"的高度。农村学生由于教育环境、眼界视域等的限制，对政治层面的文化自信更是知之甚少，更不用谈"文化自信力"了。

（二）学生对生于斯长于斯的乡土文化缺乏文化认同

如前所述，文化认同是指借助一定的文化符号完成个人或群体的界定的过程。文化认同一旦形成，便具有较强的稳定性和延续性。文化认同的丧失，会使人产生强烈的焦虑感和无所适从感。农村学校学生由于进入学校教育系统后所受的教育是"城市中心主义"的，社会教育和家庭教育又严重偏失，使他们对本土文化、乡土文化、农耕文明等缺乏全面的学习和实践体验，没有认识作为基础，自然也就难以带来认同。没有对乡土文化的认同，农村学生便成为身体所在世界的"陌生人"和"他者"，向往、认同的城市文化远在天边，近在身边、手边的乡土文化却又难以认同，他们就像"风中草""水中萍"一样无所适从。在这样的无奈和焦虑中，农村学生一般表现得胆小、害羞，这实际上就是文化不自信的典型表现，需要学校从乡土文化中萃取精华，建设植根本土的学校文化，增强农村学生的身份认同和文化认同，重新唤起农村孩子的质朴自信。

第四节 实践困境

虽然有着这样那样的困境，但一些农村学校仍然在按照他们自己的理解尝试着进行学校文化建设实践，只是这样的实践还需要在强力的方向引导和有针对性的专业指导下不断完善。有研究者对河北省邯郸市六所乡镇初中进行的调查发现，有的学校文化建设状况良好，但是处于自发状态，没有形成相对成熟的理念体系；有的学校仅仅只停留在物质文化建设的状态，把物质文化建设当成政绩工程、形象工程、面子工程，看不到学校文化的内涵；有的学校还根本没有学校文化的概念，或落后、自闭、消极文化蔓延①。

一 学校文化建设荒漠化

如前所述，中国的学校文化建设是 20 世纪 80 年代才开始在大学兴起的，中小学文化建设是在 2014 年《义务教育学校管理标准（试行）》颁布之后才成为学校管理和学校建设的必然要求的。由于存在全方位的理论困境、认知困境和能力困境，还由于学校经费紧张，不少农村学校难见文化要素，看起来似乎是一片文化荒漠。主要表现在：

（一）墙上无字，园中无花

苏联教育家、担任过 32 年农村中学帕夫雷什中学校长的苏霍姆林斯基提出，要使学校的每一面墙壁都会说话。所谓"墙壁会说话"，指的是要发挥学校方方面面的教育功能，既可以把名言警句张贴在楼梯、教室，也可以在路边花园加一些提醒牌，还可以给校园的楼栋、道路、班级、寝室等赋予高雅的名称……

一花一草都是生命，都充满生机，学校教育是一种面向生命、充实生命、提升生命的活动，理所当然应该有代表生命、展示生机的花草树木。但有的农村学校借口没有经费买彩喷做标牌，没有经费买花种草，也没有人力养花护草，任由黑白灰的三色校园进一步变成荒漠，或长满野刺杂草。在我们实地走访的农村学校中，有些学校让学生挖来野花野草栽种在校园；有的让学生从家里带来盆栽绿植；有的干脆在校园墙角撒上油菜或小麦种子；但也有的学校土操场上杂草丛生。

如果墙上无字、园中无花，看似干净整洁，对于学校教育来说，却是"要啥没啥"。

（二）缺乏最基本的理念文化

学校是文化机构，是要用文化来"化人"、用理念来传播创新理念的。所以，每一所学校办学都应该有自己的理念，用以体现学校人尤其是校长对教育的独特理解，体现学校的教育理想和教育情怀，且这所学校所有的教育教学活动都应在这个理念体系指导下完成。但我们遗憾地发现，相当多的农村学校没有自己的理念，找不到学校的校训，也没有

---

① 参见张裕家《乡镇初中学校文化建设研究》，硕士学位论文，河北师范大学，2010 年。

有关该校校风的文字表述。当上级教育主管部门来校检查，或需要上交相关的文字材料时，执笔者可能会拍拍脑袋、临时凑出几个放之四海而皆准的字词，加上引号，作为学校的理念和校风，没有用心也没有入心，下一次可能又会是另一个人拍脑袋想出来的另一种表述。

（三）规章制度零散

规章制度是一个组织规范其组织行为和组织成员行为的规则和制度的总和。对中小学而言，学校及其师生行为除了要符合国家的法律法规之外，还要符合学校内部的各项规章制度。一般而言，学校的规章制度多以文件形式发布并要求师生遵照执行。但在农村学校，科学管理、民主管理一般还不健全，规章制度大多由少数几个人说了算，随意性较大，缺乏监督，也缺乏定期更新完善，导致规章制度或零散，或形同虚设，或缺乏人性化，制度之间相互矛盾的情况也时有发生，这些都是学校缺乏制度文化的典型表现。在零散不健全甚至无序无效的制度之下，师生行为懒散、我行我素，缺乏基本的教育规范，甚至缺乏师德的事情也时有发生。笔者在2012年到某山区小学探望师范实习生，听到两个实习女孩对实习学校的哭诉，痛心疾首于少数农村学校管理无序导致教师的冷漠和刻薄。这所学校是一所寄宿制完全小学，离集镇约5公里路程，当年只有我校通过"国培计划"置换项目派去的这两个实习女生。在周一至周四的工作时间，实习生与学生相处得还算不错。但每到周五上午，就开始有三三两两的教师提前私自离校回家，用每节课2元的寒酸报酬让实习生帮他们代课，导致实习生周五全天满课。周五下午，住宿生离校，晚上学生食堂也关门，两个女生要来回花20元坐"摩的"到镇上去买菜，以解决周五晚上和双休的伙食问题。在高山寒冷的初冬，校园凋零、冷风飕飕、孤苦无援，两个实习生的心情低落到了极点。回想之前与该校那位中年男校长的交流，我们发现，这样缺乏人性化的"制度"与校长的举止作派竟然非常"吻合"——当我们围着火炉与学校交流时，校长两眼上翻、下巴上翘、二郎腿乱晃。我们不禁感叹：己之不立，何以立人！

（四）"三点一线"的生活单调乏味

由于客观条件和主观认识等多方面的原因，不少农村学校只满足于完成上级检查评比的任务，即除了升旗、上课、课间操、住宿、吃饭以外,没有兴趣班,没有综合实践活动,没有节庆活动,没有特色文体活动,没有社区活动和家校联谊,没有助力教师专业成长的教研活动,没有教学研讨和改革……师生的学校生活基本上是教室—食堂—寝室的"三点一线",单调乏味,加速了教师的倦怠和学生的厌学。

相关调查数据能为"学校文化建设荒漠化"的观点提供注脚和佐证。2015—2017年,笔者利用为相关市区(县)进行义务教育学校校长资格培训的机会,对参训学员发放了《学校文化建设调查问卷》(见附录2),共发放问卷420份,回收401份,回收率95.48%,其中有效问卷381份,有效问卷率90.71%。对于自己的学校有没有校训、校标、办学理念、中长期发展规划、特色的制度体系、特色文化活动等问题,竟然分别有18.7%、35.6%、21.9%、23.1%、39.4%、36.3%的校长回答"没有"。处于类似实践困境的学校似乎还停留在20世纪70年代末80年代初的模样,让人不由得想起电影《驴得水》中黄土裸露、荒草丛生的学校场景。

二 学校文化建设形式化

比文化建设荒漠化的学校进了一步的,是开始有了文化建设意识的学校,但还未获得文化建设的"入门之策",只好用模仿、照搬、抄袭等方式进行所谓的学校文化建设。

对于视野较为开阔、平时有心收集学校文化建设经验的学校来说,模仿、照搬、抄袭的对象可能是真先进、真典型,只是先进经验不一定适合本校的土壤。对于视野不太开阔、只是为了检查"临时抱佛脚"的学校来说,模仿、照搬、抄袭的对象可能来自同样弱于学校文化建设的"隔壁"学校或真假难辨的互联网络。无论是真经验还"假李逵",由于都没有与本校的历史积淀、现实环境、未来目标等相关联,难免"两张皮",只能是"墙上挂挂、纸上画画、既空且假、难称'文化'"的形式化。

形式化的文化建设既见诸相关报道[①],也同样为笔者的《学校文化建设调查问卷》调查结果所证实——对于自己的学校有没有校训、校

[①] 《学校文化建设的"形式主义"》,《北京晨报》2012年2月2日。

标、办学理念、中长期发展规划、特色的制度体系、重大的教育教学改革、特色文化活动等校长应该非常明确的问题，竟然分别有8.7%、10.6%、23.1%、19.4%、19.4%、27.5%、10.6%的校长回答"不知道"！即使对相关问题的回答为"有"，也只有寥寥几人写出了相应的文字表达。这样的结果充分说明，这些学校的文化建设形式化严重，校长有没有对学校文化进行过思考？思考的相应结果是什么？竟然连校长自己都记不清楚了！学校文化建设之所以易陷入形式化的窠臼，主要是因为学校内部缺乏一致认同的、共享的、积极的核心价值观和学校愿景。

三 学校文化建设碎片化

学校文化建设是一项系统工程，需要整体设计、长远规划、统筹兼顾、分步实施，也需要经过长期的积累和沉淀[①]。但当下，99%以上的农村学校文化建设缺少系统性，碎片化严重，对已经形成的学校文化建设"散点"（极少数也可能已经形成了小亮点）缺少整合，体现出严重的功利化取向。碎片化的散点虽然已经属于学校文化建设的范畴，但由于缺乏统整合力，散点难以成面，难以发挥文化建设对农村学校发展的引领和推动作用。

笔者在实地调查中发现，一些农村学校已经行动起来进行学校文化建设，也希望能够得到本地高校专家的指导和帮助。农村学校文化建设碎片化的表现如表3—1。

表3—1　　　　　　农村学校文化建设现状分级

	入门级	初级	中级
物质文化	走廊或教室里有名言警句、名人挂像	彩喷"文化墙"，内容为学校基本信息、常规工作等，较难看出办学特色	有略带设计感的"文化墙"，包括教育方针、已有的精神文化内容，并配有相关主题图片；建有学校荣誉室；有雕塑或奇石、楼名等

---

① 项红专：《七个向度：学校文化建设的品质提升》，《教育科学研究》2017年第7期。

续表

	入门级	初级	中级
精神文化	只有校训、校风教风学风	借助外部力量，在入门级基础上增加了校徽、校标、校歌	通过集体智慧，在初级基础上增加了学校章程、办学理念、学校愿景、育人目标等
制度文化	基本的以惩为主的师生考勤制度	增加了奖励制度、教研制度、民主管理制度等	有了特色社团活动、校本教材、特色校园节庆活动
行为文化	学生统一着装，有简单的开学典礼和毕业典礼仪式	校园有优秀教师、优秀学生光荣榜，积极参加区域内的各种比赛	开始申报较高层次的先进单位评比

总之，农村学校文化建设的上述困境，是中国教育发展和农村学校发展过程中出现的阶段性困难，只要我们从上到下充分认识到学校文化建设的重要性，加强相关理论研究，提高各方认识，提升综合能力，并进行有针对性的调研、指导和帮助，是能够化解这些阶段性困境的。2018年9月，中共中央、国务院印发了《乡村振兴战略规划（2018—2022年）》，既为农村学校的文化建设和文化振兴带来了前所未有的良好契机，也为化解上述困境指明了策略方向。

第 四 章

可能：农村学校文化建设之"利"

前述内容大多是关于农村学校各方面困局困境的，如果只有"困"而没有"利"，就不妨让其自我消亡了。但中国农村学校不仅还有"未完待续"的历史使命，也具备一些可用于特色发展的有利条件。一分为二地客观分析农村学校文化建设的利与弊，有助于我们理清思路、理性思考、理性作为。

第一节 广阔丰饶的自然资源

一提到农村，城里人总是带着一种欢欣，总是与某段美好的回忆联系在一起——青山绿水、粉墙黛瓦、阡陌纵横、童叟无欺、鸡犬相闻、炊烟缭绕……农村的空气中既充满大自然的灵性，也飘洒着农人的质朴率性。广阔丰饶的自然环境和亲情弥漫的人文氛围，是农村学校与城市学校相比最一目了然之"利"。

一 宽敞的活动空间

人口的疯狂涌入、城市的快速扩张导致城市学校密集、校园拥挤，同一地域文化区域内往往有多达十几所学校，每所学校内更是人满为患，人均活动空间窄逼，不少城市学校的大课间活动、餐厅开饭、学生洗漱等都要实行错时制。相反，由于地大人稀，农村学校的布局本来就比城市稀疏很多，特别是在大规模撤点并校和农村人口快速向城镇单向流动之后，农村地区同一文化区域内的学校数量极其有限，为各所农村学校提供了独有的生存空间和文化空间，此为"地利"之便。有研究者认为，农村学校作为农村社会文化教育的重要设施,未来优势全部集中呈现于它所拥有的丰富开阔的空间特征之中,农村学校不仅正在进行积极的自我城市化转型,而且还将以自身独特的空间文化优势为城市教育注入新鲜活力①。

中小学生正处在爱跑、爱跳、爱闹的年龄,农村学生不仅可以在校内自如地伸展,尽情地活动和奔跑,提高身体素质,展现生命活力。双休日放假回家,他们还有更加广阔的空间可以上山下岭、纵横驰骋。身体的张扬和放松,能够带来心情的放松和心灵的自由舒展,大大有利于农村学生的身心健康,并缓解由于经济条件不足和家乡留守带来的心理困顿。日本作家黑柳彻子创作的著名儿童文学作品《窗边的小豆豆》,描写了小豆豆在巴学园学习时到九品佛寺散步时的经历,很好地体现了校外宽敞怡人的活动空间对少年儿童健康成长的价值和意义。另一个例子来自起源于德国、2004年在成都设立的华德福学校,在这里的乡居环境里,青草地、树林是孩子们游戏活动的场所,树叶、石头、动物、栅栏等都是孩子们的玩伴。实际上,绝大多数农村学校都更有便利条件践行"华德福教育"理念,只是想不想做、敢不敢做的问题。杨东平指出,中国的学校教育必然要走向有根的教育、有机的教育、绿色的教育,这种改变很可能首先从农村开始②。也有研究者指出,农村学校要肩负起拯救患有"大自然缺失症"的儿童、重塑儿童"消失的经历"的使命,并将生物圈变成学习环境③。

二 秀丽的河流山川

农村学校位于农村,不少农村学校附近就有河流或山川。作为"大手笔"的自然资源,你看或不看,河流山川的教育意蕴就在那里,不多也不少。

河流是人类文明的发源地,所以,水代表文明,也代表文化。《论

---

① 苏尚锋:《农村教育的空间定位与城市化》,《河北师范大学学报》(教育科学版)2014年第3期。
② 杨东平:《建设小而优、小而美的农村小规模学校》,《人民教育》2016年第2期。
③ [美]杰里米·里夫金:《第三次工业革命——新经济模式如何改变世界》,张体伟、孙豫宁译,中信出版社2012年版,第262—268页。

语》有云"知者乐水,仁者乐山",所以,水又代表智慧,有灵动、灵性、灵气之意;在中国传统文化中,还有"上善若水""水滴石穿""水能载舟亦能覆舟"等与水有关的表述,使水上升为多种美德的化身。山川错落、挺拔峻秀、石峰兀立、云遮雾绕。在汉语的语境中,有"山不在高,有仙则鸣""山外有山""下山容易上山难"等表述,同样也使山肩负起稳定、可靠等品格和美德,成为优良的、不可撼动的教育资源。

因为有了河流山川,就有了水涨潮落、云卷云舒、鱼翔浅底、登高远望等独特的乡村风光;因为有了河流山川,就有了跳潭游泳、下水摸鱼、翻山越岭等独特的乡村野趣;因为有了河流山川,就有了"涓涓细流,汇成江河""大江东去,浪淘尽,千古风流人物""采菊东篱下,悠然见南山"等独特的乡村寄托……这样的风光、这样的野趣、这样的寄托,对于农村学校来说完全是免费的、唾手可得的。

充分利用附近的河流山川,农村学校可以开发综合实践活动课程,如流速分析、水质分析、岩石标本采集、海拔测算等;可以开展特色体育活动,如利用山坡和丘陵开展定向越野,或腿部力量训练,或长跑耐力训练[①],或开展跳水训练和游泳训练;可以根据季节变化开展美术写生活动;可以就近开展旅游或研学旅行活动;有条件的学校还可以尝试引河水入校园作为学校的生活、生产用水。

笔者在四十年前就读的农村初中,位于一条小山沟的出口处。学生们每周背着干粮跋涉 5—20 公里不等的山路从各个方向汇集到学校,平时在山沟里的石头上捶洗衣服,学校甚至组织学生自力更生修筑了自建小水电站的两个蓄水池,还在"六一"儿童节组织学生到山上"玩打仗"……这些有关河流山川的学校生活至今仍然记忆犹新。

三 生动的树林田园

农村学校最显著也最共同的特征应该是农田环绕,有些学校可能还

---

① 李利利:《基于 SWOT 分析的农村中小学体育课程资源开发——以四川省宜宾县为例》,《攀枝花学院学报》2015 年第 5 期。

会位于树林附近。田园是农村生活的基本保障条件，对于农村人来说，有田才有家，田园也代表着家园。无论树林还是田园，都代表生命、生长、生机，所以也显得格外生动。

田园可以给我们一系列教育暗示，如春播夏种，秋收冬藏；种瓜得瓜、种豆得豆；一份耕耘、一份收获；"庄稼一枝花，全靠肥当家"；花儿离不开阳，雨露滋润禾苗壮……

树林也有深厚的教育隐喻，如树高千尺也忘不了根；根深才能叶茂；落叶归根；大树底下不长草；独木难成林；小树不育、长大不直；优胜劣汰；和谐生态；尊重环境和环境保护的生态价值观①……

农村学校有田园、树林环绕，校园建筑物的基本格局也应与当地水文气候条件相适应，高低错落，一同构成特定自然地域的农村地貌景观。学校围墙之外的乡村景观，既可以营造安详宁静的农村校园氛围，又可以培植农村学生与土地、田园之间的深沉情愫，乡村土地上各种动植物的生长是大自然最生动的教科书②。

充分利用生动的树林田园，农村学生可以看蚯蚓松土、听百鸟鸣唱、品春华秋实；可以开辟校田、校林，由学生自主栽种、自主管理、自主支配收获；如果学校附近有种植养殖大户或专业合作社，还可以定期组织学生参观学习经营管理经验；可以采集制作当地动植物标本；可以在保证学生安全的前提下，利用树木藤蔓开展乡村体育活动；可以在做好安全预案的前提下，利用田坎田埂，锻炼学生的平衡和协调能力③；可以引导学生仔细观察播种、收获、牧归、炊烟等农村生活场景，通过文字或画笔表现出来，选出优秀作品参加比赛，以增强学生对农村、农业、农民生活的认同感；还可以把学校的墙壁画成田园风光，既能美化校园，又与农村学校的属性和周围景象融为一体……

基于田园树林，一些学校进行了田园教育的探索。如，自2012年开始，东北师范大学就以积极过程主义的教育现代化实践观为指导，在四

---

① 苏尚锋：《农村教育的空间定位与城市化》，《河北师范大学学报》（教育科学版）2014年第3期。

② 同上。

③ 李利利：《基于SWOT分析的农村中小学体育课程资源开发——以四川省宜宾县为例》，《攀枝花学院学报》2015年第5期。

川省蒲江县设立了"农村基础教育改革试验区",开展以"自然、绿色、开放、整合"为核心理念、以"现代田园教育"为主题的"乡村教育现代化试验",验证了农村教育回归农村、回归农业、回归农民的本质属性,证明了农村教育是中国教育发展的重要形式,有其自身独特的社会价值和发展方式,不必成为城市教育的复制品。蒲江"现代田园教育"的详情将在下一章细致展示。

早在 20 世纪初期,美国等国家的众多农村教育工作者就已经开始研究农村教育与社区、农场发展之间的联系。在他们看来,农村学校只有立足于农村、取材于农村、服务于农村,才能得到改善和发展。因此,他们在改革中催生出一种"地方化学习"的学习内容和方式,户外教育就属于此,它是由学校式野营发展为野营式教育,最终发展成为户外教育的。美国阿拉斯加州的俄罗斯管理学校,利用阿拉斯加各个季节农村的生产、生活开发了一系列课程,实施户外教育。如在秋天,学生们必须至少有两个星期在野外生活,学习建造小房子、钓鱼、打猎、烹饪、识别动植物等,尤其要熟知药用植物以备不时之需,还要了解当地重要动物资源海狸的栖息习惯等[①]。实际上,户外教育、营地教育在中国都还未真正起步,但教育部对中小学生研学旅行的倡导和推动,加速了中国中小学对户外教育和营地教育的多元化市场需求。农村学校由于地处田园之中,又毗邻树林,有开展户外教育或营地教育的天时地利,条件好的农村学校如果能够精心设计、整合资源,抢占中国户外教育或营地教育的先机,既符合中国教育领域综合改革的总体要求,又能满足教育市场的迫切需要,还能通过这一改革措施提升农村学校的综合水平和社会声誉,无疑是一件事半功倍、利国利民、利人利己的大好事。但由于户外教育、营地教育尚无国内经验可以借鉴,有意向的农村学校可以先努力建设成为本县、本市的研学旅行基地,利用田园树林、民俗文化、学校食宿条件等打造有别于传统风景区的,包括农耕生活教育、非物质文化遗产教育、生态环境教育、乡土意识和乡愁教育等丰富内容的特色基地。

[①] 孙刚成、刘雅西:《国外农村中小学的"地方化学习"》,《教学与管理》2015 年第 3 期。

四 洁净的水气云天

环境污染已成为全球性的大问题,雾霾就像城市长出的乌黑丑陋的"壳",牢牢地卡在城市上空。但相对而言,由于工厂、尾气、建筑扬尘等污染源较少,绝大多数农村地区的环境状况还较为乐观,且经济越不发达的山区农村,环境条件越好,蓝天白云、潺潺流水、空气清新、气候宜人,可靠在树荫下纳凉,可躺在谷堆上数星星,可大口吞吐富氧的空气,可弓腰手掬山泉直饮,享受随性自由的自然生活。

洁净的水气云天不仅是农村学生的生活财富,同样也可以作为农村学校独特的教育资源,如进行天文天象观测、尝试看云识天气、进行空气成分测量实验、吸引城市教师对口帮扶、吸引城市学生短期访学、进行实地景物描写训练、培养师生的艺术气质等。

有研究者认为,许多来自农村的孩子比城市孩子拥有更多的想象力和艺术天分,正是因为他们比城市孩子更多地接触大自然的缘故。"人在大自然中",这本身就是一个最基本、最重要、也最理想的教育状态。脚踏泥土、仰望星空,这样兼具乡村野趣与野气的生存状态,对人的精神成长可以说是具有决定意义的[1]。

在韩国,由于济州岛的气候和自然环境都很好,甚至已经有首尔的家长希望济州的农村学校举办寄宿制,以便他们把孩子送到这里来学习[2]。农村学校要吸引城市教师留下从教,吸引城市孩子留恋的目光,洁净的水气云天是第一法宝。所以,农村学校一定要善待、善用优美环境,使之成为改变农村学校面貌的不二资源。

笔者对"新机制教师"的问卷调查中,包括"农村学校对你的吸引力表现在哪些地方?(多选)",回答有"空气景色"的占 41.18%,回答有"纯朴的民风"的占 35.29%,回答有"天真的学生"的占 77.45%,回答有"友好的同事"的占 53.92%,回答有"不确定""无吸引力""其他"的共占 12.74%,这样的结果证明有四成以上的"新机制教师"到农村任教的原因之一,是受到良好空气景色的吸引。

---

[1] 钱理群:《农村教育的理念和理想》,《教育文化论坛》2010 年第 1 期。
[2] 陶西平:《韩国济州农村中小学印象》,《中小学管理》2015 年第 1 期。

第二节 厚重质朴的农耕积淀

中华文明来源于农业文明、农耕文化，农业文明、农耕文化在人类文明发展的历史长河中具有不可替代的地位和作用。中国的城市化进程并不可能消灭农业文明、农耕文化，所以，传承农业文明、丰厚农耕积淀，是文化自信、民族振兴的重要途径。农村教育不仅仅只是教育问题，同时又是农业文明的基点建设问题[①]，事关农业文明、农耕文化在中国的永久传续。农业文明、农耕文化积淀是中国农村学校最具内涵特色和最具开发潜力的教育资源。

一 传统农业设施

农业设施是固着在土地上的农业物质文明。中国著名的传统农业设施包括传统水利设施、传统人造梯田、传统农村作坊等。

（一）传统水利设施留存

中华民族自古重农，水利是农业的命脉，历代无不将水利灌溉、河防疏竣列为首要工作。中华民族在与江河湖海进行艰苦抗争中，修建了大量的水利工程，如川西的都江堰、中原的郑国渠、新疆的坎儿井等，很多至今仍在发挥重要作用。

1. 都江堰

都江堰位于四川成都，坐落在成都平原西部的岷江之上，始建于秦昭王末年，是当时的蜀郡太守李冰父子在前人鳖灵开凿的基础上组织修建的大型水利工程。都江堰由分水鱼嘴、飞沙堰、宝瓶口等几个部分组成，以无坝引水为特征，两千多年来一直发挥着防洪、灌溉、航运的作用，使成都平原成为"天府之国"。都江堰既是中国古代水利工程中的稀世珍宝，也是世界水利史上利用自然又不破坏自然的典范工程，2000年被联合国教科文组织列入"世界文化遗产"名录，2018年同广西兴安的灵渠、浙江龙游的姜席堰、湖北南漳的长渠等一起被列入第五批"世界灌溉工程遗产"名录。

---

① 卢宝祥：《论城镇化进程中农村教育基本矛盾》，《教育研究与实验》2015年第3期。

2. 郑国渠

郑国渠位于陕西省泾阳县西北25公里的泾河北岸,秦王政元年(公元前246年),秦王采纳韩国人郑国的建议并由郑国主持开始修建,约十年后完工。郑国在山谷地区修建石堰坝以抬高水位,拦截泾水入渠,渠的主干线长达300余里,沿北山南麓自西向东伸展,构成了密如蛛网的灌溉系统,经泾阳、三原、富平、蒲城等县,将冶水、清水、浊水、石川水等收入渠中,以加大水量,最后在蒲城县晋城村南注入洛水。郑国渠使高旱缺雨、土地贫瘠的关中平原地区得到灌溉,变得富甲天下。郑国渠工程之浩大、设计之合理、技术之先进、实效之显著,在中国古代水利史上少有,也是世界水利史上少有的。2016年,郑国渠成为陕西省第一处"世界灌溉工程遗产"。

3. 灵渠

灵渠又名秦凿渠或陡河,位于广西兴安县。秦始皇讨伐南越时,为了解决军粮运输问题,于公元前214年凿成通航。工程主体包括铧堤、南北渠、秦堤、陡门等,设计完整精巧,沟通了北流的湘江和南流的漓江,打通了长江水系和珠江水系,连接了南北水路运输,也推动了中原文化和岭南文化的融合。作为世界最古老的运河之一,灵渠有着"世界古代水利建筑明珠"的美誉,与都江堰、郑国渠并称秦代三大水利工程,是中华历史文化的瑰宝,2012年被国家文物局列入"中国世界文化遗产预备名单",2018年被列入第五批"世界灌溉工程遗产"名录。郭沫若曾为灵渠填过一阕《满江红》:"闸水陡门三十六,劈湘铧嘴二千丈。湘漓接,通汉壮",评价灵渠"诚足与长城南北相呼应,同为世界之奇观"。

4. 坎儿井

坎儿井主要位于新疆的吐鲁番地区和哈密盆地,始创于西汉。由于干旱荒漠地区的土壤多为渗水性很强的砂砾,山上雪水融化后,大多会渗入地下,地下水埋藏较深。坎儿井是干旱荒漠地区利用开发地下水的特殊灌溉系统,由竖井、暗渠、明渠和涝坝(即小型蓄水池)四部分组成,结构非常巧妙。其建造原理为:在高山雪水潜流处找到水源;在一定间隔处打深浅不等的竖井;再依地势高低在井底修通暗渠,沟通各个竖井以引水下流;地下暗渠的出水口与地面明渠相连接,把地下水引至地面灌溉农田。吐鲁番现存的坎儿井多为清代以来陆续修建。据1962年统计资料，新疆共有坎儿井约1700多条，灌溉面积约50多万亩；其中吐鲁番盆地占1100多条，灌溉面积47万亩，坎儿井的灌溉耕地占吐鲁番盆地70万亩总耕地的67%。可见，坎儿井对发展当地农业生产和满足居民生活需要都具有非常重要的意义。

除了这些举世闻名、功在千秋的著名水利设施以外，中国各地还有大大小小的农田水利设施，如各种时代的水渠、各种大小的水库、各种用途的河汊、各地的防洪设施等，都有其文化价值和教育意义。

（二）传统人造梯田

田地是农业的根本，田地是农民的命根。对于山区农村来说，最好的田地就是天然的坪坝和人造梯田。中国梯田中最有名的是云南各地的梯田、广西龙脊梯田、贵州黔东南加榜梯田和丹寨高要梯田、湖南紫鹊界梯田、江西江岭梯田和上堡梯田、四川高坎梯田、福建尤溪梯田、山西大寨梯田、河北王金庄旱作石堰梯田等。

1. 云南红河哈尼梯田

红河哈尼梯田位于云南省南部红河州的元阳、红河、金平、绿春四个县，总面积约100万亩。元阳梯田是红河哈尼梯田的核心区，位于元阳县哀牢山南部，面积约17万亩。云南红河哈尼梯田是因地制宜随山势地形变化而开垦的，坡缓面积大则开垦大田，坡陡面积小则开垦小田，甚至在沟边坎下的石隙也开垦出了梯田，梯田大者有数亩，小者仅簸箕大小，一坡梯田可达成千上万亩，蔚为壮观。这一座座"田山"，是哈尼族人1300多年以来生生不息"雕刻"出来的"山水田园风光画"杰作，是一部非文字巨型史书，直观地展示了云南哈尼族先民在自然与社会的双重压力下顽强抗争、繁衍生息的漫长英雄历史。2013年，红河哈尼梯田被成功列入"世界文化遗产"名录，成为中国第45处"世界文化遗产"。

2. 王金庄旱作石堰梯田系统

王金庄位于河北省南部太行山脉东麓深处，其旱作石堰梯田系统自元代至元12年（1275）传承至今，已有七百余年历史，是太行山区农耕形式的典型代表，是当地农业生产中最具特色的活态遗产，被授予"中国重要农业文化遗产"称号。为了在恶劣的自然环境中生存，王金庄人世世代代"叠石包土"修筑梯田，共开垦出4.6万余块梯田，计3589

亩，其中，最大的地块有 7 亩，最小的不足 1 平方米。这些连接起来有近万华里的石堰梯田区，被誉为中国的"第二长城"。王金庄旱作石堰梯田系统最大的特点就是自成一体的闭合生态循环——石灰岩质山区有丰富的石块，却缺少土壤，王金庄人把耕地后从鞋子里倒出来的土也收集起来放回梯田，在薄薄的土层上孕育出谷子、高粱、玉米、红薯等耐干旱耐贫瘠的农作物，在石堰沿边种植花椒树；牲口粪便入田、作物秸秆沤肥……整套系统的循环是基于数百年生产生活经验的积累，在发展过程中又得到了不断修复、完善和创新[1]。

此外，全国各地几乎都有"农业学大赛"时期因地制宜修建的"坡（田）改梯（田）"，还有各种"开荒造田""填湖造田""填海造田"等。这些农业建设成就，是历史的印记，也是农村学校特有的教育资源。

（三）传统农村作坊

各种作坊是农村生产生活不可缺少的基本设施。如，磨房是将农村自产的五谷等磨成粉、浆的作坊，能磨米、面、豆、辣椒等，有的古老磨坊还用水力带动。榨油坊一般用土法榨油，原料有芝麻、花生、油菜籽等，《舌尖上的中国》中就有专门介绍土法榨油的内容，那些光膀子的榨坊师傅们合力推撞油锤的画面给人带来强烈的视觉冲击。豆腐是农村生活的一道主菜，"柴火豆腐"很受城乡居民欢迎，豆腐坊是很多村庄不可或缺的作坊，而且在近些年的农村影视作品如《乡村爱情》中，豆腐坊往往还是美丽"小芳"的家庭作坊。传统农村作坊可大可小，但都浸润着乡音、乡味、乡情，一些较大的作坊，特别是一些带有历史遗存的或需要特殊技艺的古法作坊，能对农村学生进行有效又有趣的乡情教育、乡村生活技艺教育等。

所有大中型农业设施都是搬不走的高档"教具"，与一些农村学校有近邻之便，是进行农业文明教育、农耕文化教育、阅读教学、历史教学、地理教学、物理教学、国情乡情教育等的绝好素材。

---

[1] 郭天禹：《北枳代桃：农业系统中两种知识的补充、替代与融合》，《中国农业大学学报》（社会科学版）2017 年第 6 期。

二 代代相传的农业技艺

农业技艺是指应用于种植业、林业、畜牧业、渔业等的各种工具和技术,包括栽培技术、养殖技术、农产品加工和贮存技术等。农史研究者一般把农业划分为原始农业、传统农业和现代农业等不同的历史形态[①]。史学上一般把先秦至清代看作是传统农业时期,把中华民国成立以后看作是现代农业时期,但真正的现代农业大发展是从中华人民共和国成立以后才开始的。传统农业主要是通过传承、应用生产活动中积累的经验来发展农业生产,以畜力牵引或人工操作的铁农具为主要的生产力标志,主要通过农业内部的能量循环进行再生产。传统农业阶段是历史最为悠久、对中华文明影响最大的一个阶段[②]。本书所说的传统农业与上述观点略有不同,不是以时间为划分标准,而主要是以生产工具为划分标准,是指实行机械耕作之前的漫长农业发展阶段。

(一) 传统农业生产工具

制造和使用生产工具是人区别于其他动物的标志,是人类文明进化的体现。农业生产工具,又称农业劳动工具,是人们在农业生产过程中直接作用于劳动对象的物件。随着农业现代化进程的加快,传统农业生产工具逐渐失去其作用舞台,从而从农业生产、农民生活中逐渐退隐。但这些农业生产工具,曾经是中华民族劳动人民长期智慧的结晶,也是生产力进步的重要标志,是传统文化的凝结,是养活了历史、生发出知识的工具,其民族根脉价值和教育意义不可小觑。近些年来,一些文化旅游景点、农村学校、农家乐等开辟了传统农业生产工具展览和体验活动,以唤起人们的农耕记忆。如西北农林科技大学创建了中国农业历史博物馆,湖北省宜昌市车溪民俗风景区创建了巴楚故土园、三峡民俗村、农家博物馆、水车博物馆等,山西风陵渡中学创建了农具博物馆……这些展览吸引力大,展示和体验效果佳,值得所有农村学校学习借鉴,以保护农村教育的德性来源,丰富农村学校的文化内涵。

[①] 董恺忱、范楚玉:《中国科学技术史·农学卷》,科学出版社2000年版,第2页。
[②] 李向东等:《传统农业技术向现代农业技术的转变——继承、改造和提升》,《中国农学通报》2007年第10期。

在传统的手工农业时期，常见的农业生产工具有铁犁、铁锄、铁锹、铁耙、耧车、风车、水车、扁担、箩筐、连枷、蓑衣等。他们来自远古，是传统农业的历史存照，甚至直到20世纪七八十年代仍是中国农村生产力的主要代表，是农民延伸的手脚和肩腰，是农民不可须臾离开的宝贝。

1. 风车

风车是粮食清洁工具，用来去除水稻、小麦等农作物中的杂质、瘪粒、秸杆屑等以剩下饱满干净粮食的传统农具，由漏粮斗、车斗、风箱、出风口、摇柄等部件组成。宋《天工开物》即对风车有了记载，但何时发明已无据可考，目前仍在不少农村地区使用。

2. 水车

又称翻车，是灌溉农具，形式有两种：一种是固定在河床上，通过水流冲力转动，将河水自动抽提上来；另一种是可移动的，放在靠近河边或水塘的田埂之上，由2—3个人同时踩踏脚蹬以带动浆片，将河塘水抽提上来。《后汉书·张让传》即对水车有了记载，但现在基本被电动水泵所替代，只在某些风景区如兰州水车博览园作为景观展示。

3. 石磨

是用于磨细粮食的工具，传说的石磨发明人是鲁班。石磨由两块尺寸相同的短圆柱形石块和磨盘构成；接干粉或稀浆的石制或木制磨盘上摞着石磨的下扇（不动盘）和上扇（转动盘）；两扇石磨的接触面上都錾有排列整齐的磨齿，用以磨碎米、麦、豆等粮食；上扇有两个或一个磨眼，供漏下粮食之用；上、下两扇石磨之间有铁轴，防止上扇转动时脱落。小磨直径不足40厘米，可放在笸箩里，由一人操作；中磨直径80厘米左右，由一人或一驴拉动；大磨直径超过1.2米，要借助几头驴或马才能拉动。

（二）传统农业技术

古代中国不仅有"四大发明"，据中国科学院自然科学史研究所专家的考证和比较，古代中国还有水稻栽培、猪的驯化、粟的栽培、养蚕、大豆栽培、竹子栽培、茶的栽培、柑橘栽培和温室栽培九大农业技术发明。中国是世界上栽培稻起源地的观点已获得越来越多的考古学证据支持；广西桂林甑皮岩遗址、河北徐水南庄头遗址这一南一北两个考古证据充分表明，中国是家猪最早的起源地之一；中国是世界上最早开始养蚕、缫丝和织绸的国家，且相传是黄帝元妃嫘祖发明了育蚕治丝的方法，考古已经证明，中国有长达 5000 年以上的养蚕、缫丝历史；中国还是茶树的原产地，是世界上最早利用茶叶和人工种植茶树的国家，世界上其他产茶国都是直接或间接引种于中国，根据甲骨文考古研究，中国的茶树栽培可追溯到商周时代，唐代陆羽的《茶经》是中国乃至世界现存最早、最完整、最全面介绍茶的专著；中国又是柑橘的原产地，也是世界上栽培柑橘历史最早的国家，《尚书·禹贡》中有关于柑橘栽培的最早记载，公元前 300 多年前屈原的《橘颂》是中国历史上第一首咏物诗，宋代韩彦直的《橘录》是世界上有关柑橘的最早著作；据《汉书·循吏传》记载，中国还是温室栽培起源最早的国家，在西汉末期，温室不仅用于蔬菜种植，还用于养育珍稀动物和花木。

中国的传统农业蕴含着生态农业技术和理念，农业生产实践具有明显的生态化取向，这是祖先留给我们的重要农业文化遗产[1]，是在"天人合一"思想引导下，坚持天、地、人、物的协调与统一[2]。中国传统农业的生态化实践主要包括作物轮作、土壤轮耕、多业循环、合理密植等内容[3]。

现在仍具有旺盛生命力的传统农业技术包括：

1. 树木嫁接

嫁接是植物的人工繁殖方法之一，是把一种植物的枝或芽转接到另一种植物的茎或根上，利用植物受伤后的愈伤机能，使接在一起的两个部分即接穗（接上去的枝或芽）与砧木（被接的植物体）之间形成紧密结合，最终长成一个完整植株的农业技术。嫁接对一些不产生种子的果木（如柿、柑橘的一些品种）的繁殖意义重大，既能保持接穗品种的优良性状，又能利用砧木的有利特性，达到早结果，增强抗寒性、抗旱性、抗病虫害的目的，还能利用繁殖材料，增加苗木数量。

---

[1] 李大庆：《传统农业技术需要进一步挖掘》，《科技日报》2012 年 1 月 8 日第 1 版。

[2] 向东等：《传统农业技术向现代农业技术的转变继承、改造和提升》，《农学通报》2007 年第 10 期。

[3] 胡火金：《论中国传统农业的生态化实践》，《南京农业大学学报》（社会科学版）2005 年第 3 期。

2. 晾制葡萄干

在新疆的吐鲁番地区，气候炎热而干燥，人们用砖搭成四壁布满梅花孔的晾房，中间用木棍搭成支架，把成熟并经过浸碱处理的葡萄挂在支架上，经过40天左右的干热风吹晾，就制成了酸甜可口的美味葡萄干。这种阴干法制成的葡萄干味道纯正，呈半透明状，且不易变色。而在阳光下直接曝晒制作的葡萄干一般呈褐色，且味道发酸。

3. 间作套种

也可称为立体农业，是指根据作物群落的空间结构原理，充分利用光能、空间和时间资源，在同一土地上按照不同比例种植不同种类作物，以提高农作物产量的种植方式。一般把几种作物同时播种的叫"间作"，不同时间播种的叫"套种"。间作往往是高棵作物与矮棵作物搭配，高棵作物行数越少，矮棵作物行数越多，间作效果就越好，如玉米间作大豆或蔬菜，能提高20%左右的产量。套种主要是在前季作物生长后期的株行间播种或移栽后季作物，不仅能阶段性地充分利用空间，更重要的是能够延长后季作物的生长季节，提高总产量。间作、套种是中国农业的传统经验，是农业生产的一项重要增产措施。

实际上，除了不同作物的共生之外，还有种植与养殖的共生，如，侗族的"稻鱼鸭共作"即稻田养鱼又养鸭，这种生态经济模式已于2011年入选联合国粮农组织"全球重点农业文化遗产"的保护试点[①]。

4. 种桑养蚕及缫丝

桑树为乔木或灌木，在中国华南、中南、西南、东北、华北、西北均有种植。桑叶为桑蚕饲料，枝条可编箩筐，桑皮可作造纸原料，桑椹可供食用、酿酒，桑树的叶、果和根皮皆可入药。以桑叶为食的蚕称为桑蚕，也叫家蚕。家蚕属完全变态昆虫，要经过卵、幼虫、蛹和成虫四个不同的发育阶段。饲养家蚕起源于长江三角洲，是古代中国劳动人民创造的重要技艺。将蚕茧抽出蚕丝的工艺统称为缫丝，原始的缫丝是将蚕茧浸入热水中，用手抽出丝，卷绕

---

① 《贵州从江："全球重要农业文化遗产"助推当地经济发展》（http://www.gzgov.gov.cn/xwzx/mtkgz/201509/t20150923_337930.html.）。

于丝筐之上。

据传说，养蚕、缫丝的发明者是黄帝元妃嫘祖。班固著《白虎通德论·号》中说，"五帝者，何谓也？《礼》曰：'黄帝、颛顼、帝喾、帝尧、帝舜也'"。司马迁著《史记·五帝本纪》中说："轩辕之时，神农氏世衰，诸侯相侵伐，暴虐百姓……诸侯咸尊轩辕为天子，代神农氏，是为黄帝。"嫘祖为"西陵之女"，一说为今河南省西平县，一说为今四川省盐亭县。但《水经注》说西陵即夷陵，而笔者所在的湖北省宜昌市古称夷陵。在宜昌市远安，民间祭祀嫘祖的习俗和有关嫘祖的传说已有1400年之久，因此，嫘祖已成为远安的一个文化符号。以祭拜典仪为核心内容的"嫘祖信俗"被国务院列入第三批国家级"非物质文化遗产"名录。2016年以来，远安每年都举行"嫘祖文化节"。2017年，中华炎黄研究会授予远安"嫘祖文化圣地"的称号。

三　泽被子孙的中华农耕文明

农耕文明是指在长期的农业生产中形成的一种适应农业生产和生活需要的国家制度、礼俗制度、文化教育等的文化集合，是人类历史上的第一种文明形态，较之于游牧文明和工业文明具有本质上的区别，农耕文明要求顺应天命、守望田园、辛勤劳作等。四大文明古国都是农耕文明的典型代表。中国台湾史学大家许倬云在对照中西文明之后，得出中华文明五千年经久不衰的原因正是因为农耕文明，农耕文明是中华文化的根基，是中华民族的魂魄[1]。中国的农业农村部已经分四批认定了91项中国重要农业文化遗产[2]。传承农耕文明是农村学校的重要使命，农村学校理应让学生真切体会农耕文明的悠久历史和乡土文化的独特魅力[3]。

中华民族农耕文明涉及很多内容，这里仅从以下几个方面加以简单介绍。

---

[1] 阎海军：《崖边报告：乡土中国的裂变记录》，北京大学出版社2015年版，第273页。

[2] 《中国重要农业文化遗产实录》（http://www.moa.gov.cn/ztzl/zywhycsl/.）。

[3] 张家勇、朱玉华：《农村教育复兴：可能与方向》，《中小学管理》2015年第10期。

(一) 相关理念

1. "天人合一"的思想

"天人合一"最早是由道家的庄子阐述、后被儒家的董仲舒发展形成的哲学思想体系,它重视人与自然的关系,从根本上体现了农耕生产方式对土地或自然的高度依附性,是中华传统文化的主体[1]。根据"天人合一"思想,人和自然在本质上是相通的,人事、人力都应顺乎自然、顺乎天命,以达到人与自然的和谐。"天人合一"思想广泛应用于政治统治(如中国古代皇帝称为"天子")、经济生产(尊重自然、保护生态)、医学(如"人天同构")等领域。

2. "安土重迁"的思想

中华民族尤其是农耕民族,大多留恋故乡故土,不愿轻易迁移。这是因为,与游牧民族和商业民族相比,农耕民族的财富是土地,而土地是非移动性的,这就决定了"安土重迁"成为中华民族最基本的人地观念,传统中国成为被人地关系限定的国家。《吕氏春秋·上农》有云"古先圣王之所以导其民者,先务于农。民农非徒为地利也,贵其志也……民农则其产复,其产复则重徙,重徙则死处而无二虑"。

3. 重"德"守"礼"的价值观

农业价值的实现依托于人与土地的对话,土地是最不具有欺骗性的,这就铸就了农耕文明下中华民族重德守信、以和为贵、以礼为先的重"德"守"礼"的价值观。与农耕文明重德不同,商业文明重智,游牧文明则重勇。"地势坤,君子以厚德载物",就是将土地具有的厚重、稳健与君子所应具备的德行进行比附。"乐天知命,故不忧;安土敦乎仁,故能爱",意思是仁德的产生以人在大地上的安居为前提,以顺应天地之德为大德[2]。"德"是指内心的情感或信念,儒家之"德"包括忠孝、仁义、温良、恭敬、谦让等,"德"主要是通过内修、内省而"得"。"礼"是指社会的典章制度和道德规范,是规约人的外部行为的法则。《资治通鉴·周纪·周纪一》有云:"何谓礼?纪纲是也。"《论语》中有"不学

---

[1] 刘成纪:《从中原到中国:中国文化的农耕本性》,《江苏行政学院学报》2013年第5期。

[2] 同上。

礼，无以立""导之以德，齐之以礼"等，说明"德""礼"都是崇尚农耕文明的古代中国社会必不可少的品格和行为标准①。

4. 自强不息的精神

中华民族是一个重人而不重神的民族。著名国学大师、北京大学哲学系张岱年教授据《周易》里的乾卦"天行健，君子以自强不息"和坤卦"地势坤，君子以厚德载物"，把中华民族的精神概括为"自强不息""厚德载物"。2017 年，一篇名为《哈佛教授：中国人自己都不知道的一个民族特征，却让他们屹立至今》的网文受到大量转载，该文针对"中国人没有信仰"等论调，从大禹治水、愚公移山、精卫填海、夸父追日、后羿射日、女娲补天等中国神话故事中解读出中国人虽然不信神，但并不缺乏信仰，中国人信仰的就是自强不息、永不服输的反抗精神和斗争精神。虽然文中的"哈佛教授"是虚拟的，但此文的内容却不无道理。

此外，孕育于中华民族农耕文明、对农村教育具有启示意义的相关理念还有"耕读传家"等。

（二）农耕神话

1. "神农"的传说

从字面解读，"神农"即农业神。"神农"传说分为神农神话和炎帝神话两个部分，二者合流始于西汉，成熟于晋代。《汉书》之《古今人表》和《律历志下》中最早出现了"炎帝神农氏"的记载。神农作为中华民族的共同祖先和农业文明的开端象征，被中华民族的先民所崇拜②。第一，据传说，神农氏是中国农耕技术的发明者，被尊为中国农业的鼻祖。第二，他据农生民、以农教民，被称为"五谷王"。班固所著《白虎通德论·号》中说："神农作耕五谷于淇山之阳，九州岛之人乃知谷食，而天下化之。"《管子·轻重篇》中也有"神农作种五谷于淇山之阳"。淇山在今天山西东南的陵川县境内。但皇甫谧《帝王世纪》一处有云："神农氏，姜姓也……长于姜水。"根据《水经注·渭水》记载，"岐水，又东迳姜氏城南，为姜水。"但《帝王世纪》另一处却又说："神农氏本

---

① 李荣胜：《国学是什么》，华夏出版社 2011 年版，第 280—300 页。
② 雷欣翰：《早期神农传说及其文化意涵考论》，《华南农业大学学报》（社会科学版）2015 年第 4 期。

起于列山（厉山），或时称之。"根据唐代《括地志》："厉山在随州随县北百里，山东有石穴。神农生于厉乡，所谓列山氏也。春秋时为厉国。"这一解读是将现湖北随州境内的厉山当作神农氏的故乡，因此在神农架景区的南大门有一座神农祭坛，巨型的牛首人身神农雕像高21米、宽35米，双目微闭，似在思索宇宙奥秘。第三，神农氏发明了耜、斧等农具，陶器等生活用具。《易传·系辞下》中有"包牺氏没，神农氏作，斲木为耜，揉木为耒，耒耨之利，以教天下，盖取诸益"。《周书》有"神农之时，天雨粟。神农耕而种之，作陶冶斤斧破木，为耜粗耨以垦草莽"。第四，神农氏指导人们种植桑和麻，然后用蚕丝和麻线织布做衣。第五，神农氏发明了琴。成书于西汉的《淮南子·泰族训》中有"神农之初作琴也，以归神；及其淫也，反其天心"。第六，神农氏遍尝百草，被尊称为"药王"，中国第一部药物学著作就叫《神农本草经》。《淮南子·修务训》中说："古者，民茹草饮水，采树木之实，食蠃蠬之肉。时多疾病毒伤之害，于是神农乃始教民播种五谷，相土地宜，燥湿肥墝高下，尝百草之滋味，水泉之甘苦，令民知所辟就。"第七，神农氏对农耕文明中以家庭为单位的男耕女织模式提出了要求，《吕氏春秋》中《爱类》篇写道："神农之教曰：'士有当年而不耕者，则天下或受其饥矣；女有当年而不绩者，则天下或受其寒矣。'"

虽然农业神是神农氏的第一身份，但神农氏还有祖先神的第二个身份，即作为"三皇"之一的炎帝。中国人自称为"炎黄子孙"，"炎黄"是中华民族共同的祖先。班固著《白虎通德论·号》中说："三皇者，何谓也？谓伏羲、神农、燧人也。"因为神农氏重视五行中的火德，火的性质是炎热，所以被尊称为"炎帝"。

2. "大禹"的传说

先秦时代许多典籍如《山海经》都记载有"大禹治水"的故事，刘歆的《上山海经表》也有"大禹治水"的传说。传说在公元前2000多年，一场毁灭性的洪水在中国泛滥，家园被毁，人们只能在大树建巢、在山洞蜗居。《史记》记载，当洪水来袭，尧帝"束手"，问计于其手下大臣四岳，"皆曰鲧可"，但鲧用堵的方式，"九年而水不息，功用不成"。尧的继承者舜于是派鲧的儿子禹继续治水，"禹乃遂与益、后稷奉帝命，命诸侯百姓兴人徒以傅土，行山表木，定高山大川。禹伤先人父鲧功之不成受诛,乃劳身焦思,居外十三年,过家门不敢入。薄衣食,致孝于鬼神。卑宫室,致费于沟淢。陆行乘车,水行乘船,泥行乘橇,山行乘檋。左准绳,右规矩,载四时,以开九州,通九道,陂九泽,度九山"。就这样,在鲧和禹父子相继努力二十余年后,终成治水之功。在司马迁著《史记》之前,孔子编纂并为之作序的《尚书》记录了有关大禹结婚的故事;《论语·泰伯篇》赞扬了大禹完美的品性;《孟子·滕文公》记录了洪水横流的景象;《韩非子·五蠹》记录了大禹亲自拿着治水工具不辞辛劳带领大家治水的故事。关于"大禹治水"的传说,地域流传甚广,早期主要集中于西北地区,春秋战国以后扩展至全国,秦汉时期发展为大禹平定天下山川河流的说法,魏晋以后的传说逐渐与民间信仰相结合,自唐至清在传说基本定型后又经历了儒家学者的考证,最终发展成为遍及全国又带有地方特色的传说体系[①]。

此外,还有"愚公移山""后稷"传说等农耕类神话传说。

(三)传统村落

传统村落是农耕文明的文本符号,是农耕文明的活态文化[②]。本书所指的传统村落,主要包括传统村落中的宗祠、民居、地窖、晒坪、谷仓等。

1. 宗祠

在传统村落中,宗祠是一种标志性建筑物。宗祠不仅是族群祭祀祖先、保族繁荣、敦族睦邻、教化礼仪的场所,也是表达家族精神与家风祖训、传播民族文化精神的场所,还是代表农耕聚落文化及现代"精神家园"的文本符号。在湘西、湘南的传统村落中,宗祠建筑保存最多,如洞口、汝城等县还有多座国家级保护的宗祠建筑群。宗祠一般为四合院式(南方称为"天井"),尤其注重门头造型与装饰,往往以夸张的造型和高大的体量彰显宗族地位,还通过楹联、匾额等表达伦理精神[③]。

[①] 孙国江:《大禹治水传说的历史地域化演变》,《天中学刊》2012年第4期。

[②] 谢旭斌:《湖湘传统村落景观的互文性解读》,《中南大学学报》(社会科学版)2017年第2期。

[③] 同上。

2. 民居

民居即平民居所,是最具有生活气息的一个所在,蕴含着家庭教育的情境价值。湖南城步苗族自治县铺头村古村落有一处民居,在堂屋的神龛两侧分别有"存厚""率真"四个大字,每字高近一米,字体厚重工整;堂屋两旁分别摆有长4米的"训儿凳"[1]。在湖北省,传统村落民居可分为鄂东南民居、鄂西北民居和鄂西土家族吊脚楼等。笔者曾到湖北省襄阳市南漳县的东巩镇和巡检镇,看到了大量天井式的古村落,有的甚至有多达七个天井相连,门前溪水田园,门内农家炊烟,墙砖字显经年。在福建,客家人所建的圆形、方型或"五凤"土楼,是世界文化遗产,堪称天、地、人三方结合的缩影。在安徽,宏村、西递等因世外桃源般的田园风光被誉为"画中的村庄",同样是世界文化遗产。这些民居都是进行国情教育、乡情教育的绝好资源。

传统村落中因为粮食收获、贮存和蔬果保鲜的需要,一般还建有地窖、晒坪、谷仓等,既是很多人儿时记忆的摇篮,也是进行劳动教育等的上佳场所。

(四) 农历和节气

农耕文明的核心是"应时"。从《夏小正》《逸周书·时训解》直至后世中国的历书都可以看出,中国人的时间观是建立在农业节令和自然观察基础之上的。虽然中国的农历和节气是以中原地区为地域依据的,对游牧、渔猎民族的生活缺乏实用价值,对非中原地区的农耕民族同样也缺乏指导意义[2],但它是中国劳动人民尤其是汉族劳动人民长期经验的积累和智慧的结晶,对中华民族建立形而上的、"应时"的天时观具有不可取代的价值。在中国传统文化中,人与自然是密不可分的,人的时间体验与农耕经验是相互重叠的。农历是产生于黄河流域的早期历法,是根据月亮的运行规律,以月球绕行地球一周为一月,既以朔望月作为确定历月的基础,又按照春种、夏耘、秋收、冬藏的顺序,将一年分为四

---

[1] 谢旭斌:《湖湘传统村落景观的互文性解读》,《中南大学学报》(社会科学版) 2017 年第 2 期。

[2] 刘成纪:《中国美学与农耕文明》,《郑州大学学报》(哲学社会科学版) 2010 年第 5 期。

个季节后进一步分为十二个月①。但由于农作物需要光照,"日出而作、日落而息"的农事完全根据太阳运动进行,智慧的中华民族又在农历中加入了单独反映太阳运行周期的二十四节气,用以确定闰月的标准。所谓节气,即时节和气候。一年分为十二节与十二气,每月有一"节"与一"气"区分,"节"为月之始,"气"的最后一天为月之终。"二十四节气"之称谓首见于《淮南子·天文训》。

传统的村落和农历节气,构成了中国农村的空间和时间。正如宗白华所说:"中国古代农人的农舍就是他的世界。他们从屋宇得到空间观念,从'日出而作,日落而息'得到时间观念……春夏秋冬配合着东西南北……空间感觉随着我们的时间感觉而节奏化、音乐化了。"②

(五) 农业节庆

所谓农业节庆,是指与农耕文明相关的中国传统节日和与农事活动相关的地域习俗。中国的传统节日是农耕文明的伴生物,大多是农业生产规律在农村生活中的体现。全国性的中国传统节日如春节、元宵节、清明节、端午节、中秋节等;地方性的节日习俗如壮族三月三的踏青歌节(也称祭龙节)、侗族六月六的洗牛节、苗族的吃新节和赶秋节、蒙古族的那达慕和马奶节、藏族在秋收前预祝丰收的望果节、傈僳族的收获节、佤族的插种节和新米节、珞巴族的昂德林节(即丰收节)、水族的端节等。除了主要形式为娱乐庆祝的传统节日以外,各地还有与农耕文化和农村生活密切相关的民俗习俗,如全国各地的"杀年猪"、北方地区的赶集庙会、安徽云南等地的"开秧门"等。

1. 春节

春节在中国至少已有 4000 年历史,起源于殷商时期年头岁尾的祭神、祭祖活动,是中国农闲时期家人团聚的节日,也是中国四大传统节日中最隆重、最热闹的节日。正月初一在中国古称"元日",民国时期改称"春节",现俗称"大年初一"。过去,民间传统意义上的春节是从腊月的腊祭或腊月二十三的祭灶开始的,一直到正月十九才算结束。现在的春

---

① 刘成纪:《从中原到中国:中国文化的农耕本性》,《江苏行政学院学报》2013 年第 5 期。

② 宗白华:《宗白华全集:第 2 卷》,安徽教育出版社 1994 年版,第 431 页。

节则一般从正月初一延续到正月十五。春节期间，中国各民族都要举行以拜祭神灵、祭奠祖先、除旧布新、迎禧接福、祈求丰年等为主要内容的各种庆祝活动。

2. 清明节

清明节又称踏青节，一般在公历 4 月 5 日左右。清明节既是农历的二十四节气之一，也是中国四大传统节日之一，还是中国最重要的祭祀节日。西汉《淮南子·天文训》有云："春分后十五日，斗指乙，则清明风至"；唐代《历书》亦有云："春分后十五日，斗指丁，为清明，时万物皆洁齐而清明，盖时当气清景明，万物皆显，因此得名。"清明节与农业生产有着非常密切的关系，有"清明前后、点瓜种豆""植树造林、莫过清明"等农谚，清明期间气温升高、雨量增多，正是春耕、春种的大好时节。清明节还是汉族和一些少数民族祭祖、扫墓的日子。

3. 端午节

端午节也是中国四大传统节日之一。据《荆楚岁时记》记载，五月是仲夏，五月的第一个午日是登高顺阳的好天气，故称端午或端阳，也称五月节、龙舟节。端午习俗中，主要有食粽子、赛龙舟、驱邪毒、忆屈原等。食粽子的习俗，千百年来在中国长盛不衰。粽子的主要原料是糯米和粽叶，早在春秋时期就已出现，最初是用来祭祀祖先和神灵的，到了晋代便成为端午的节庆食物。据传，端午最初是古代百越地区崇拜龙图腾的部族举行图腾祭祀的节日，百越之地在春秋之前已有以龙舟竞渡的形式敬龙神的习俗，所以，端午节赛龙舟在中国南方地区十分盛行。所谓驱邪毒，是因为五月初五是阳气达到极盛之时，物极必反，此时阴气也开始产生，这个阴阳交替之时被视为"恶日""毒日"，须饮雄黄酒、挂艾草菖蒲以避瘟驱邪、解毒祛病，祈求健康平安。战国时期楚国的爱国诗人屈原是在端午节那天投汨罗江自尽的，后亦将端午节作为纪念屈原的节日。此外，个别地方还有在端午节纪念伍子胥、曹娥及介子推等习俗。2006 年 5 月，国务院将端午节列入首批国家级非物质文化遗产名录。2009 年 9 月，联合国教科文组织正式审议并批准将中国的端午节列入《人类非物质文化遗产代表作名录》。

4. 中国农民丰收节

这是中国的一个全新节日。2018 年 6 月 21 日，国务院新闻办公室举行发布会，农业农村部部长韩长赋表示，经党中央批准、国务院批复，自2018年起，将每年秋分日设立为"中国农民丰收节"。这是第一个在国家层面专门为农民设立的节日，第一届"中国农民丰收节"的日期是公历2018年9月23日。实际上，早在2017年全国"两会"期间，就有45名人大代表提出了设立丰收节的有关建议。随后，农业农村部在国内外进行了深入调研，也广泛邀请了农业、文化、传媒等相关领域的专家学者和基层农民代表进行座谈研讨，大家普遍认为设立"中国农民丰收节"十分必要，且实施基础和条件已经成熟。在世界各地，为庆祝农业丰收的节日或嘉年华可谓丰富多彩，如西班牙有西红柿节、瑞士有洋葱节、意大利有橙子狂欢节……中国作为一个具有深厚农耕文明的农业大国，设立全国性的农业丰收节理所当然。

5. 赶集

集市是指定期聚集进行商品交易的活动场所，主要是在商品经济不发达的时代或地区遗留下来的贸易组织形式。在贸易不发达的农村，赶集是农民生活必不可少的一项活动，买卖双方定期从四面八方前来，集于一地从事商品贸易活动，在山东地区称为"赶集"，在云贵川湘一带称为"赶场"或"赶街"，在湘赣地区称为"赶墟"，在湘桂粤一带则称为"赶闹子"。"赶集"一般时间较短，多不过一天，少则半个时辰。

6. 各少数民族地区的农业节庆

侗族的"洗牛节"。农历六月初六，是贵州榕江、车江地区侗族人民的"洗牛节"。这一天，侗家人为了感谢耕牛一年来对农业发展的贡献，家家牵牛下河，为牛洗身，并杀鸡杀鸭为牛祝福，愿耕牛清洁平安。布依族地区也有类似的节日。

毛南族的五月庙节。广西环江县的毛南族每年都要举行五月庙节，具体日期各村不一。五月庙节是为了纪念毛南族饲养耕牛和菜牛的创始人冯三界公。到了节日，毛南族人家家要采集枫叶、空羊花等，将糯米染成黑、黄、红、绿、白五色米后蒸成五色糯米饭，并做粉蒸肉等佳肴，将五色糯米饭捏成小团，密密地粘在中堂的柳枝上，以示农作物硕果累累。此外，还要慰劳耕牛一团米饭和一块粉蒸肉。

云南红河州哈尼族的"开秧门"仪式。云南红河州哈尼族人有个传统，在插头道秧之前，都要举行一个隆重的开秧门仪式，仪式之后村民才在欢歌乐舞的陪伴下插下秧苗。在村民自制的各式乐器伴奏下，在梯田田埂间欢快的歌声中，村里最德高望重的老人把祈求丰收的祝福放到梯田的水源处，象征秧门已经打开；年轻的小伙们一边欢声歌唱，一边挑着青翠的秧苗来到田间地头，把秧苗分给田埂边等待的村民。哈尼族人认为，插秧的时候不唱歌跳舞，寨子就不热闹，稻谷就不会丰收。

四 礼俗主导的熟人社会

与工业文明下城市的陌生人社会相比，农耕文明下的乡村生活处于熟人社会之中。

根据费孝通先生的"熟人社会"理论，所谓熟人社会，是指以血缘和地缘的合一为基础形成的同质型的社会关系网络，血缘和地缘的合一是社区的原始状态[①]。熟人社会有两个特点，一是人们相互熟悉，二是彼此亲密，"人情"是维持熟人社会的纽带，"亲密社群的团结性倚赖于各分子间相互拖欠着未了的人情"[②]。

熟人社会的第一个表征是家族生活对家庭和孩子成长的影响。由于户口制度的束缚，中国的大部分村庄是由一个或少数几个家族组成的，村庄与家族高度重合。家族观念是中国文化的核心观念，是农耕文化的直接产物，是在长期的农耕劳作、安土重迁中形成的系列观念之一。在古代中国，一个家族即一个劳作单位、一个小型社会，也是社会统治的一个基本单元，个人只有依附于家族，才能获得认同与尊严。"家族是中国文化一个最主要的柱石，我们几乎可以说，中国文化，全部都从家族观念上筑起[③]。在一个大家族之内，孩子们既能有看得见的学习榜样，也会有身边的"前车之鉴"。乡村社会的家族、血缘观念浓厚，人际关系直接、密切，家庭声誉、家族荣誉、家族振兴等都能够在农村孩子的内心激起强烈的学习动机和高效的学习行为。在家族、家庭关系中，维持其

[①] 费孝通：《乡土中国生育制度》，北京大学出版社1998年版，第70页。
[②] 费孝通：《乡土中国》，人民出版社2008年版，第91页。
[③] 钱穆：《中国文化史导论》，商务印书馆2007年版，第51页。

运行的价值规则是孝悌之道，"孝"是家族的最高道德规范，是乡村文化之根，"孝"则有善之初心，"孝"则有精神专注，即使走得再远，只要"孝"心尚存，就不会忘却乡村①。

熟人社会的第二个表征是互不设防、邻里关照，甚至可以"夜不闭户"。中国乡土社会是熟人社会，熟人之间的交往靠诚信、道德来约束秩序②，这样的环境既有利于养成乡村孩子的信任、合群等品格，管理成本和执法成本又相对较为低廉。钱理群先生说，乡村生活有一个我们习以为常、其实对孩子的教育有很大影响的特点，简单来说就是全家人在一个庭院里朝夕共处，邻里间来往密切、鸡犬相闻，构成了充满亲情、乡情的精神空间和口耳相传、身教胜于言教的教育方式，这样的环境对农村孩子健康成长的影响是潜移默化而又深远持久的③。然而，中国各地农民的大量外出务工造成了农村家庭与农村生活的空洞化，给农村教育也带来了负面影响和冲击，需要我们尽快恢复和发展农村的内在性、内生性教育资源，使农村教育通过充分利用其空间自然环境、简朴生活特性等，"使得文明人不能达到的天真和美德成为可能"④。

第三节　异彩纷呈的地域文化资源

地域文化是指特定区域内源远流长、独具特色、传承至今仍在发挥作用的文化传统，是特定区域内生态、民俗、传统、习惯等的综合表现。中华大地幅员辽阔，地理环境各具特色，不同的地域形态孕育出了不同的文化——北方是天苍苍野茫茫的草原、大漠，中原是中华民族的母亲河黄河、长江，南方是绵延的群山、星罗棋布的河流湖泊，由此形成了北部的游牧文化、中部的农耕文化、南部的游耕文化三大文化区类型。所谓"游耕"，指的是一种最古老的农业形态，又称迁移农业，其耕作方

---

① 张茂辉：《在大自然的灵性中追寻美丽乡村教育》，《人民教育》2018年第2期。
② 阎海军：《崖边报告：乡土中国的裂变记录》，北京大学出版社2015年版，第282页。
③ 钱理群：《农村教育的理念和理想》，《教育文化论坛》2010年第1期。
④ ［美］菲利普·巴格比：《文化：历史的投影》，夏克译，上海人民出版社1987年版，第12—16页。

式为随时易土①。此外，中华大地上还有少量的狩猎文化和渔猎文化②等文化区。

一 多彩的少数民族文化

少数民族文化是少数民族在其发展的历史长河中创造和发展起来的具有本民族特点的文化体系，是其民族历史、艺术、习俗、建筑、宗教、审美等文化表现形式的总称③。中国有 55 个少数民族，每个民族都具有特色鲜明的民族文化。据统计，中国是入选联合国教科文组织的非物质文化遗产代表作名录最多的国家，其中，少数民族项目占三分之一④。从地域分布上看，中国的少数民族文化主要分布在中西部地区，这些少数民族文化不是中东部地区汉文化的"异文化"，而是和汉文化一起共同组成了多元和谐的中华民族文化。少数民族文化主要体现在图腾信仰、语言文字、文学艺术、民族服饰、民族医药、歌舞艺术等方面。

（一）图腾信仰

原始民族认为自己的祖先来源于某种动植物，或与某种动植物发生过亲缘关系，于是这种动植物就成为这个民族的图腾，被当作民族的神受到敬奉，也被当作部落的象征和标志。图腾信仰是人类历史上最早的文化现象，是宗教意识与社会意识相融合、相交织而产生的。作为整体的中华民族，其共同图腾是龙，中国人因此自称为"龙的传人"。各少数民族都有自己的图腾，如匈奴人崇龙拜日，鲜卑族以鹿为图腾，突厥人把狼当作自己的图腾，越人崇拜鸟、蛇，傣族以龙、虎、牛为图腾，布依族以莺、猴、龙为图腾，壮族的图腾有牛、虎、蛙、狗、鸡等，黎族

---

① 田联刚、赵鹏：《多元共生，和而不同——关于少数民族文化在中华文化格局中的地位思考》，《中南民族大学学报》（人文社会科学版）2015 年第 1 期。

② 张甜甜：《论少数民族文化在中华文化形成与发展中的贡献》，《中南民族大学学报》（人文社会科学版）2018 年第 1 期。

③ 黄斌：《南盘江流域世居少数民族文化传承的困境及对策分析——以黔西南州为例》，《兴义民族师范学院学报》2018 年第 2 期。

④ 穆慧贤：《"一带一路"沿线少数民族文化保护开发研究》，《中南民族大学学报》（人文社会科学版）2017 年第 4 期。

以狗、蛇、龙为图腾①，东乡族的图腾是白羊，土家族的图腾是白虎，藏族的图腾是牛头。

（二）语言文字

语言是民族历史的载体，是民族知识、经验与智慧的结晶②。作为一种文化现象，语言与民族具有紧密的依存关系，二者相伴而生。早在18世纪，作为语言哲学的创始者，赫尔德、洪堡特等德国哲学家、思想家就发现并阐述了语言与民族之间的关系，提出了"语言是民族精神的外在表现"③等观点。民族语言可以体现一个民族的思维习惯、心理特征、智慧品格等民族特征，又承载着民族思想、民族情感与民族意识，贮藏着民族历史与民族记忆，是民族存在的象征④。中国各民族共使用着80多种语言，包括汉藏、阿尔泰、印欧、南岛、巴利五大语系，至今还有22个少数民族使用着28种文字，涵盖拉丁、斯拉夫、阿拉伯、印地等字母体系，其丰富性和多样性世所罕见，其中，有独具特色的象形文字，如彝族的彝文、纳西族的东巴文和哥巴文；还有独特的字母文字，如朝鲜文、藏文、锡伯文、蒙古文等⑤。

（三）文学艺术

文学艺术是文化的重要体现，甚至有人认为，文化就是指文学。在文学方面，藏族的《格萨尔王传》、蒙古族的《江格尔传》《格萨尔可汗》等都是"史诗级"的少数民族文学巨著。在音乐方面，纳西族的"洞经音乐"纳西古乐被视为中国古代音乐的"活化石"，正在由民间自发传承转向通过旅游中的古乐表演系统传承⑥；"花儿"是流传在中国西北甘、青、宁三省的回、藏、东乡、保安、撒拉、土、裕固、蒙古、汉

---

① 周巧云：《论宗教艺术的起源与图腾崇拜》，《湖南师范大学社会科学学报》2011年第5期。

② 李泽厚：《历史本体论》，生活·读书·新知三联书店2002年版，第10页。

③ 庞文薇：《人与语言——赫尔德语言哲学思想研究》，硕士学位论文，上海外国语大学，2013年，第44页。

④ 李秀华：《语言·文化·民族：民族语言认同与民族共同体的建构》，《西北民族大学学报》（哲学社会科学版）2018年第2期。

⑤ 张甜甜：《论少数民族文化在中华文化形成与发展中的贡献》，《中南民族大学学报》（人文社会科学版）2018年第1期。

⑥ 孙克：《历史语境下民族文化的现代传承》，《贵州民族研究》2017年第11期。

等民族共创共享的民歌；阿尔泰山周围地区诸多民族的呼麦是一种喉音艺术，是复音唱法潮尔（chor）的高超演唱形式；"南曲"俗称"丝弦"，源于元曲，主要流传于湖北省西南地区的长阳、五峰一带的"长阳南曲"以坐唱为主，或自弹自唱，或二人对唱，或多人齐唱，词曲丰富、词句文雅、唱腔优美。在舞蹈方面，藏族的卓舞和锅庄、蒙古族的盅碗舞、维吾尔族的赛乃姆、朝鲜族的刀舞、彝族的烟盒舞、傣族的长甲舞和蜡条舞、土家族的摆手舞等，都是中国舞蹈艺术宝库中的重要组成部分①。

（四）民族服饰

民族服饰是少数民族重要的外在视觉符号，隐含着大量的历史文化内涵，是少数民族物质文化与非物质文化的主要载体之一，其中，服饰的布料、款式、图案、色彩、饰品等属于物质文化，纺织、裁剪、制作、刺绣等传统手工技能则属于非物质文化。民族服饰能民族地表达地方性特征、历史记忆等无形文化②，如，凉山彝族的头饰、被誉为"穿在身上的史书"的苗族服饰、有动物皮毛装饰的藏族服饰和头饰、配有"风花雪月"头饰的白族女子服饰等。在海外，源于满族的旗袍甚至成为中华服饰的名片。虽然民族服饰是一个民族的身份象征，但现在很多少数民族群众的穿着"汉化"严重，只在典礼、节庆等特殊场合才穿戴自己的民族服饰③。

（五）民族医药

少数民族医药是中华民族医药的重要组成部分，很多少数民族都有本民族的医药体系。如，壮族医药已经建成了比较完整的医疗、教学和科研体系，2010 年已被纳入国家执业医师资格考试范围，2011 年被纳入高等教育专业目录，其疗法包括经筋推拿、药线点灸、小针刀、火针、刮痧、刺血等，其中，药线点灸疗法是国家级非物质文化遗产④；蒙古医

---

① 张甜甜：《论少数民族文化在中华文化形成与发展中的贡献》，《中南民族大学学报》（人文社会科学版）2018 年第 1 期。

② 冯敏、张利：《论民族服饰与非物质文化遗产保护》，《四川民族学院学报》2011 年第 5 期。

③ 穆慧贤：《"一带一路"沿线少数民族文化保护开发研究》，《中南民族大学学报》（人文社会科学版）2017 年第 4 期。

④ 李木元：《让少数民族医药之花璀璨绽放》，《人民政协报》2015 年 10 月 14 日第 6 版。

药历史悠久，在发展过程中还吸收了藏医和汉医的经验，主要医典有《饮膳正要》《蒙古正典》《蒙医药选编》等；藏族医药特色鲜明，独成体系，是中华医药的宝贵财富，代表性文献有《四部医典》（又译为《医方四续》）；维吾尔族医药也有较为完整的体系，有600多种常用药材；瑶医药具有鲜明的瑶族特色与历史烙印，是瑶族人民在长期与疾病斗争过程中发展起来的生命认识系统与健康保障系统，具有自洽的逻辑与相对完善的理、法、方、药，其医药思想与理论框架是对中医药的减化，是"减"的医药[1]，其思维高度浓缩为"盈亏"。此外，傣族医药、回族医药等也各具特色。

文化的本质追求就是多彩、多元，多彩的少数民族文化需要特别保护，并在此基础上传承、创新。因为，少数民族文化不仅在过去促成了民族地区社会的发展和繁荣；在当下社会环境中，民族固定的思维方式和行为模式仍会被广泛应用于民族生活；从历史发展来看，民族文化还是当前和今后民族社会持续发展的阶梯[2]。少数民族文化是该民族地区学校所具有的独特文化资源，对多彩的少数民族文化进行开发、利用，既是少数民族教育的题中应有之义，也是在国家教育系统中增强民族认同、促进民族团结不可缺少的途径。

二 各异的民风民俗

民风民俗是指特定社会文化区域内人们共同遵守的行为模式。人们往往将由自然条件不同造成的行为规范差异称为"风"，将由社会文化不同造成的行为规则差异称为"俗"。民风民俗一般包括婚俗、饮食文化、民间体育活动、民间艺术等。同一个民族因为地理位置的不同，也会有不同的民风民俗，可见，民风民俗是比民族文化更小的一个范畴。所谓"百里不同风，千里不同俗""入乡随俗"等，指的就是民风民俗的差异性和多样性。历史上，中国政治制度中还有"因俗而治"的传统[3]。

---

[1] 洪宗国：《瑶医药是"减"的医药》，《中南民族大学学报》（自然科学版）2016年第3期。

[2] 孙克：《历史语境下民族文化的现代传承》，《贵州民族研究》2017年第11期。

[3] 参见（元）脱脱等《辽史》卷45"百官志"，中华书局1983年版。

(一) 婚俗

婚俗是根植于地域居民生活并受其基本人生观支配的一种民俗，是一个人生命成长过程中社会认知和社会认同的部分源泉。

土家族、蓝靛瑶等有"哭嫁"的婚俗，即出嫁的女儿以哭唱的形式向母亲表达难舍难分之情，母亲也以唱的形式教导女儿在往后的日子里勤俭持家、孝敬公婆等。走婚是人类社会从群婚制到对偶婚制过渡的一种婚姻形态，一提到走婚，很多人首先想到的是滇西北泸沽湖畔摩梭人的"阿夏婚"，这是以男性为行动方的走婚；但滇东南壮族社会还存在着女性"不落夫家"（称"不坐家"）的走婚，这是指男女青年在仪式性的"办酒"之后到女性怀孕之前，都不常住夫家的一种婚姻习俗①。

(二) 饮食文化

饮食是人之生存所必需，各地饮食习惯不同，饮食文化也各异。众所周知，山西人离不开醋，糯米在江南平原及丘陵地区不可或缺，糌粑是藏族同胞的传统主食，广东人的早茶真是"奢侈"……纪录片《舌尖上的中国》引领了中国的饮食文化，《味·道》《寻味顺德》《湘当韵味》《味道云南》《舌尖上的重庆》《川菜的品格》《老广的味道》《北京味道》等进一步展现了中国各地的美食细节，刺激了中国人乃至世界的味蕾，证明中国真是一个不折不扣的"吃"的国度。

中国饮食文化以淮河为界，淮河既是中国南北地理的分界线，也是南北文化的分界线，南北饮食在食材、主食、烹饪方法、刀工、口味等方面均呈现出截然不同的特征。淮河以南以稻米为主，称为米食文化，口味偏淡偏甜，一般不能食辣，烹饪方法注重蒸、炒、煨等；淮河以北以面粉和杂粮为主，称为面食文化，口味偏咸，普遍嗜辣，喜欢烧、煮、炖等烹调方式②。对中国饮食文化进一步细分，可分为四大菜系、八大菜系甚至十大菜系。一般采用"四大菜系"之说，即长江中下游地区以扬州菜最为典型，称为淮扬菜；华北、东北地区的饮食源于山

---

① 陶自祥：《"不落夫家"：壮族女性走婚习俗的社会基础研究——基于滇东南 X 村女性"不落夫家"婚俗的考察》，《华中农业大学学报》（社会科学版）2015 年第 3 期。

② 何宏、赵炜：《稻米与麦穗的对话：南北交汇的淮河饮食文化》，《美食研究》2015 年第 4 期。

东，称为鲁菜；长江中上游和贵滇地区，以川菜最为典型，崇辣尚酸，称为川菜；华南地区以广东菜最为典型，称为粤菜。淮扬菜擅长炖、焖、烩、烧、炒，重视调汤，擅长江鲜，茶点更是丰富。鲁菜喜用酱、葱、蒜等调料，味浓咸鲜。川菜享有"一菜一格，百菜百味"的声誉，有炒、煎、干烧、炸、熏、泡、炖、焖、烩、贴、爆等38种烹调方法，口味上讲究色、香、味、形俱全。粤菜则善于应四季之变而变，注重食疗养生，达到营养滋补、防病保健、强身健体的目的，以老火汤最具代表性①。

（三）民间体育活动

民间体育是广大民众在日常生活和活动空间中直接创造的，有着固有方式和文化内涵的体育形式②，如舞狮、舞龙灯、放风筝、打陀螺、划龙舟、拔河、掰手腕、摔跤等。不同形式的民间体育包含着浓重的乡土气息和鲜明的地域文化特色，具有游戏娱乐性③。各种民间体育活动都是农村学校的重要资源，既对该地区学生具有很强的吸引力④，又可作为课程开发⑤、大课间活动的内容来源。有的中小学将具有当地特色且适合学生的民间体育项目如拔河、踢毽子、丢沙包、跳绳、打陀螺、推铁环、跳橡皮筋、摸石头过河等渗透到体育课堂之中，有的还在学校运动会中设置相应的比赛项目，都收到了良好的效果⑥。

（四）民间艺术

民间艺术是劳动人民在日常生活和劳作中创造出来、并在民间广为流传的艺术形式，包括民间文学（传说、故事、诗歌等）、民间手工艺（刺绣、竹编、泥塑、年画、版画、剪纸等）、民间戏曲歌舞（秦腔、皮影戏、扭秧歌、广场舞等）等多种艺术形态。大部分民间艺术属于普通

---

① 王红梅：《浅谈粤菜饮食之养生保健》，《中国调味品》2015年第3期。
② 陈红新、刘小平：《也谈民间体育、民族体育、传统体育、民俗体育概念及其关系——兼与涂传飞等同志商榷》，《体育学刊》2008年第4期。
③ 虞重干、张基振：《休闲语境中的中国民间体育》，《武汉体育学院学报》2005年第11期。
④ 邓凤莲：《河南省中小学生参与民间体育活动的现状调查与思考》，《南阳师范学院学报》2007年第9期。
⑤ 林琦：《中小学民族民间体育课程资源的开发》，《体育科学研究》2009年第1期。
⑥ 屈文化：《民间体育项目在体育教学中的渗透》，《井冈山学院学报》2007年第10期。

的日常生活体验①。

民间艺术中的每个符号、每个图案都有其历史渊源和美好寓意,如,剪纸、窗花、楹联等表现了民间对四时八节、辞旧纳新的世俗文化心理和对真善美的热烈追求;饰以图案的荷包、护身符等是表达亲情爱意的信物;灯笼、风筝、家具木雕上千姿百态的图式,满载着丰富的情感寄托;泥塑、泥人神定气足、浑然天成;陕北剪纸、东北皮影、蛋雕、徽州三雕(木雕、石雕、砖雕)、河南年画、西藏唐卡等,充分展现了各地的民间礼仪、民俗风情和审美情趣②。

热爱家乡就是要具体化为热爱家乡的一草一木、一风一物、一民一俗。乡愁是哼唱在摇篮旁的童谣,是包裹在包袱中的布鞋,是冲泡在土碗里的浓茶,是刻画在剪纸上的梅枝,是跳跃在乡亲身上的干劲……农村学校的教育主体是农村社区的成员及其子女,他们共同拥有着当地的风俗习俗和文化精神③,保护、开发、提升这些风俗习俗,是"教育即生活""教育即经验"的正确"打开方式"。正如湖南师范大学刘铁芳教授所说,"乡村地域文化中原本就潜藏着丰富的教育资源。传统的乡村教育体系应该是以书本知识为核心的外来文化和以民间故事为基本内容的民俗地域文化相结合、外来文化的横向渗透与民俗地域文化的纵向传承相结合、学校正规教育与自然野趣之习染相结合、专门训练与口耳相授相结合、知识的启蒙与乡村情感的孕育相结合"④。

三 小众有用的"地方性知识"

美国著名的阐释人类学家克利福德·格尔茨(Clifford Geedz)在20世纪80年代就提出了"地方性知识"的概念。格尔茨认为,要将知识置于其自身特定的历史背景和文化情境中来理解,要重视和分析知识形成

---

① 施秋香、季中扬:《当代民间艺术的文本特征》,《文艺争鸣》2016年第9期。
② 赵占元:《民间艺术的审美取向》,《文艺评论》2015年第3期。
③ 苏尚锋:《农村教育的空间定位与城市化》,《河北师范大学学报》(教育科学版)2014年第3期。
④ 刘铁芳:《守望教育》,华东师范大学出版社2004年版。

的具体情境①。所谓"地方性知识",并不是指局限于某一特定区域内的知识,而是一套以地方性特征为中心的知识体系或意义系统,是人们在长期生活和发展中形成并共同认可的、与地方环境相适应的知识体系,包括传统民俗、历史文化、生产生活、价值观念等方面的知识②。"地方性知识"也被称为"小传统",用以与作为"大传统"的现代性知识相对应和互动③。"地方性知识"与情境之间是相互塑造的,具有独特的地域性、灵活性和情境拓展性④。中国乡土社会的地方性知识很少用文本记录,大多通过口头传说、观念或者仪式行为等方式进行展演式传承⑤。"地方性知识"不代表闭塞和局限性,相反,"地方性知识"扩大了一般知识的边界,为知识提供了更为广阔的空间。在此,我们介绍两种"地方性知识"。

(一)关于台风的知识

台风是生活在沿海地区的渔民面临的最主要的自然灾害,除了全球共享的预报预防台风的普遍性知识之外,各地还有关于台风的地方性知识,如广东湛江硇洲岛渔民中的相关知识。硇洲岛是中国第一大火山岛,离湛江市区约40公里,有居民4万余人,号称"岛外之岛"。在没有现代科学预测预报手段之前,台风对于渔民造成的损害非常大。但在硇洲岛渔民的地方性知识体系中,台风既是一种自然灾害,同时也被解释为神灵意志的体现。因此,在应对台风灾难时,他们也形成了两套知识系统:一套是基于日常生活经验的经验性应对策略,包括看云识天气(如"断虹现、天要变");辨风向(如"一天西风三天雨、三天西风雨不停");观察动植物的异常变化(如知风草"一节三飓、一节一风、无节无风");台风袭来时的应急救助经验(如"东风转北、搓绳缚屋")等。

---

① [美] 克利福德·格尔茨:《地方性知识:阐释人类学论文集》,王海龙等译,中央编译出版社2004年版,第277页。
② [法] 涂尔干:《社会分工论》,渠东译,生活·读书·新知三联书店2000年版,第13页。
③ [美] 芮德菲尔德:《农民社会与文化》,王莹译,中国社会科学出版社2013年版。
④ 董晓培、卫郭敏:《"地方性知识"视域下民俗类非物质文化遗产的保护和传承研究》,《淮南师范学院学报》2013年第3期。
⑤ 郭天禹:《北枳代桃:农业系统中两种知识的补充、替代与融合》,《中国农业大学学报》(社会科学版)2017年第6期。

另一套知识系统是通过借助于"超自然力"应对台风的策略,如出海前祭拜海神妈祖;在海上遇到台风和龙卷风时向天空撒米和盐等①。

(二) 地方"神秘"知识

有的地方性知识带有不可言说的"神秘","占里现象"就是其中一例。占里是贵州省黔东南州从江县的一个侗族村寨,位于海拔380米的山坳里。这里有两项为世人所惊叹的记录:一是长期以来人口增长率近乎为零,每家每户只生育两个小孩,且一男一女;二是刑事案件发生率长期为零②。在计划生育年代,"占里现象"经多家媒体报道后,为世人叹为奇迹。据传,在清代中期以前,占里曾经人丁兴旺,出现了争衣争食的现象。寨子里的一个智者吴公发现了这个问题,并从人与船、鸟雀与生态环境的相互利害关系中得到启示,便召集全寨族会立下寨规——占里不能超过160户,人口总数不能超过700人,一对夫妇最多只能生育两个孩子,如有违规,轻者将其饲养的牲畜强行杀掉分给全寨人享用,重者将其逐出寨门或由其亲属处以重罚③。从此,占里逐渐形成了包括家族外婚、寨内婚、婚后"坐家"、限制离婚、生育控制等在内的一整套婚育习惯法,基本上实现了人口的零增长④。有研究者把"占里现象"的"神秘"原因归结为占里的地方性知识,一是寨规即"款约"⑤对寨民的约束效用——占里人信守盟誓与诺言,寨子每年都要举行生育仪式,寨子里还流传着"劝世歌"⑥;二是"换花草"的特殊功用。关于"换花草"有两种传说,一种是换花草是生长在山上的一种藤类植物,只有寨子里的药师识得,吃这种植物横长着的根就生女孩,吃竖长着的根就生

---

① 罗余方:《南海渔民关于台风的地方性知识——以广东湛江硇洲岛的渔民为例》,《民俗研究》2018年第1期。

② 杨军昌:《侗寨占里长期实行计划生育的绩效与启示》,《中国人口科学》2001年第4期。

③ http://www.huanhuacao.org/aspcms/news/2014 - 11 - 1/273.html。(15:03访问)。

④ 潘志成:《从江县占里侗寨当代婚育习惯法考察》,《湘潭大学学报》(哲学社会科学版)2008年第2期。

⑤ 沈洁:《和谐与生存——对侗寨占里环境、人口与文化关系的人类学解读》,硕士学位论文,中央民族大学,2011年,第50页。

⑥ 其中一首劝世歌是"家养崽多家贫困,树结果多树翻根。养得女多无银戴,生得崽多无田耕。女争金银男争地,兄弟姐妹闹不停。盗贼来自贫穷起,多生儿女穷祸根"。

男孩①；另一种说法是"换花草"实际上是药方，由十几味草药组成，生男生女需要不同的配方，同样只有寨子里的药师一人知道这个配方。通常，家里的第一胎是没法控制其性别的，药师通过给这户人家的女人吃"换花草"来决定第二胎的性别，从而保证每家每户一男一女的均衡。据说，无论是识别花草还是配制药方，占里的药师都只传女不传男，且绝不向寨外传。另外，"占里现象"可能还有隐蔽溺婴习俗的沿袭②等原因。

此外，前面介绍的王金庄旱作梯田系统的维系模式，也属于生产生活领域的地方性知识③；武陵山区土家族盛行的巫文化、纪念祖先的各种方式和节日、人死去之后举行通宵达旦的跳丧仪式等，也都属于地方性知识，传达的是土家族人豁达的生死观。

地方性知识中的"地方"可大可小，大到川渝地区的祛湿、华南地区的排毒、东北地区的防寒、山区的防潮等，小到我家乡长阳山区炖煮腊猪蹄的最好配材是干土豆、炖煮白山羊肉的最好配料是干青椒皮……这些地方性的食物配伍知识，不仅能够满足当地人的生产、生活、生理需要，发挥生命维持功能，更附着了当地人的崇拜信仰、人生态度。

实际上，知识都是相通的，正如格尔茨所说，"我们需要的不只是地方性知识，我们更需要一种方式来把各式各样的地方性知识变为它们彼此间的相互评注，以来自一种地方性知识的启明，照亮另一种地方性知识隐翳掉的部分"④。可见，对地方性知识的了解有利于知识体系的全面贯通。地方性知识是中小学进行课程开发的重要依据和内容⑤。农村学校收集、传授、研究"接地气"的地方性知识，通过"深描"的方式丰富国家课程的内容和深度，并在教学中运用"叙事"教育渗透地方性知识，并不会影响对普遍性知识的学习和掌握，反而是乡村孩子学习知识的有

---

① 《换花草》（http：//www.baike.com/wiki/.）。

② 李乔杨、吴海燕、熊坤新：《地方性知识：神秘的换花草——关于"占里现象"的相关思考》，《黑龙江民族丛刊》2017年第6期。

③ 郭天禹：《北枳代桃：农业系统中两种知识的补充、替代与融合》，《中国农业大学学报》（社会科学版）2017年第6期。

④ ［美］克利福德·格尔茨：《地方知识》，杨德睿译，商务印书馆2016年版，第366页。

⑤ 安富海：《地方性知识与民族地区地方课程开发研究——以甘南藏族为例》，中国社会科学出版社2016年版。

效"他途",有利于乡村孩子成为"整全的人",有利于促进乡村教育教学质量的提高①。

第四节　土生土长的乡土人力资源

"教育大计,教师为本",教师是制约农村学校发展的最大掣肘因素。农村学校如何应对这个掣肘带来的困境?人才学和现代人力资源管理提出了"不求所有、但求所用"的人才共享理论,为农村学校的师资队伍建设打开了一条新思路。农村学校共享、共用所在区域土生土长的乡土人才,既有比城市学校更大的地利之便,也与农村学校的地域属性和多元培养目标有很大的契合之处。

一　非物质文化遗产及其传承人

人类文化遗产是人类历史文化的载体和历史发展的见证,是人类历史文化成就的重要标志,包括物质文化遗产和非物质文化遗产两个类别。根据联合国教科文组织的《保护非物质文化遗产公约》,非物质文化遗产是指被各群体、团体、个人所视为其文化遗产的各种实践、表演、表现形式、知识体系和技能及其有关的工具、实物、工艺品和文化场所。根据《中华人民共和国非物质文化遗产法》,非物质文化遗产是指各族人民世代相传并视为其文化遗产组成部分的各种传统文化表现形式,以及与传统文化表现形式相关的实物和场所。非物质文化遗产简称"非遗"。"非遗"必须保护,保护"非遗"就是保护人类文化的多样性。"非遗"一般通过代表性传承人的口传心授得以代代传递、延续和发展,传承人是"非遗"的重要承载者和传递者,他们以超人的才智和灵性贮存、掌握、承载着"非遗"相关类别的文化传统和精湛技艺,传承人既是"非遗"的活宝库,又是"非遗"代代相传"接力赛"中处在当代的"执棒者"和代表人物。

中国的"非遗"资源极其丰富,据 2005 年的普查结果,中国共有 56

---

① 沈晓燕:《乡村少数民族教师地方性知识的价值、习得及运用路径》,《教师教育》2018年第 1 期。

万项"非遗"。2004年8月,中国正式加入联合国教科文组织《保护非物质文化遗产公约》;2005年3月,国务院办公厅发布了《关于加强我国非物质文化遗产保护工作的意见》,从此,中国"非遗"保护工作全面展开——2005年建立了包括国家、省、市、县在内的四级"非遗"名录制度,国家级"非遗"代表性项目设置了民间文学类,传统音乐类,传统舞蹈类,传统戏剧类,曲艺类,传统体育、游艺与杂技类,传统美术类,传统技艺类,传统医药类和民俗类十大类;2007年建立了"非遗"代表性传承人制度,中央财政从2008年开始对国家级"非遗"代表性传承人开展传习活动予以补助;2011年《中华人民共和国非物质文化遗产法》颁布。截至2018年12月,中国列入联合国教科文组织的《人类非物质文化遗产代表作名录》的项目已有40项,包括2001年的昆曲,2003年的中国古琴艺术,2005年的新疆维吾尔木卡姆艺术和蒙古族长调民歌(与蒙古国联合申报),2009年的中国蚕桑丝织技艺、贵州侗族大歌等22项,2010年的京剧和中医针灸,2011年的中国皮影,2013年的中国珠算,2016年的二十四节气(与蒙古国共同申报),2018年的藏医药浴法等。截至2017年,中国的国家级"非遗"代表性项目名录已公布了4批共1372项。全国各省(自治区、直辖市)也都分别开展了省级"非遗"名录的审批,湖北省已公布了5批共358项省级"非遗"[①]。

"非遗"存在于传承人这个活态载体之上。保护好传承人,"非遗"就会"转危为安";只要传承人能带徒授艺,"非遗"就会生生不息,代代相传[②]。《中华人民共和国非物质文化遗产法》第三十四条明确规定,学校应该按照国务院教育主管部门的规定,开展相关的"非遗"教育。向学生、社会大众传承"非遗",本身就是对"非遗"的一种特殊保护。在"非遗"教育问题上,农村学校具有先天条件优势,可通过在校内设置"非遗"体验馆,或依托相关"非遗"基地,开发《家乡的"非遗"》之类的校本课程,定期邀请"非遗"传承人到体验馆或基地展示"非遗"

---

① 段超、孙炜:《关于完善非物质文化遗产保护政策的思考》,《中南民族大学学报》(人文社会科学版)2017年第6期。

② 苑利、顾军:《非物质文化遗产传承人管理工作中的几个问题》,《河南社会科学》2015年第4期。

文化，讲授"非遗"相关知识，传授"非遗"技艺。

（一）宜昌市夷陵区的"非遗"传承教育

在利用"非遗"及其传承人进行学校文化建设方面有一些成功案例，湖北省宜昌市夷陵区就是其中之一。近几年来，夷陵区立足地方文化资源，按照"立德树人"和优秀传统文化进校园的宏观要求，充分挖掘区内丰富的"非遗"资源，推动优秀传统文化"进校园、进课程、进课堂"的"三进"工程。2017年7月，夷陵区教育局出台了《关于进一步推进"非遗"进校园工作的通知》。到2018年10月，区内基本实现了"镇镇有主题、段段有基地、校校有特色"的"非遗"进校园目标。

雾渡河镇地处夷陵区西北部，2008年被湖北省文联民间艺术家协会授予"湖北省民歌之乡"，"雾渡河民歌"也于2009年被列入湖北省第二批"非遗"名录，"夷陵地花鼓"于2013年被列入湖北省第四批"非遗"扩展项目名录。在夷陵区教育局相关通知要求的基础上，雾渡河镇又出台了《整体推进"非遗"文化进校园特色课程建设实施方案》，促进了镇内各校的文化建设。

雾渡河初中是雾渡河镇唯一一所初级中学，该校在充分利用"非遗"资源及其传承人、充分尊重学生个性发展的办学理念下，确立了以《阳光鼓点》为主、以《民歌传唱》为辅的校本课程体系。《阳光鼓点》分必修和选修两个部分，必修又分为基础课程、技能课程和拓展性课程三个部分。基础课程主要是让学生了解鼓的文化与历史；技能课程是将打鼓与舞蹈相结合，自主创编了"鼓舞青春"健身操；拓展性课程是将国家课程适当拓展，开发出鼓字与鼓词、鼓的设计与制作、鼓与书法、鼓与素描、鼓与民歌、鼓与舞蹈、经典诵读等模块，实现了国家课程的校本化。技能课程采取分年级集中授课和分班训练的方式来实施，学校每年从社区聘请"非遗"传承人作为兼职教师，和校内教师共同指导学生。学校对校本课程采用学分制评价，每生每学期需获得5个学分。在雾渡河初中，男生打大鼓，打出了阳刚之气；女生打腰鼓，展示出婀娜之姿。在《阳光鼓点》课程考核基础之上评选出学校的"阳光鼓手"，在《民歌传唱》课程考核基础之上评选出学校的"星级歌手"，再从"阳光鼓手"和"星级歌手"中评选出学校的"阳光少年"。

(二) 长阳土家族自治县的"非遗"传承教育

截至 2017 年 12 月，位于湖北省鄂西南的长阳土家族自治县，已有国家级"非遗"保护项目 3 个（土家族撒叶儿嗬、都镇湾故事、长阳山歌）、省级"非遗"项目 9 个、市级"非遗"项目 12 个、县级"非遗"项目 30 个；有国家级"非遗"代表性传承人 6 名、省级传承人 23 名、市级传承人 72 名、县级传承人 81 名。县内的资丘镇、榔坪镇、都镇湾镇、高家堰镇等地在中小学开展了土家族撒叶儿嗬、都镇湾故事、长阳山歌、长阳南曲等"非遗"教学，有近 20 名县级以上的优秀传承人走上了学校讲台[1]。

此外，河北省不少农村学校也开展了民族民间传统体育项目的"非遗"教育活动[2]。

二 乡村工匠艺人

卢梭在《爱弥儿》中写道："在人类所有一切可以谋生的职业之中，最能使人接近自然状态的职业是手工劳动；最不受命运和他人影响的，是手工业者。手工业者所依靠的是他的手艺，他是自由的……手工业就是人类所能从事的最高尚的职业。"当前，社会上各种 DIY 方兴未艾；"培育精益求精的工匠精神"作为新词首次在 2016 年写进了政府工作报告；《我在故宫修文物》《大国工匠》《了不起的匠人》《手造中国》等纪录片的热播热评，把手艺、"一生做好一件事的匠心"、工匠精神等推向了一个新高度。所谓工匠精神，是指一种精益求精、追求品质、注重细节的工作原则和热爱、专注并持续深耕的职业伦理，以及在这种过程中所达成的审美和精神境界[3]。笔者认为，工匠精神是从一个个工匠心中生长出来的、个性化的精神境界，其核心要义是高品质。随着整个社会生

---

[1] 覃庆华：《长阳非遗保护中心获评"湖北省最美非遗保护中心"》（http://www.changyang.gov.cn/content-5086-504320-1.html.）。

[2] 王书彦等：《河北省农村学校体育非物质文化遗产教育普及推广研究》，《山东体育科技》2016 年第 4 期。

[3] 张培培：《互联网时代工匠精神回归的内在逻辑》，《浙江社会科学》2017 年第 1 期。

活水平的提高，大规模生产的产品和定做的产品之间的价格差变大①，但越来越多的消费者的消费需求从数量需求转向质量需求，他们越来越愿意为定做的个性化产品和精美细节付费，因而社会越来越呼唤和崇尚工匠精神。

农村是工匠艺人的发祥地和成长摇篮，农村工匠艺人俗称"手艺人"，指的是不直接以土地耕作为主业，而是通过为农业生产制作或修理生产工具、为农村生活营造生活设施或制作生活用品而间接为农业生产和农民生活服务的人。"手艺人"的手艺一般需要以"师徒制"的形式经过长期学习才能获得。农村"手艺人"的种类很多，可细分为泥瓦匠、木匠、篾匠、铁匠、石匠、箍桶匠、弹花匠、漆匠、灶匠、银匠、织匠、陶匠等。

但农村工匠艺人普遍存在着年龄"老年化"、技艺"衰退化"、发展"迟钝化"等问题②。外出打工获得更高的经济收入和更丰富的精神生活对农村青壮年具有超强的吸引力，而老一辈农村工匠艺人年岁逐渐增大，使农村许多传统工匠技艺后继乏人③，一些程序繁琐的传统手艺甚至濒临失传④。机器生产全面代替手工生产，塑料、金属、水泥等工业材料全面代替木、竹、草、土等农业材料，农村工匠艺人的生存空间越来越小，"人亡技亡、人亡业亡、技亡业亡"⑤ 的现象非常普遍。

但由于农村工匠艺人及其工艺不仅为农村传统的生产生活提供有形的物质产品，还蕴含着亟须大力弘扬并永续传承的手工精神、工匠精神等文化特质，因此，必须拓展农村手工技艺的教育和传承渠道，抢救性地保护手工技艺及其蕴含的文化精神。同时，在经历粗放型机械化冲击之后，随着中国制造业的转型升级，对传统的手工技艺的需要终将被重

---

① ［美］西托夫斯基：《无快乐的经济：人类获得满足的心理学》，高永平译，中国人民大学出版社 2008 年版，第 7 页。
② 张明生：《山西民俗博物馆与民间手工艺》，《文物世界》2004 年第 6 期。
③ 穆慧贤：《"一带一路"沿线少数民族文化保护开发研究》，《中南民族大学学报》（人文社会科学版）2017 年第 4 期。
④ 黄斌南：《盘江流域世居少数民族文化传承的困境及对策分析——以黔西南州为例》，《兴义民族师范学院学报》2018 年第 2 期。
⑤ 刘永飞、许佳君：《困顿与转型：乡村手艺产业的社会建构——江苏福乡柳条编织技艺产业的拓展个案研究》，《南京农业大学学报》（社会科学版）2017 年第 1 期。

新唤醒，因而，农村手工技艺本身也有其存续重振的价值。农村普通中小学可以建设与农村手工技艺相关的学生社团、开发相关的校本课程、打造相关技艺实训车间、开展手工技艺体验等，定期聘请当地有名的工匠艺人到学校做工艺指导或工匠精神讲座，帮助农村学生了解农村传统技艺、学习基础性的农村传统手工，更重要的是学习"手艺人"身上的工匠精神，帮助农村学生树立正确的人生观、价值观和职业观。

日本有一所以传授"匠人精神"闻名的秋山木工学校，专注于"木成为器"的过程，专注于求真求实的"制造"本身。

位于安徽黄山脚下的休宁县第一高级职业中学也有类似的尝试。休宁树木多、房子多，曾经的"徽州工匠"手艺高超，但如今名气渐淡、门前冷落。从2003年开始，休宁县第一高级职业中学开设了传统木工班，不用钉子不用胶，只采用榫卯结构纯手工打造桌椅板凳，旨在学习真本领、传承老技艺。学生在校学习两年，超过一半的时间是在车间实训，第一学期结束要打出一张方凳，榫卯都是直角结合；第二学期结束要打出一张长凳，榫头和凿眼没有一个是正的；第三学期结束要打出八角凳、八仙桌，榫头更为复杂，一些拼接部位内还带有小榫头；第四学期结束要做出太师椅，部件弯曲，榫卯结构更多，还要有雕花……如果两年坚持下来，且每一阶段的作品合格，就能顺利穿着类似学士服的"匠士服"，拿到学校的"匠士"学位。传统木工班开办以来，学校每年有20多位小木匠毕业出师。

三 "新乡贤"

《说文解字》有云："贤，劳也。谓事多而劳也。"明代汪循说："古之生于斯之有功德于民者也，是之谓乡贤。"清代梁章钜认为："东海孔融为北海相，以甄士然祀于社。此称乡贤之始。"乡贤，也称为乡绅，是指传统乡村中有德行、有文化、有威望的贤达之人。中国古代的乡贤主要在崇文重教、敦化民俗、管理公产、促进公益、协和乡村五个方面发挥作用[1]。自2011年《经济观察报》发表《新乡贤治村》一文之后，涉及"新乡贤"的新闻报道如雨后春笋般快速增长。2015年中央一号文件

---

[1] 颜德如：《以新乡贤推进当代中国乡村治理》，《理论探讨》2016年第1期。

提出"创新乡贤文化","新乡贤"以更快的速度进入乡村治理领域。

"新乡贤",也可称为"现代乡贤",是指成长于乡土、奉献于乡里,有德行、有才华、在乡民邻里有较高威望和良好口碑的人。也有人认为,只要有才能、有善念、有行动,愿意为农村建设出力的人,都可以称作"新乡贤"①。笔者认为,"新乡贤"可泛指一切有德行的乡间能人,包括种植养殖大户、农村电商、退休回乡的公职人员、本乡本土的各种道德高尚之人。之所以把退休回乡的公职人员尤其是退休回乡的文化人纳入"新乡贤"范围,是因为他们与传统村民相比具有更高的综合素质,也往往更有威望,且由于是抱着回乡养老、落叶归根的想法,少有"无利不往"的功利意识,又比农村青壮年的扎根思想更加牢固。"新乡贤"扎根本土,对中国传统文化和乡村情况比较熟悉,同时又具有新知识、新眼界,对现代社会价值观念和知识技能有一定的把握②,因而是农村地区的特殊人才,无论是对乡村治理,还是对农村学生的教育,都是不可忽略的有利资源。实际上,已经有不少地区在探索发挥"新乡贤"资源作用的路径。如:

江苏省丰县梁寨镇。据统计,全镇有357名"大佬执",即平日在村里帮忙办理红白喜事、解决家庭小矛盾和邻里小纠纷的人。在此基础上,该镇成立了镇"乡贤理事会"和"村乡贤工作室指导委员会",指导各村建立"乡贤工作室",发挥"大佬执"这个当地"新乡贤"的作用。

广东省清远市九龙镇。该镇成立了由宗族长老、经济能人、老党员、退休公职人员等组成的"乡贤理事会"。

江苏省泗阳县。该县在评选"新乡贤"时,分为"在地乡贤"和"在外乡贤",将并不在乡的在外能人纳入评选视野,具有长远眼光,也有可借鉴之处③。

对于"新乡贤"资源的使用,有久远的传统经验可供参考。在漫长的中国历史进程中,乡贤始终是乡村社会建设、风习教化、乡里公共事

---

① 《新农村呼唤新乡贤——代表委员畅谈新乡贤文化》,《光明日报》2016年3月13日。
② 胡鹏辉、高继波:《新乡贤:内涵、作用与偏误规避》,《南京农业大学学报》(社会科学版)2017年第1期。
③ 季中扬、师慧:《新乡贤文化建设中的传承与创新》,《江苏社会科学》2018年第1期。

务的主导力量①。早在先秦时期,就出现了祭祀先贤的文化活动。秦汉之后,乡贤文化建设逐渐进入自觉阶段,形成了包括书写乡贤、祭祀乡贤、让乡贤参与乡村社会治理的一整套乡贤文化体系②。"新乡贤"作为居于乡间、邻近农村学校的本土资源,能够通过观念影响、能力展示、效益示范、道德感召等,为农村学校提供较为全面的支持和帮助。

将"新乡贤"资源用于学校文化建设的探索也在不断增加。湖北省宜昌市夷陵区三斗坪镇的三峡初中就是一例。该校位于举世闻名的三峡大坝附近,但开展学校文化建设不是利用三峡大坝这一现代工程资源,而是挖掘当地古今乡贤这一人文教育资源,取得了较好效果。从古至今,三斗坪镇乡贤辈出,如新中国成立之前就有教育世家沈达轩、沈刚伯,元勋宿将陈裕时、高桐岗,文化名流聂华苓、罗来清,商家缙绅黎阴山、杨万义,水利专家屈德泽、李拔等;1975—2005 年考入清华、北大、人大的三斗坪镇学生有高秉香等 12 人……由于乡贤生在故乡,是可看、可查、可访、可考证的"同乡人",因而会使学生觉得可亲、可敬、可信。三峡初中充分挖掘古今乡贤爱国爱乡的淳朴品德,以乡贤文化为主题打造学校文化品牌,使教学、育人、管理融为一体,促进了学校的内涵发展。三峡初中围绕乡贤文化主题,确定了学校"传承乡贤精神、沐浴幸福成长"的共同愿景和"沐浴乡贤文化,打造绿色质量"的办学理念,提炼出"少年励志、见贤思齐"的校训,着力培育"尚贤励志、爱乡敬贤"的校风,"尚德、尚贤、尚勤"的教风和"好学、明理、笃行"的学风。学校将整个校园分成知贤、齐贤、敬贤、习贤四个区域,2013 年将楼栋分别命名为齐贤楼、崇贤楼、沐贤楼、居贤楼,将校园道路分别命名为知贤廊、承贤廊和诗贤廊。学校开发了校本德育课程《见贤思齐》,基本形成了"尚贤"三级课程体系,并在此基础上设计并不断完善"见贤思齐"学生德育管理评价体系,每学期评选出"峡中贤生"。2016 年学校开始评选"峡中贤师"和"社会贤士",这些贤生、贤师、贤士的风采分别展示于校园的不同区域。

---

① 王先明:《乡贤:维系古代基层社会运转的主导力量》,《北京日报》2014 年 11 月 24 日第 19 版。
② 季中扬、师慧:《新乡贤文化建设中的传承与创新》,《江苏社会科学》2018 年第 1 期。

总之，农村学校可以通过聘请校外辅导员、兼职教师、开展系列专题讲座、建立教育基地等方式，充分利用"非遗"传承人、乡村工匠艺人、"新乡贤"等优秀的乡土人力资源，共同致力于农村学生的培养和农村学校的文化建设。

第五节　农村学校的内部有利条件

前几章对农村学校生存和发展的整体困局和进行文化建设的特殊困境分别进行了分析，本章前四节对农村学校进行文化建设的外部有利条件也进行了梳理，本节将对农村学校进行文化建设的内部有利条件进行深入挖掘。

一　学校：规模小巧

范先佐教授把农村地区学生规模少于240人的学校定义为小规模学校，据此标准，2012年中国农村地区的小规模小学占当年全国小学总数的70%左右，其中，学生人数少于120人的小学（含教学点）占当年全国小学总数的48%左右[1]。可见，小规模小学是全国小学中的"大多数"，也几乎是农村地区小学的常态规模。大部分研究者和实践者一般只从经济功利性来罗列小规模学校的弊端，未免有失偏颇。因为，作为培养人的文化机构，学校的很多本质属性和目标追求是不同于"大即为强"的政治组织和"大即为盛"的经济组织的，文化意味着"人化"和"化人"，而人是千差万别的，规模小反而有利于教师的"化人"和对学生的"人化"。农村小规模学校的很多自身便利条件，有待教育工作者去挖掘并加以利用。

（一）人际关系亲密

群体的规模严重影响着群体成员的相互交往，因为每个人的精力都是有限的。学校如家，学生越少，师生、生生、师师之间的交往越是密切，越是能够形成共同认可的价值体系，并达成组织的共同愿景。笔者

---

[1] 范先佐：《乡村教育发展的根本问题》，《华中师范大学学报》（人文社会科学版）2015年第5期。

上小学时，全校只有 8 个教师，120 个左右的学生，教师认识全校学生，学生也认识所有教师；上初中时，一个年级也就 3 个班次，师生经常在课余一起游戏或运动，感觉非常亲密。这说明，在小规模组织中，人际交往的频率、深度和效果都大大优于大规模组织。农村小规模学校除了具有其他小规模组织具有的共性优势之外，还因为大多数师生都住校，校内的人际交往不仅限于课堂、课间，而是全天候都可以近距离接触。有的学生甚至与同是乡亲邻里的教师同吃同住，这样的教师部分取代了家长角色，使师生关系又近了一层。

（二）活动全体参与

除了课堂教学之外，课外活动甚至校外活动也是学校教育的重要组成部分，如学校组织的各种兴趣特长班、运动会、艺术节、体育节、校外实践活动等。在较大规模的学校，由于受到场地、设施等硬件条件的限制，课外、校外活动基本只能是少部分学生参加，其他学生只能充当旁观者，导致活动形式化严重，效果不尽如人意。学校规模小，活动覆盖面广，能够让所有学生参与其中，能够更好、更全面地达成活动目标。

（三）教学改革就实避虚

随着社会大环境的快速变化，学生作为学校的教育对象，也在发生更快变化，因而，学校的教育教学需要不断改革、创新。学校的教育教学改革，既有关涉教学内容的改革，如新课改、新高考、学生核心素养、综合实践教学活动等；也有关于教学方法和教学手段的改革，如翻转课堂、小组合作学习、小班化教学、体验式教学、研讨式学习、个性化教学等。对于规模较大的学校而言，由于班额大，很多教育教学改革特别是教学方法和教学手段的改革只能流于形式。而对于小规模学校而言，则"船小好调头"，更有条件实行教学方法和教学手段的变革，特别是探索个性化教学和体验式教学，小规模学校更是具有特别的优势。

所谓个性化教学，简单地说，就是在尊重学生个体差异的基础上进行的教学活动。刘献君教授认为，每个学生的学习目标不同，在学习过程中遇到的问题不同，这种个体差异就是学生的特性，是重要的教育资源。个性就是个别性、个人性。在认识个性时，要坚持独特性和共同性的统一，即"个性＝共性＋特性"；也要坚持自然性和社会性的统一；还要坚持稳定性和可变性的统一。因此，个性化教育不等同于个别教育，也不等同于差异教育、扬长教育、特长教育，而是立足"生本"、基于和谐、突出自我、体现渗透的教育，"个性化教育 =（自我）立志 +（外在成长）空间"。实际上，任何有效的教育都要回到个性，类似于农业的教育应该就是个性化教育[1]。但进入工业社会以后，夸美纽斯首倡的班级授课制弱化了教育应该注重个体差异这种以公平为先的本质追求，使效率优先的班级共性授课占据了压倒性优势。即便如此，尊重学生个性的呼声还是越来越强烈，特别是"城市中心主义"教育与农村学生的多元个性发展目标相去甚远且渐行渐远，这既违背了国家的教育方针，也与《国家中长期教育改革和发展规划纲要（2010—2020年）》中的"关心每个学生，促进每个学生主动地、生动活泼地发展""关注学生不同特点和个性差异，发展每一个学生的优势潜能"等表述南辕北辙。对于小规模农村学校而言，较小的生师比使得教师更有条件了解学生的个性差异，又由于个性总是与环境相关，通过农村学校的特殊环境对农村学生实施尊重个体差异的个性化教学，应该有一种"原汤化原食"的特殊效果，以帮助农村学生找到个性化的发展目标，明确学习动机，提高学习效果，同时也能在一定程度上提升农村教师的教育境界。

体验式教学与体验式课程和体验式学习有着密切关系。在心理学中，体验是指由诸多心理因素共同参与的心理活动，是与主体的情感、态度、想象、直觉、理解、感悟等心理功能密切结合在一起的。狄尔泰将体验作为教育中教与学、人与我、人与人之间关系的纽带，力图为教育脱离传统的知识教育模式寻找一条新途径。体验课程是以个性发展为依归的个性化课程，体验课程的终极目的是人的自然性、社会性、自主性的健全发展，其开发向度是自我、自然、社会，科学、艺术、道德是体验课程的文化之维。体验是教育过程的本质之一，也是达到教育目标的方法和手段，或者说，体验式教学或体验式学习本身就是教育所要达到的目标，因为借助体验，能更好地达到素质教育、审美教育、学科教育的目标[2]。适宜于农村学校开展的体验式教学包括自然体验活动和生活体验活动，自然体验活动空间包括山岳、森林、河川或湖畔、海岸或海洋、农

---

[1] 刘献君：《个性化教育论》，华中科技大学出版社2018年版。
[2] 辛继湘：《体验教学研究》，湖南大学出版社2005年版，第15页。

地、牧场等领域,自然体验活动方式包括远足、户外宿营、林地探险等①;生活体验活动包括做家务、干农活、参与集市交易等。体验式教学需要教师将关注重点从相对稳定的静态知识转向千差万别的动态学生,对于教师来说是一个不小的挑战。但农村小规模学校的生师比小、班级规模小,具备进行体验式教学的客观条件,且拥有比城市学校更加便捷的自然体验活动空间,所以,体验式教学无疑是农村学校教育教学改革的一个独特突破点。

综上,小规模学校完全可以通过更能体现"以生为本""因材施教"的个性化教学、体验式教学改革等现代途径或特殊平台做更有针对性的教育,激发更多农村学生的学习动机,从而有效提高教育教学质量。

二 学生:质朴勤劳

相对于城市学生而言,农村学生有一些特殊的优良品德,也是农村学校进行文化建设可以借助的内部优势条件。由于生活环境单纯、生存难度较大,使得很多农村学生身上保留着天然的质朴、勤劳等优良品格。越是偏远的农村地区,受到外部商业文化的冲击越小,人们往往越能够保留本真的质朴;相对恶劣的自然环境和贫困的家庭生活,使大多数农村学生能够通过分担家务、参与简单农活等,帮助减轻家庭负担;农村学校一般离家较远,寄宿的学生必须学会简单的生活自理技能,走读的学生一般也要每天走较远的路程,有利于培养学生吃苦耐劳的精神;质朴的农村学生因为在物质和精神上的拥有相对贫乏,对于得到的东西更知道感恩和珍惜;农村学生由于想尽快摆脱困境,所以也容易将贫困压力转化为学习动力……出生在河北省枣强县一个贫困农村家庭的女孩王心仪,在 2018 年高考中以 707 分的高分被北京大学录取,她写的《感谢贫穷》一文充满质朴,被网络大量转载,引发了广泛讨论。

但大多数农村学生的质朴勤劳只是一种理想状态的有利条件,在有些学生身上可能还表现为"潜质",是否能够激发、挖掘或化理想为现

---

① 苏青:《日本中小学生素质拓展新途径:青少年体验活动综合计划》,《教育探索》2016 年第 3 期。

实,是农村学校促进学生良好发展的一个特殊着力点。

三 教师：坚守德高

据笔者走访调查,大多数农村学校教师都出生在本县,大多数中老年教师还是本乡甚至本村人。这些教师生于斯、长于斯、业于斯,对本土本乡有着融入血脉的情感,对本地文化、本地学生、学校与社区的关系也了如指掌。虽然这些教师群体中有少数是迫不得已留在本土本乡的外地人,但中国人"既来之则安之""干一行爱一行"的古训,也已成为这些农村教师坚守乡土的精神支撑。有人曾经说过,对于农村教师尤其是偏远地区的农村教师而言,坚守就是最高的师德。农村学校有了坚守的中老年教师,中老年教师有了最高的师德,这种师德将会给外地到农村学校任教的青年教师产生良好的示范性影响,并将"坚守"之"德"转化为"化人"之"行",推动农村学校稳步向前发展。坚守农村教育,本身就是一种崇高的教师文化,也是学校文化建设的重要内容之一。

对于 300 多万农村教师的坚守,国家通过《乡村教师支持计划》等给予大力支持,社会也通过各种途径提供尽可能的帮助。如,阿里巴巴集团董事局主席马云就特别关注农村教育的发展,又特别锁定对偏远地区农村学校的条件改善和质量提升——从 2016 年开始,每年腊月初八左右,马云公益基金会在三亚举行乡村教师年度颁奖。在 2018 年 1 月 21—22 日举行的"2017 马云乡村教师奖年度颁奖典礼"午餐会上,马云说,乡村教师是解决几千万儿童教育的关键点,通过帮助教师,再让每个教师至少影响两百个学生,就能有效扩大帮助面;基金会从 2017 年开始重视对农村学校优秀校长进行系统性培训,因为很多农村教师离开的一个最重要原因是"校长不靠谱";基金会还启动了乡村师范生资助,对到农村学校任教的乡村师范生,如果承诺在农村学校工作五年,五年内由基金会提供补贴;基金会以后还会在拆校并校、修建寄宿生宿舍、为农村学校捐助校车等方面助力,为农村教师的坚守创造更好的环境条件。

四 校园：贫困中的"富饶"

中国不少农村地区虽然贫困，也有不少农村学校校园显得凋敝，但如果基于开放、多元的教育资源观，就不难发现农村学校在贫困表象下还潜藏着"富饶"。

（一）低廉的土地

由于农村土地价格低廉，农村校园一般都比较宽敞，有进行校园环境建设甚至进行特色种植养殖的土地和空间。即使校内没有多余的土地，因青壮年农民外出打工而抛荒的校外土地资源也大量存在。这些校内外低廉甚至免费的土地资源，为农村学校进行具有农村特色的田园教育提供了上好的条件。在笔者走访的农村学校中，不少学校已经有大块的校内土地在用于学生耕种，还有一些拥有校内荒坡，另有不少学校周边就有闲置的土地和水塘。充分利用校内外的土地和水面资源，一是可以培养学生的劳动意识，帮助学生进一步认识、认同农村生活；另一方面，也可以增加农村学校、师生的经济来源，弥补办学经费的不足。笔者在读小学和初中时，学校都有一定数量的"校田"，学生每周都到"校田"劳动，等到收获时节，师生共同品尝自己的劳动果实，那种满足和幸福之感至今都还记忆犹新。

（二）社区"闲置"的文化资源

多年来，为了全方位推进城乡一体化发展，国家为农村地区输送了大量的文化资源。早在"六五"期间，国家就提出了要实现"乡乡有文化站"的目标[①]。2005年党的十六届五中全会通过的《十一五规划纲要建议》中首次提出"推进社会主义新农村建设"，随后，文化部门在"村村建文化站"，农业和科技部门也"把科学普及结构延伸到农村每个角落"，中央文明办等部门推动了"农家书屋"建设，各级党委推进了农村党员活动场所建设和农村党员干部远程教育网络建设，还有社会各界捐赠的社区健身器材等。在以留守老人和留守儿童为主要人口的农村，这些社区资源几乎都是闲置的，但如果将这些资源与农村学校共

---

① 穆慧贤：《"一带一路"沿线少数民族文化保护开发研究》，《中南民族大学学报》（人文社会科学版）2017年第4期。

享，能在一定程度上改善农村学校的办学条件和文化环境，以使物尽其用。

  总之，如果教育管理部门、农村学校能够在更高的视域下看到农村学校独有的优势和特色资源，并主动寻求利用和共享，就能启动农村学校的"内生发展"模式，自力更生谋求农村学校更好更快的发展，从而实现自我解困，进而达到自我提升。

第 五 章

示范:农村学校文化建设之"例"

虽然我们在前几章利用了大量的篇幅对农村学校文化建设进行外围的"层层剥笋",但理论"饶舌"总是苍白的,鲜活的案例及其分析有时具有无与伦比的说服力,甚至能够触发灵感和"顿悟"。

第一节 农村学校文化建设之区域案例

在当下,中国农村学校文化建设的实践主体有两类:一类是以县、区为单位,由县、区教育主管部门整体推动的区域内学校文化建设;另一类是以学校个体为单位进行的文化建设。两者都有代表性的成功案例,我们将在本章遴选部分案例进行分析。

一 四川省阆中市的"朴素教育"

(一) 市域文化建设成就介绍[①]

阆中市是四川省南充市代管的县级市,地处四川盆地东北部,位于嘉陵江中游、秦巴山南麓,山围四面、水绕三方,属国家级贫困县。区域内有许多文化古迹,如老观镇中心小学有"奉国学堂"的牌匾,门口还立着两个北魏时期的古拙石狮;北塔初中有"状元洞",据说是宋朝时期陈尧叟、陈尧咨兄弟幼时读书的遗址……这些历史古

[①] 刘华蓉、韩世文:《阆中:办朴素而幸福的乡村教育》,《中国教师报》2016 年 2 月 3 日第 1 版。施剑松、李益众:《四川省阆中市探索"朴素而幸福"的乡村教育实践:教育的"乡愁"在这里安放》,《中国教育报》2016 年 1 月 27 日。汤勇:《一方乡村教育的"逆生长"——四川省阆中市乡村教育发展探索与实践》,《新课程评论》创刊号。

迹、地理名胜是区域文化之根脉，都可以作为学校文化建设的独特资源。

　　阆中市根据城乡教育一体化的发展导向，参照"圈层结构理论"，以县城学校为中心，把大量的农村学校划入一体化发展圈层，引导农村学校通过践行"朴素教育"保持乡土本色、乡土气息、乡村味道，追求"教育绿色GDP"。在"朴素教育"理念的指导下，阆中市的每一所农村学校都有魅力、富内涵，被21世纪教育研究院评选为"中国2013美丽乡村教育"，被中国陶行知研究会作为"新时期生活教育和平民教育的样板和典范"向全国推介，《中国教育报》《中国教师报》等多家媒体对阆中的"朴素教育"做了专题报道。

　　"朴素教育"首先要落实到学校的硬件建设和校园环境建设。阆中市坚持勤俭节约原则，一是对只要能够加固、改建的旧平房就坚决不拆，所以很多学校仍保留了建于20世纪六七十年代、青瓦白墙的单层建筑，这些建筑经过加固、维修之后，有的依然作为教室，有的作为师生宿舍，有的变成了"雅间"似的食堂；二是就地廉价取材进行学校环境改造，或增添学生活动器材。如教室里的微型书柜、走廊过道中的简易书架、绿化带边的移动书柜、学生跳舞用的竹竿等，制作材料都是当地随处可见的竹子。学校还用废旧铁丝制作铁环，用收集到的旧纸箱、易拉罐、木头、石子、瓦片、蛋壳、锅碗瓢盆等垒积木。虽然坚持勤俭节约，但阆中市对办学困难的小规模学校却很"大方"，凡学生人数不足300人的学校，每年均按20万元的保底线拨付公用经费，这一标准大大高于国家标准。

　　阆中各校，都能感受到"朴素教育"理念的渗透和乡土生活的气息。"阆"，门高也，由此字引申，阆中各校都很讲究"门板文化"，每个教室、寝室的木头门上都有师生自创的题材丰富的绘画、诗词或历史典故；学生在瓦片、鹅卵石、竹编上绘画，用粉笔在操场上作画、写字；当地历史流传下来的歌谣、舞蹈、诗词、故事等，更是教学的常用素材。阆中农村学校通过租用农民荒弃的土地、改造学校废弃的操场、利用校园闲置的空地，共建起了34个种植养殖基地，以此为平台开设劳动文化课程，不仅学校吃的肉、菜都来自基地，师生也通过劳动文化课程培养了对农村和农村生活的情感。

阆中各校弥漫的自力更生精神也是"朴素教育"理念的最好注脚。众所周知,农村学校都有专业教师缺乏的难题,但阆中各校鼓励教师自主外出学习"特长",只要学会就能报销相关费用。在自我培养的"特长"教师带领下,各校开展起了丰富多彩的社团文化活动。渗透到学校方方面面的"朴素教育"让阆中师生过上了一种快乐而幸福的学习生活,教育教学质量不断提高,升学率也逐年提升。

阆中市几乎所有学校都有别开生面的文化建设成果,如:

老观镇土垭中心学校。该校所在地是一座千年古镇,民俗文化底蕴丰厚,牛灯、钱棍、车灯、竹马、秧歌、金钱板、莲花落、山歌等民俗艺术丰富多彩,基于此,该校确立了"以艺辅德、以艺促学、以艺益智、以艺健体"的办学理念,开发出系列"地方民俗艺术"校本教材,构建起配套的课程标准,推进了校本课程的有效实施。

天宫乡中心学校。该校位于唐代观天文地理的大师袁天罡、李淳风当年观天勘地的居所天宫院,四面青山环抱,人称"最美乡村学校"。学校校园地面还是泥土地,建筑也保留了传统的青瓦平房,与周围的农村环境融为一体、和谐共生。平房门前写着"乐跟天罡大师登山渡水学地理,喜随淳风真人观星望月习天文"的对联,体现出非同一般的历史古韵。校园里长满蔬菜和庄稼的种植园、跳跃游戏的孩子和围观的村民等,充满着乡土味道、乡土情感和教育风骨。早在十年前,刚担任阆中市教育和科学技术局局长的汤勇站在学校门口,看着眼前的荒地问校长:"能不能与农民联系,租用他们的土地种菜?"从此,该校租用的50亩菜地成为学生的校外课堂,这一做法被称为"天宫经验"得以迅速推广。除开辟蔬菜种植园以外,天宫乡中心学校还建起了生猪养殖园、水产养殖区、食用菌种植房、豆芽生植房、农副产品加工园[①]。师生种的菜、养的猪,为学校食堂提供了绿色无污染的新鲜食材,多余的产品都由教科局以高于市场的价格收购,学校则利用这笔收入为部分家庭经济困难学生提供免费午餐和经济资助。学校师生还把养猪、种菜的心得总结成"三字经",打着快板传唱;把播种、挖地、锄草、擦汗等动作编成"劳动操",成为远近闻

[①] 李镇西:《李镇西校长手记》,长江文艺出版社2017年版,第18页。

名的特色操；学生寝室由学生自己命名，有根据谐音起的趣味寝室名如"简朴寨""舒服家"，还有根据本地景点起的寝室名如"将军庙""天宫院"等①。2014年底，学校又建起了占地近10亩、有1.6万多件展品的"农耕文化教育体验园"，将散落在农村的农具、工具化身为乡土文化教材，只为让孩子们记住"被遗忘的乡愁"。

（二）外界关注及评论

在中国陶行知研究会"阆中朴素而幸福的乡村教育"全国现场推介会上，北京师范大学教授朱小蔓说，基础教育界不断遭遇一些难题，乡村教育发展是其中之一。乡村教育到底是应该效仿城市教育、追求城市化的所谓优质教育，还是应该坚持乡村教育的特点和路径、举办对农村儿童适合的教育？乡村教育拿什么优势和特色来成为优质教育？阆中"朴素教育"是陶行知生活教育在今天的一个样板。"朴素教育"是本色教育、本真教育，是最接近人性中的美善本性的教育。中国陶行知研究会郑重推介的阆中"朴素教育"是有价值观的，它认同孩子们要从基本的生活力培养起，而后才可能有自信，有自信才可能有创造力，才可能将它迁移到其他需要的场合继续学习。阆中教育也可以说是在乡村学校里办出了优质教育，创造出了一个"另类的优质教育"，优在它可以让乡村师生的生命力焕发出来；优在可以让乡村师生的创造力、自信心激发出来；优在可以让一方水土养一方人，所有的乡土资源都可以利用，且用得那么好、那么活；优在乡村教师、特岗教师不仅有基本的职业工作物质保障，而且其专业特长被最大限度地用了起来，教师的"地方知识"可以成为合法知识、合法课程。如此的结果是教师有专长，学生便有了特长；教师安心、有专业价值和专业成就感，学生便喜欢学习、有了自信、获得了管用有效的学力。阆中的"朴素教育"表明，不只是城市名校的教育才是优质教育。

（三）案例分析

1. 对学校文化建设内容和主体的分析

从现有报道材料中，我们可以找到非常多的溢美之词，看到阆中市

---

① 李镇西：《李镇西校长手记》，长江文艺出版社2017年版，第18页。

"朴素教育"的可喜成就。阆中市"朴素教育"的案例牢牢把握了农村教育的正确目标和方向，对此目标和方向的推动实现，是陶行知生活教育在现今的一个生动案例和鲜活样板。阆中市的探索告诉我们，让师生留在农村，不仅仅是要简单地绑住他们"向城"的脚步，不仅仅是要留住他们背转过去的身影，而是要培育他们那颗系缚乡愁的内心，让师生了解农村、关心农村，培养师生的农村情怀和故乡情结。如果通过农村学校和师生的共同努力，实现了"知农""悯农""爱农""为农"的目标，无论师生今后在哪里驻足，都会成为一棵茁壮成长的树或一朵曼妙轻柔的云，或深入土地，或自由飞翔，成为美丽世界一个不可缺少的部分。

但如果利用学校文化建设的完整框架来分析，阆中市"朴素教育"离一个教育文化品牌还有一定的距离，也还有更深远的发展空间，主要体现在虽然物质文化、校园环境已初具特色，但是第一，作为一个县级行政区划的教育理念的提炼还不够精准，究竟是"朴素教育"还是"幸福教育"抑或是"乡土教育"更为恰切？其对应的内涵和外延应该是什么？在"朴素教育"的大框架下，各学校的理念文化还不够清晰，或不成体系，或未进行更全面的对外宣传推介。第二，制度文化的建设成果鲜见报端。第三，行为文化还只在劳动课、社团活动、课外场景等略见点滴，缺少对学校生活中师生最主要的课堂行为的报道或展示。第四，大多数报道的主角都是市教育主管部门及其负责人，作为各校文化建设主体的校长、教师，在学校文化建设中起到的主体作用未见全面呈现。当然，由于笔者并未亲赴阆中进行现场考察，所以更希望这是资料收集不全造成的片面理解。

2. 核心人物教育理念

阆中市"朴素教育"的发起者和敦行者是阆中市教育和科学技术局局长汤勇。汤勇有一颗"每一所乡村学校都不能薄弱""每一所乡村学校都实现内涵发展""每一个乡村孩子都不被落下"的朴素教育之心，执着于对幸福教育的追寻，长期致力于乡村教育的探索与改变，倡导、引导和指导阆中各学校通过学校文化品味幸福、在书香阅读中涵养幸福、在有效课堂中收获幸福、在多元课程中提升幸福。

二 四川省蒲江县的"现代田园教育"

（一）县域文化建设成就介绍[①]

蒲江县是四川省成都市下辖的一个丘陵小县，位于成都、眉山、雅安三市交汇处，属于成都"半小时经济圈"，是"进藏入滇"的咽喉要道。县域经济以农业为主，农村人口占总人口的80%，初步形成了以茶叶、猕猴桃、柑橘为支柱的现代农业产业。蒲江县的重教兴学传统悠久、崇文尚教乡风浓厚。1210年，魏了翁就在这里创办了鹤山书院，开启了之后八百年的蒲江特色教育先河。近年来，蒲江县依托丰富的自然教育资源，秉承深厚的历史文化底蕴，率先在全省普及了从学前到高中阶段的15年教育，教育质量达到了成都市中心城区水平。2012年4月，蒲江县成为与教育部发展研究中心共建的"农村基础教育改革试验区"。2014年8月，蒲江县又成为《义务教育学校管理标准（试行）》的八个实验区之一。在农村教育反哺农村社会发展的新型办学思路指导下，蒲江县大力整合普通中小学教育和社区教育资源，以培养具有浓厚家乡情怀的城市人、具有优秀传统文化的现代人为目标，按照"优势项目—学校特色—特色学校—品牌学校"的发展轨迹引导县内各校实现错位发展，县内每所学校都将学校文化与地方文化进行融合和再造，"一校一品、一校一景"的发展格局已具雏形，并逐步发展成以"自然、绿色、融合、开放"为核心要素，具有"回归自然、回归农村、回归书院"三个典型特质的"现代田园教育"品牌，使蒲江县农村教育持续走向繁盛，获得了"全国农村教育改革先进县""农村义务教育经费管理示范县"等荣誉称号，其统筹城乡教育均衡发展的成功经验在全国得以宣传推广。2016年10月，第四届中国农村教育高端论坛暨第二届现代田园教育论坛在蒲江县举行[②]。2017年12月，在全国义务教育学校管理标准实施部署会上，蒲江县作了经验交流。

蒲江县"现代田园教育"品牌是从构建县域蒲江发展规划开始的。

[①] 刘磊：《让农村教育反哺农村发展——四川省蒲江县推进现代田园教育采访纪行》，《中国教育报》2013年10月28日第1版。

[②] 同上。

2012年，在《蒲江县教育现代化发展规划》的统领下，蒲江县大力实施"555"行动计划，全力打造蒲江县高位均衡教育品牌，努力实现"三圈区域、一圈教育"的工作目标。在县域发展规划的基础上，县内各学校制定和完善了中长期发展规划，做到了两类人才培养科学推进、科学发展。

制定规划只是明确了站位和目标，更重要的是通过人才来实施规划。众所周知，人才是稀缺资源，对于农村学校来说更是如此。因此，蒲江县大力实施知名校长、骨干教师、骨干班主任三大工程，先后举办了校长、副校长、教导主任、德育主任、班主任和骨干教师六个孵化培训班，分三个批次培养出10名知名校长、120名骨干教师和120名骨干班主任。对于特别稀缺的人才如学校文化建设规划人才，虽不能"为我所有"，但可以"为我所用"，蒲江县通过邀请省教育学会加盟，聘请教育专家等方式，对蒲江中学、职业中学等五所学校进行品牌学校打造的"一对一"蹲点指导，从教育理念、内部管理、办学模式、校园文化等进行全方位挖掘和整体化构建，形成了各校的规划方案，并引领周边学校共同发展。为了激发内部智慧，蒲江县还主办了校长论坛、主题研讨月等活动，通过内部挖潜、群策群力促进蒲江县的教育发展。

（二）典型学校撷英[①]

在蒲江县域范围内，无论是中学、小学、幼儿园、普通中学还是职业中学，各个学校都具有鲜明的文化特色，如"亲近自然"的南街幼儿园、践行"竹品教育"的甘溪学校、追求"幸福教育"的蒲江实验中学、探索"信任教育"的寿安中学、以"茶·人教育"为特色的成佳学校等。这里我们仅对成佳学校进行微观剖析。

成佳学校是一所九年一贯制学校，位于蒲江县西南部、距县城20公里的成佳镇。全镇农民几乎家家户户都种茶并以茶为生，茶产业占全镇经济收入的90%以上。成佳学校以"茶人同道、自然成佳"为办学理念，打造出"学校+家庭+企业+社区"四位一体的茶乡教育模式和"茶·人教育"特色，不仅培养了大量学用结合、学以致用的合格毕业生，还

---

① 诸泽海：《蒲江现代田园教育特色学校：成佳镇九年制学校"茶·人教育"》（http://sc.china.com.cn/2016/kejiao_ zhuanti_ 1129/207300. html. ）。

被授予"成都市社区教育先进单位""蒲江县办学特色学校""素质教育合格学校"等荣誉称号。

走进学校校园,凡是可以利用起来的空地都种满了郁郁葱葱的茶树,并根据不同分区命名为"茶松混植园""茶桂混植园""茶林混植园"等,学校还建有校外"嘉竹绿茶园"茶文化实践基地,真可谓"学校内外皆茶园,茶园处处皆教育"。

成佳学校很早就意识到,本地茶产业的发展需要更多懂技术、高素质的茶农和技术工人,茶乡的学生和家长都是学校的教育或培训对象,因此,学校结合本地经济特色开始了农村学校服务农村经济、反哺农村社会的探索。这种探索始于2002年成佳学校校长与茶企老板的一次谈话。之后,学校与当地茶业公司合作,挂牌成立了"社区教育学校"——学校开放教育资源,提供培训场所,编写乡土校本教材;企业提供实习基地,选派技术骨干兼职学校教师,适时聘请高校茶专家进课堂授课。但"社区教育学校"开办之初,很多家长和教师都不理解这种探索,认为这是不务正业,会影响学生的学习成绩。针对这种担心,成佳学校加强了家校联系,免费为家长和社区居民播放农、科、教视频资料,提供上网、阅览图书报刊和学习交流的场所,仅2009年学校就接待家长万余人次。通过开放服务、家校联系,学校、教师、家长的相互了解增强了,疑虑也逐渐打消了。

2010年,学校修订完善了"茶·人教育"幸福素养课程体系,通过德育课程、体育课程(如茶韵太极)、活动课程(如茶人茶艺)、艺术课程(如茶人书画)、科技课程五大类课程教学,推动"茶·人教育"向内涵发展。首先,学校编写了《茶史茶情篇》《茶艺茶道篇》《茶礼茶德篇》《茶乡茶技篇》等"茶·人教育"校本教材。其次,学校将"茶·人教育"融进各科教学,如在语文课上阅读茶文化读物,在音乐课上唱茶歌、跳茶舞,在化学课上传授茶园无公害管理,在劳动课上学习有关茶的专业技术。学生在课堂内外的学习中,将传统学科知识、茶业知识和实践活动紧密结合,不仅自己学得快,还可以传授给家人。这样的课程体系、课程内容和授课方式,大大提高了学生的学习兴趣,使学生找到了学习的快乐,并逐渐树立起热爱家乡、为家乡产业发展贡献力量的人生目标和职业目标,在每年毕业的初中生中,超过60%

的学生选择就读职业高中,且大多选择旅游、茶艺、种植、销售等相关专业。

(三) 案例分析①

笔者认为,蒲江县"现代田园教育"案例特别值得其他县域借鉴的地方大致包括以下五个方面。

一是目标要定、规划先行。在这个环境多元、多变的社会,要做成复杂的事、创新的事,必须先有系统的构想,这就是规划。蒲江县教育既有县域教育的整体规划,又县域整体规划指导下的各学校中长期发展规划,使得县域教育和各校发展不会因人的改变而改变,也不会因主要负责人注意力的改变而改变。

二是各寻其位、错位发展。市场经济是竞争经济,但竞争不能是恶性竞争。在城乡一体化政策背景下,更需要县域教育形成良好的教育生态,必须引导各校在合理进行自我定位的基础上确定自己的发展方向和发展节奏,从而形成各不相同的发展轨迹。蒲江县设计出"优势项目—学校特色—特色学校—品牌学校"的发展轨迹,引导县内各校实现错位发展,使全县教育上下"一盘棋",但又各有各的路、各有各的"品",逐渐形成了统筹规划下的良性竞争格局。

三是开放办学、融合共促。在中国很多地区,学校是一个封闭的院落,物理空间上的封闭也逐渐在人的精神上形成了看不见的"围墙"。但在开放的大潮流中,学校尤其是农村学校的封闭是不利于学校及其师生发展的。对于大多数学校来说,如何开放是学校管理的一个新领域,成佳学校的开放理念和开放经验为我们提供了很好的借鉴。

四是家校沟通、合力育人。学校是培养人才的专门机构,但中小学生与家庭的关系密切,对中小学生的培养离不开家校合作,以便在培养目标、培养内容、培养手段等方面基本达成一致。只有家校沟通、合力育人,才能巩固学校教育的效果,避免出现"5+2≤0"的现象。

五是队伍建设、多行并举。农村学校并不是人才趋之若鹜之所,大

---

① 哲思教育:《解密蒲江,破译现代田园教育实践路径》(http://www.xizuo.net/edu/211807.html.)。

量引进高层次、高水平人才几乎是不可能的。但人既可以自我成长，也可以通过环境培养，成人也不例外。只要有做事、成事的条件，也可以将普通人培养成为高水平的人才；只要有宽松的政策和和谐的环境，也可以吸引城市人才"为我所用"。蒲江县的骨干孵化培训班、聘请专家"一对一"指导等，都是值得其他地区和学校借鉴的经验。

第二节 农村学校文化建设之中学案例

虽然上一节选取了两个区域整体推进学校文化建设的案例，但由于本书的研究对象主要是学校而不是县域教育，因此，具体学校的案例可能更为切题，也对农村学校更为适用。

一 马安中学的"自主教育"文化

（一）学校发展概述[①]

马安中学位于湖北省十堰市郧西县城西北部的深山集镇马安镇，距离县城50公里。21世纪初，马安中学和很多农村中学一样，面临着学生厌学、逃学、师生关系僵化等困境。但经过全面课改，马安中学已成为郧西农村初中的排头兵，中考综合评估排名保持全县第一；不仅成为郧西县课改的一面旗帜，也成为十堰市的一面旗帜；其课改成功经验被《中国青年报》《湖北教育》《十堰日报》等多家媒体报道后，吸引了百余所学校的8000余名教师前来考察学习，甚至被来访者称为"郧西的杜郎口"。国家教育咨询委员会委员、21世纪教育研究院院长杨东平等专家到校调研后，邀请该校参加了21世纪教育研究院联合中国陶行知研究会等举办的"美丽乡村教育"公益评选活动发布暨"探索乡村教育变革的出路"研讨会和中国基础教育"昌平论坛"暨发现第三代课改研讨会，该校老师还作了《山里的"杜郎口"——马安中学》的交流发言。学校多次被市、县评为"十强学校""最佳文明单位""人民满意学校"等。2014年，学校荣获全国"教育系统先进集体"荣誉称号。

---

① http://yxmaanzxxx.30edu.com.cn/Article/15a07fbc-af2f-4c62-a7ed-4c24f19cb673/。

马安中学的历史性改变源于教育理念的改变，逐步成形于对教学管理制度的改变和师生课堂行为的改变。

"马安中学的成绩是怎么获得的？马安中学的学生快乐吗？马安中学能否解决学生乐学和应试质量难容的问题？"当全校师生还沉浸在学校中考连年夺冠的喜悦中时，马安中学原校长金汉甫却常常思考这三个问题。对于问题一，全校师生都有明确而一致的答案，那就是"日光＋灯光"＋"汗水＋泪水"＝马安中学的成功，也就是没日没夜地苦教和苦读；对于问题二，回答是否定的；对于第三个问题，却一时找不到答案。2007年7月，金汉甫赴山东杜郎口中学考察学习，接触了"把课堂还给学生"的先进理念，并为杜郎口中学当年的重点高中录取率245/246所震惊和振奋，开始认真研究杜郎口中学的课堂教学改革，努力寻找第三个问题的答案线索。

考察回校后，金汉甫立即组织校委会成员学习、讨论，形成了教改共识。一是要解放学生，让学生在小组合作中学习；二是要解放教师，由领导者变为组织者；三是要改革课堂教学模式，将教师讲课时间控制在15分钟以内。2008年春，马安中学的教改全面启动，经过多年的不断完善，逐步形成了"自主教育4＋"的课改精髓。

所谓"自主教育4＋"模式，是"自主教育"在课堂教学、班级管理、教师成长、学校管理四个方面的体现。一是"小组合作＋教学案"，目的是把课堂还给学生，让课堂充满生命力；二是"自我教育＋自主管理"，目的是把班级还给学生，让班级充满竞争力；三是"五步式备课＋集思广益"，目的是把创新留给教师，让教师充满创造力；四是"有事大家议＋多彩活动"，目的是把民主留给师生，让学校充满吸引力。"小组合作"学习包括学生的"独学""对学""群学"和教师的"帮学"，环环相扣、步步提升，在小组合作学习中，学生的自主性被最大程度地唤醒，教师的角色也由满堂灌转变成为导师。"教学案"是教师教案与学生学案合二为一的方案，使用教学案，可以促进课堂上师生的良好互动，提高学生的课堂学习效果。班级自主管理可概括为"1·3·9"班级动态管理模式，即每班推选1名学生班主任协助班主任进行全班管理工作；根据好、中、差混搭原则将全班分成3个小班，每个小班推选1名小班长和1个小班班委会；每个小班内再按成绩混搭、平均分组的原则分成3个小组，每组4—6人，全班共有9个小组，每个小组设组长1人、小教师1—2人，由小组长主持小组的合作交流、小教师负责讲解。班级动态管理包括以小组为单位的座位轮流制、小班轮流值周制和小组长——小班长——学生班主任的学生晋升通道；形成了一套先评小班、再评小组、最后评个人的激励评价机制。"五步式备课"即主备人个人初备—集体研讨—专业引领—形成课案—个性化教学设计与反思五个步骤，通过教师的二次开发，将教材知识由学术形态转化为教育形态。

马安中学的"自主教育4+"模式，不仅大大改变了学校的自身状况，吸引了大量其他乡镇的学生甚至城里学生转入，还通过校长、骨干教师等人才输出带动了县内其他学校的改革，在县内形成了马安中学、夹河中学、店子中学三个标志性的自主教育改革示范点，全面推动了郧西县的农村教育发展。据县教育局介绍，近年来，马安中学先后到其他乡镇担任中心学校校长的有5人、担任中学校长的有4人、担任幼儿园正副园长的有3人、担任其他校级干部的达20人以上，还有多名课改骨干教师被派往其他学校。

（二）案例分析

从上述文字我们不难看出，马安中学确实发生了翻天覆地的变化，用学校文化建设框架来分析，主要是在制度文化和行为文化上有了很大的突破和创新。如，在制度建设方面，对教师备课、课堂管理、学生评价等都有相当的特色建树；在行为改变方面，既促进了教师理念、课堂行为、合作创新、归纳提炼等的改变和提高，也促进了学生合作意识、学习积极性、人际交流等方面能力的提升，尤其是在差生行为转化上有显著效果，也使优生在帮扶行为中能力得以巩固提高。但笔者认为，若要使马安中学的教改成果进一步提升成为学校品牌，还需要在学校文化建设上下大功夫。

一是要将学校理念文化的凝练提升尽早纳入议事日程。结合地域特色和山区农村中学特点，在已有成果的基础上再进行凝练，形成系统化的学校精神文化。

二是扩大"自主"制度的范围，将"自主"从课堂扩展到学习、生活、活动、教研、服务的方方面面，也将"自主"涵盖到校内所有的部门和师生。搭建研讨平台和研讨成果交流平台，组织教师进行"自主教育"系列研讨。

三是围绕"自主教育"进行一些校园物质文化改造，通过楼名、雕塑、"自主实践园"等物化已有的"自主教育"成果特色。

二 分乡镇初级中学的"自主+合作"文化[①]

（一）学校文化建设概述

分乡镇初级中学位于湖北省宜昌市夷陵区东北部的分乡镇。2011年9月以来，在"独立思考—合作探究—充分展示"的理念指导下，学校开始在全校所有班级、所有科目推行"小组合作学习"改革。各班根据学生学习情况将所有学生分为四个层次，从每个层次中各选出1名学生组成4人小组，全班分成若干小组，班内座位编排由传统的单人单座变成4人小组围坐方式，小组组名由组员民主商讨后确定。上课前，学生要先进行个体自学；课堂上，学生把自学成果和疑难先在组内交流、优化，再在班级进行展示。"小组合作学习"改革在分乡初中获得了巨大成功，既大大提高了学生的学习积极性，也促进了教师的思想转变和教学行为的提升，更使得学校教育教学综合质量明显上升，从2011年的全区排名第12快速提升到全区排名第4，学校也因此获得了区内"教学质量进步奖""行为规范示范学校""双文明单位"等荣誉称号。

但分乡初中没有止步于课堂教学改革的单方面成果，而是设法把改革成果从课堂拓展到全方位的学校管理，逐渐形成了以"小组合作管理"为内核的、独特的"自主+合作"文化，拓展后的"小组合作管理"不仅在区内得以推广，也吸引了市内外、省内外多所学校的关注，众多学校派人前来驻校参观学习。

1. 精神文化凝练

笔者从分乡初中的多种途径汇集了该校的精神文化表述。

学校愿景：加强教育科研，推进"合作育人"教改，全面提高教育质量和管理水平，促进学生全面和谐发展，提高学校办学水平，把学校办成区内领先、市内一流、省内有影响的农村中学。

---

① 原始资料由分乡初级中学原校长赵炎奎提供。

办学理念：为学生终身发展奠基，为教师一生幸福添彩。

办学思路：依法治校，质量立校，创新强校，特色兴校。

办学目标：教改先锋、质量先进、特色鲜明。

育人目标：厚德、启智、益能、健体。

校训：自主磨砺、合作超越。

校风：合众能行。"合众"出自《周礼》"大封之礼，合众也"，就是聚合众人的意思。该校的"合众"，是指教师之间相互学习、取长补短、荣辱与共、勇于创新，共享集体智慧，形成强大的合作力和凝聚力；学生之间尊重、包容、谦让，既有竞争又有合作，不断增强学习动力和学习能力；师生之间民主平等、充分交流、默契配合，打造教学共同体。"能行"，寓意是只要教师团队、学生团队、师生团队能够在自主的基础上充分合作，将好的理念付诸行动，一定会让师生都行、学校也行。"合众能行"既是对学校各团队的行动要求，也是全体师生前行的信心，还是学校不断发展的成功策略。

教风：爱生、善教。倡导教师既要关心、爱护学生，做学生的良师益友，又要不断学习、完善教法，在自身不断进步的同时促进学生全面成长。

学风：尊师、乐学。倡导学生既要尊敬老师，又要在各种团队中自行设计、自我管理、自主发展，在快乐学习中促进自我成长。

2. 物质文化建设

分乡镇初级中学已有包括校标、校赋、校风石、文化墙、走廊文化建设、教室文化、寝室文化等物质文化成果。

（1）校标

分乡镇初级中学的校标如图5—1。整体图形呈现为圆形，犹如前进的车轮，寓意学校与时俱进、顺时而动、前程美好；圆形又象征和谐，寓意学校构建和谐的教育生态。圆环中间的标志图案是汉字"分"的设计字体，既似一只展翅飞翔的雄鹰，又似用手托起的太阳。整体色调为蓝色，寓意学校就是知识的海洋。

（2）校赋

分乡镇初级中学的校赋名为《合之赋》，作者是"分乡镇初级中学教师团队"。

图5—1 分乡镇初级中学校标

　　分乡初中，夷陵北首；丙申立校，历史悠久。百亩园地，风景悠悠，东承鸣凤圣山之余脉，西接峡江风景之潋滟，北衔楚巴文山之灵气，南迎黄花胜景之烟薮。古时之私学，儒风之犹留，文人缙绅，辈出名流；今朝承运，以合兴教，再弄潮流。合之墙上，风采千秋；静政楼中，人文丰厚。美哉，学子之乐园；壮哉，教师之苑囿。

　　启智为始，善能为本；素质教育，育中华俊秀。"自主磨砺，合作超越"，校训若黄钟大吕；"厚德、启智、益能、健体"，内涵似琴韵丰厚。良师百名，桃李天下。试看人师，德高望重，似蚕吐丝，燕衔泥，播文明之种，诲人不倦；再观学子，志存高远，如蝉饮露，莺恋水，随无涯之旅，学海泛舟。

　　树新理念，改革先锋。实施新课程，课堂讲高效，自主加合作，打造新技艺。琢磨问题，力求深透；创新思维，自主探究；真诚交流，灵光闪耀；竞相展示，博采众长。敞开怀抱，迎迓宾朋，合作之研讨，宜切磋琢磨；高瞻远瞩，与时俱进，吸教改精髓，必锲而不舍。愿望师生，教学相长，合作双赢，共图鸿鹄之疆志。歌曰：精诚合作兮久远，全面发展兮流长！

（3）校风石

分乡镇初级中学在正对校门口的小广场树立了一块三峡石，正面镌刻着"合众能行"，背面刻写着"课堂因合作而精彩、展示因分享而快乐"，既让每一个进入校园的人能对该校的文化体系产生扑面而来的第一印象，又让人在走出校园时能再次回味"自主＋合作"文化下的精彩课堂。

（4）文化墙

学校利用校友捐赠，在校园围墙内侧打造了"以合兴教"的 U 字形文化墙。内容分为"合之赋""合之形""合之藏""合之韵""合之语""合之律""合之事""合之力""合之梦"九个板块，所以又称为"合之九歌"。每个板块通过 3—4 个小墙块诠释学校文化中"合"的涵义，或图案，或文字，或照片，或绘图。"合之赋"以分乡初中的精神文化和办学历史为主要内容，突出"合"的重要性；"合之形"以"合"的汉字演变和代表合作精神的各种中西哲理画面为主题，以浮雕形式呈现；"合之藏"共有六个小块，分别展现分乡在资源、历史、农业、民间文化、自然风光与旅游业等方面的特色；"合之韵"依次从分乡初中的教育理念、"合作育人"的思想溯源、世界教育改革要求三个方面强化了"合作育人"推行的可行性；"合之语"把含有"合"字的成语汇集在一起，让学生自主解读；"合之律"展示了分乡初中的小组合作学习管理歌谣，包括独立思考歌、合作探究歌、充分展示歌、评价激励歌等；"合之事"展示小组合作学习的小故事；"合之力"分六个小板块展示分乡初中小组合作管理的成果荣誉；"合之梦"分别从校长、教师、家长、学生、国家五个视角拟定了对分乡初中美好愿景的展望。

（5）走廊文化建设

走廊和楼梯是学校生活和学习空间的重要组成部分，是学校文化建设的特有平台。分乡镇初级中学的走廊文化分为四个部分：一是将教学楼内用于上下楼的楼梯命名为"星光大道"，在楼梯两侧的墙壁上设置若干相框，右侧相框主题为"自主"，展示的是优秀组员的照片；左侧相框主题为"合作"，展示的是优秀小组长的照片。整个楼梯象征师生要通过践行"自主＋合作"文化，使自己和团队都成为耀眼的明星。二是在从一楼到四楼的楼梯台阶横断面上都张贴了名言，四层的主题分别为"独思""合作""展示""评价",以直观的方式体现小组合作学习的四个环节。三是在教学楼廊柱上,悬挂了装裱精良的学生作品,既有毛笔字,也有剪纸,还有绘画。四是建设"墨香"办公楼,即在办公楼楼道,张贴了许多以团结、合作为主题的书法作品。

(6) 教室文化

教室是学生成长的文化摇篮。分乡镇初级中学 12 个教学班的教室都是在"自主+合作"文化框架下进行分块建设的:

每班教室外各有一个班级铭牌,用以张贴班级名称、班级誓言、班级积分和班级照片,以展示班级概貌。

教室正前黑板上方为"班训"区,张贴表现班级合作的核心文字,如"竞争合作、收获硕果""团结勤奋、携手共进""快乐分享、互助成长""合作进步、拼搏有为"等;教室后墙黑板正上方是学校开展小组合作学习的 12 字方针"独立思考、合作探究、充分展示"。

教室左前角是"图书角";右前角墙壁是"我知道"区域,张贴课程表、作息时间表、清洁值日表、公物分组表等。

教室左侧墙壁是"小组合作成长记录"区,用一根树枝记录每个小组的适时得分,树叶、花朵、果实分别代表各种奖励;右侧墙壁的后半部分是"我行我秀"区,展示学生的优秀作品,如书法、绘画、作文、摄影等;右侧墙壁的前半部分是"我承诺我践行"区,由各组自行设计组徽,张贴各组组约、小组合影等。

教室正后墙壁左侧是"五星发放公示栏";右侧是各学习小组的"星语心愿栏",由小组自行设计组名,张贴组员想说的话、各科教师对学生说的话等。

教室后面黑板的右边是"今天,我做到了……",也是每组一块,每天更新便利贴,让组员反思当天在小组合作学习中的表现。

教室天顶的横梁为"激励"区,张贴各种自主与合作的激励词句。

(7) 寝室文化

在"珍爱自己、关爱他人"的原则下,每层寝室都有不同主题的文化建设内容。如二楼主题为"一枝独放不是春,百花齐放春满园",各寝室自选一种花草作为寝室名称,并结合寝室名进行室内布置;三楼主题为"独木不成林",各寝室自选一种树木作为寝室名称,并进行相应的室内布置；四楼主题为"海纳百川、有容乃大"，各寝室自选一个海洋名称作为寝室名，并进行相应的室内布置；五楼主题为"日月星光"，各寝室自选一种日月星辰作为寝室名并进行相应的室内布置。每个寝室的内部装饰都要包括一幅照片、一幅书法、一幅绘画、一幅剪纸、一首诗和一首歌。

宿舍楼的每个楼道也都围绕"自主＋合作"文化，有一句凸显合作理念的名言和一幅相关的图画。

3. 制度文化建设

"自主＋合作"文化关涉学校生活的方方面面，其管理不同于传统的管理方式，需要科学、全面的制度才能实现管理创新。

（1）学生"星光大道"评价制度

学校通过《"星光大道"评价系统实施方案》《星级评价月评比奖励方案》等组成的学生德育评价体系，并通过"星光大道"记载公示栏、"小组合作学习与管理"班级一日评价公示栏、"星光大道"班级星光栏、"星光大道"操作平台电子查询系统等构建起了学生德育评价制度的实施平台。学校对学生在校内外的管理不再是以个人而是以小组为基本单元，在"六会"即会说话、会走路、会学习、会讲卫生、会健身、会合作的管理目标下，对学生的学习、纪律、清洁、安全、就餐、就寝、公物管理等领域实施全面、全程的小组合作管理，对学生个人、小组、班级进行捆绑式考核评价，并物化为代表不同等级且颜色各异的星星、月亮和太阳，通过学生自主努力摘取星星、月亮和太阳，从而获得逐层升级。

（2）教师团队管理制度

学校对教师实行备课组、教研组、年级组捆绑管理和捆绑评价，主要从四个方面促进教师的团队合作。

一是"合作共备"。每个教师都进入一个备课组，在备课组内共享教学资源、合作完成教学设计、共研教学方法，以达到优势互补、合作共赢。

二是"合作共教"，实行"互助课堂"。同一备课组的教师在"合作共备"的基础上携手走进同一班级课堂，一人主教、另一人助教，课下相互议课改进、互促提升。

三是"合作共研"。"共研"既指在学校所属的"分(乡镇)黄(花乡)教育片区"内以学科大组的方式开展教学研讨活动;又指在分乡初中内部推行的微型课题研究中,以两人小组作为微型课题的共担研究者,两人小组的研究成果逐级向备课组、教研组、学校申报验收,进而形成校内、片区内的教研大联合。

四是"合作共评"。在层级考核中实行团队捆绑评价,学校对教师个人的考核与团队目标实现状况密切挂钩,对团队的考核结果影响团队成员个人的考核结果,如教师个人考核虽然为 A 等,但若所在的团队考核只是 C 等,其个人考核等级也要降等。

4. 行为文化形成

经过理念文化的提炼、物质文化的濡染和制度文化的不断规约,配合多形式、多时空的培训,在分乡初中的任何一个课堂、任何一处场景,都能感受到师生良好的"自主""合作"行为文化,尤其是在"小组合作学习"课堂,"独思""合作""展示"成为学生学习的习惯行为,学生也能通过独立自主的判断,科学评价其他学生的展示成果。教师的课堂行为发生了相当大的变化,不再是以"教"为主,而是"以学定教",还要配合有效的启发方式和公正的适时评价。在课堂之外,学生就餐、就寝井然有序,清洁安全自主意识强烈,公物管理责任明确;教师合作研讨氛围浓厚,教改积极性高涨,集体主人翁意识强烈,教师的获得感、成就感、幸福感得到很大提升。

(二)案例分析

分乡镇初级中学的文化建设各领域紧紧围绕"自主+合作"进行,做得非常实在也很有实效。作为自主摸索学校文化建设的一个成功案例,要取得持续效果,或要打造出特色更为鲜明的农村学校,还需要在以下几个方面进一步完善。

1. 增加各种理念文化表达的准确性和区分度

在分乡镇初级中学的多种文本中,多处提到"自主+合作"文化,但没有将"自主+合作"归类到学校精神文化之下的某个类目。从这一表述出现的频次和发挥的实际效用看,可将"自主+合作"定性为分乡镇初级中学的学校精神,或定性为学校文化建设的品牌追求。

学校愿景应该是一种办学理想,宜虚不宜实,但现有表述却较为具象。建议将学校愿景修改为：在"自主＋合作"的文化引领下，把分乡镇初级中学办成促进师生全面发展的优质、特色农村中学。

办学目标应该是在现有基础上通过一段时间的努力，学校能够达到的发展状态。但现有的办学目标表述缺乏特色。建议将办学目标修改为：持续推进"合作育人"，通过5—10年的努力，把分乡镇初级中学办成区内领先、市内一流、省内有一定影响的特色农村中学。

建议将校训和校风的表述互换。因为，可使用校训的场合更多，且校训以简短易记为更好。"自主磨砺、合作超越"和"合众能行"两相比较，含义相差虽然不大，但从文字简洁、读音、已有的石刻景观等进行综合分析，"合众能行"作为校训更为恰当，且可根据"自主＋合作"文化与分乡镇初级中学的名称相结合，在"合众能行"的解读中增加"分时自主、合时能行"的相关内容。

2. 对学校楼栋、操场、校园内道路、花园等进行命名

结合学校精神文化对学校建筑、场地、景观等进行命名，是学校物质文化建设的内容之一。分乡镇初级中学做了很多实实在在的文化建设，但却忽略了相对容易的这一部分，不能不说是一个小小的遗憾。

3. 加强对学校文化的包装提升和对外推介

分乡镇初级中学的文化建设成就是显而易见的，但通过现场会、课题研究评优、材料汇集、论文发表等方式推广、推介严重不足，笔者甚至觉得分乡镇初级中学"说的没有做的好"，在一定程度上影响了学校的特色发展和品牌建设。

三　九畹溪镇初级中学的三"大"文化[①]

九畹溪镇位于湖北省宜昌市秭归县东南部，距县城约38公里，是伟大的爱国诗人屈原入郢前开坛讲学、植兰修性之地，更是"中华第一漂"九畹溪漂流景区的所在地。九畹溪镇初级中学就位于这个山水文化、屈原文化、移民文化、少数民族文化、道教文化的交汇之地，是秭归县大山深处的一所九年一贯制、镇村一体化的农村学校。学校先后获得"湖北省民族团结进步示范学校""民族文化进校园省级示范学校""湖北省

---

① 原始资料由九畹溪镇初级中学原校长秦吉林提供。

学校文化建设百强校""宜昌市依法治校示范校""宜昌市现代化先进学校""宜昌市校园微改先进学校""宜昌市教育科研、校本研修先进学校""秭归县体育艺术特色项目先进学校""秭归县教育质量监测优胜单位"等荣誉称号。

（一）学校文化建设概述

九畹溪镇初级中学位于多元文化汇聚之地，并以这些多元文化为根基进行了学校文化建设探索。

1. 学校精神文化

九畹溪镇初级中学结合屈原文化、旅游文化、少数民族文化等，凝练学校发展的精神支撑。多年来，学校秉持"弘德、博学、求索、树惠"的办学理念，在"大声、大方、大气"的校训指导下，努力向"办一所学生喜欢的最美乡村学校"的学校愿景迈进。

2. 学校物质文化

学校建起了促进师生全面成长的滋兰园、沁心园、少年圆梦园、九畹报国园、精忠报国园等，修建了民族文化长廊、屈原文化长廊、九畹溪文化长廊、中华传统文化长廊。

2015年，学校组建"阳光家园"，这是秭归县唯一一所留守儿童关爱中心，多方募捐资金近百万元解决留守儿童的实际困难，受资助留守儿童累计达2000余人次。中心开设了视频聊天室、心理辅导室，采取结对帮扶、爱心扶困、家访送暖等多种形式，缓解留守儿童的心理压力，弥补父爱母爱的缺失。2010年，学校自主开办了少年宫暑期夏令营，2014年成为中央文明办、财政部和教育部联合授牌的"乡村学校少年宫"。

3. 学校制度文化

学校实施"青蓝工程"，将骨干教师和青年教师"1+1"结对进行"传帮带"，定期开展教学研究和比武竞赛，促使青年教师提高教学教研水平。学校注重"立德树人"，制定并实施了《师德考核评分细则》。

以"乡村学校少年宫"为平台，学校开展了丰富多彩的社团活动。每年暑期举办"放飞童年·圆我梦想"夏令营，来自武汉大学、华中科技大学、三峡大学等高校的大学生和教师志愿者、本镇"五老"人员等分别指导球类、跆拳道、棋类、绘画舞蹈、厨艺、剪纸、刺绣等社团活动。2015年,"乡村学校少年宫"被宜昌市授予"示范乡村学校少年宫"称号,并获得"乡村学校少年宫优秀活动成果优秀奖"。

学校还自创自编了秭归花鼓舞、感恩手语操等,每天在大课间进行展示。

4. 学校行为文化

学校师生精神风貌俱佳,乐观积极、健康向上。校长秦吉林是湖北省校园文化建设先进个人、宜昌市标准化学校创建先进个人、宜昌市中小学明星教育管理者、秭归县优秀校长;学校有多名县级骨干教师,2018年9月,学校举行了为期两周的"骨干教师示范周"活动,语文、数学、化学、体育与健康4门学科的6名骨干教师分别展示了精彩的示范引领课。

在"大声、大方、大气"的校训引领下,该校学生脱去了农村学生惯有的胆怯和羞涩,说话大声、见人大方、处事大气,课内课外、校内校外都能表现出学生阳光开朗、健康向上的品格风貌。

(二)案例分析

有关调研显示,大多数农村儿童患有"集体失语症",表现为胆怯、害怕、紧张、不敢说话,不能完整、有条理、有主见地回答问题,在学校管理中学生基本不敢表达、不敢参与[①]。针对农村孩子普遍具有的自卑情结,恢复农村孩子的自信成为重中之重[②]。农村留守儿童往往更显得内向、孤独,不愿与人交流的现象更为突出[③]。九畹溪镇初级中学找准了农村学生的关键薄弱点,针对学生的胆怯、内向、自卑,提出"大声、大方、大气"的校训,充分体现了学校以人为本、以生为本的办学目标。笔者认为,这是该校文化建设中最值得肯定之处。此外,学校立足本地,从学生耳熟能详的本地多元文化资源中汇集、挖掘教育元素并进行改编、提升、展示,使地方文化进入学生的学校日常生活,避免了学校文化建

---

① 石义堂、高建波:《西部农村中小学儿童参与权实现的现状与目标》,《全球教育展望》2007年第4期。

② 张茂辉:《在大自然的灵性中追寻美丽乡村教育》,《人民教育》2018年第2期。

③ 陈静、李炳泽:《论农村中小学学生参与的价值、理念与途径》,《教学与管理》2017年第1期。

设与学校中心工作的"两张皮"现象。

但若以文化建设的更高标准来衡量,九畹溪镇初级中学的文化建设还需要在两个方面改进和完善。一是要完善精神文化的表述,补充学校办学目标、育人目标、校风教风学风等,并对各个表述的内涵进行全面阐释,形成"形式+内容"的完整体系。二是学校现有的物质文化建设成果涉及面偏多,主题不够集中,显得有些杂乱,需要在进一步凝练中合理取舍,做到"有所为有所不为",进而从学校特色向学校品牌提升。

四 半月镇初级中学的"生长"文化①

(一) 学校文化建设概述

半月镇初级中学位于湖北省宜昌市当阳市南部的半月镇。学校始建于1983年,现有13个教学班,582名学生,62名教职工,绝大部分教职工家住本镇。学校具有悠久的改革传统,如1990年开始的"初中数学课堂教学目标评价"实验,2002年开始的基础教育课程改革,2010年开始的洋思经验进课堂实验等。2016年,学校被宜昌市教育科学研究院确定为"课程建设实验学校",并利用校内场地资源建设了"农业综合实践基地",逐步确立起以课程建设为突破口的"生长"文化建设路径。2017年该校承担了宜昌市"创建现代化先进学校"现场会,进一步推进了学校文化建设。

1. 学校精神文化

办学理念及其解读:办生长学校,育精耕人才。"生长学校"在学生、教师、学校三个层面都有体现;"精耕人才"符合叶圣陶先生的"教育即农业"观念,是指半月镇初级中学要培育具有匠心精神的教师队伍、具有农业知识和素养的学生群体。

办学目标:抓住"农"字特色,把学校办成湖北省中部的农业品牌学校。

育人目标:学会生存、学会生长、学会生活。

校训:自强不息、追求卓越。

校风:爱国、向上、笃行。

---

① 原始资料由半月镇初级中学校办主任熊海燕提供。

教风：爱岗、善思、精进。

学风：爱学、勤学、巧学。

2. 学校物质文化

学校校园面积宽阔，校园环境优美，办学条件优越，拥有教学区、运动区、生活区、养殖区、种植区、花圃基地、苗木基地、池塘等众多功能区间，已建成包括蔬菜种植基地、生猪养殖基地、林下养鸡基地、自由生长林地、果园、苗圃、鱼塘等在内的"农业综合实践基地"，已完工待投入使用的还有大棚、气象观测站、农作物产品识别区等。校园内还有大片水域，水上建有亭台。

学校的标识设计如图5—2。标识的主色调为棕色，代表土地这个"生长"之基。中间的主体图案是一棵树，树干代表一人举手迎接艳红的太阳，象征学生在阳光下快乐成长；树干下的弧形代表半个月亮，象征学校根植半月家乡；树干正上方的红圆，既象征硕果，也象征阳光；绿色的树枝、树叶，象征绿色健康生长的人；树形图案下方的浅棕色图案，是一本摊开的书，象征飞翔的翅膀。

图5—2 半月初级中学校标

3. 学校制度文化

半月镇初级中学的制度文化建设成果主要体现在课程建设制度和教师专业成长制度。

（1）校本课程

学校以"一师一优课、一生一特长"为目标，开发了田园类系列校本课程，构建起了颇具特色的"三生"课程体系，即把"生长"分解为"生存""生命""生活"三个要素，并据此构建三大课程板块。其中，生存板块以国家课程为核心；生命板块以《长在宜昌》、环境教育、消防安全教育、生命安全教育、法治教育、心理健康教育、德育实践类课程等为内容；生活板块主要是拓展性课程，包括以兴趣特长为主体的体艺类课程和以种养殖业为主体的田园类课程。田园课程类是在学校现有基地资源的基础上开发的，目的是让学生学习花卉、园林树木的栽培管理技术，学习蔬菜、瓜果栽培技术及病虫害生物防治技术，学习四大家鱼的养殖方法等。学校在教授学生农业生产技能的同时，将语文、数学、英语、物理、化学、地理、生物等学科知识进行渗透，促进学生学科素养的提升。学校的"生长"课程建设方案获得"真爱梦想杯"第四届全国校本课程设计大赛优秀奖。

实施田园类校本课程需要基地和师资。除了校内的农业综合实践基地之外，学校还充分利用凤凰山林果场、紫盖寺林果场等社区优势资源，让学生走出校园进行观摩、体验。学校除鼓励有种养殖经历的教师开发和实施校本课程以外，还聘请各类种养殖能手如养鸡专业户、养鱼专业户等来校进行技术指导，为校本课程增添新的内容。

校本课程开发的重要一环是编写教材。半月镇初级中学组织学校骨干教师自主编写了《蔬菜种植》《花木栽培》《家禽水产养殖》等教材，并探索将"生长"课程、农耕文化与相关学科渗透融合，开发出《小名字大智慧》《生活中的物体与几何体》《超级市场》《劳动工具中的物理》《生活处处有化学》等学科内容校本专题。

（2）综合实践活动

一是依托蔬菜种植基地全面开展劳动实践活动。学校把蔬菜种植基地的土地分给各班，从开垦、整地到播种，从施肥、浇水到除虫，从搭架、管理到收获，全部由各班学生在班主任指导下自主完成，并通过观察日志全程记录蔬菜的发芽、开花、结果，这不仅是对蔬菜成长的记录，也是对学生自我成长心路历程的记录。学生的劳动实践不仅让全校师生吃上了放心蔬菜，还让学生体会到了劳动的不易和丰收的喜悦。蔬菜种植基地的劳动实践，也使种植基地变成了德育教育基地和学科整合平台，在这里，能进行生活数学、语文写作，也能开展地理和生物实验，还是美术、音乐的宽阔练习场和物理、化学的室外课堂。

二是依托多个基地开发综合实践活动课程。如某教师以"生长"课程为背景开发了《走进被时代遗忘的农具》，内容包括认识农具、农具变迁、农耕文化三个方面，参加了宜昌市中小学综合实践活动优秀课展评及"一师一优课"活动。

三是利用基地收获的劳动成果举办"生长"沙拉节。沙拉节由七年级承办，从活动的提议谋划到实施，从标语的拟定到海报的设计，从材料的选配到展区的布置，都由学生自主完成。

四是围绕"生长"举办"生长杯"演讲比赛。演讲比赛也由学生自主完成，演讲者是学生，评委也是学生，老师只是充当幕后工作者。八（3）班的《青青蒜苗、悠悠我心》，用情景剧展现了蔬菜基地使孩子们体会到了劳动的艰辛、父母的不易，也使学生进一步明白了"生长"课程的宗旨；七（4）班用舞蹈演绎《成长的颜色》……演讲比赛的参赛者有成功、有失败、有喜悦、有失落，体验越多、感悟也越多，真实体现了活动育人的魅力。

（3）教师管理制度

学校实行教师"成长互帮"制度，鼓励教师结对互帮互带，这并不是传统意义上的"老带新"，而是以能者为师，结对的双方在不同的领域实现"师徒互换"。在互帮内容上，也不仅局限于课堂教学技能，而是拓展到校本研修等更高的层次。

4. 学校行为文化

在学校不断完善文化体系的过程中，师生行为都发生了较大的变化。教师钻研教学、参与教学改革的热情提高了，学生的学习习惯变好了，师生关系的密切程度增强了，学校呈现出一派生机盎然、欣欣向荣的景象。

（二）案例分析

半月镇初级中学紧紧抓住学校属性中的"农"字特色，充分利用校内外的优质本土资源，在"三生"课程体系建设中取得了初步的突破和阶段性的成果，成为区域内农村中学的佼佼者。但要将课程特色上升为更高层次的学校文化体系，进而引领学校的内涵发展和可持续发展，还需要在以下几个方面大力完善。

1. 凝练、完善学校精神文化。学校现有的精神文化体系中，只有办学理念和育人目标是非常明确且与"三生"课程改革相吻合的；办学目标是笔者从学校的一个汇报材料中找寻出来的，虽然有一定的特色，但不够完整，也不太明确；学校虽有校训、校风、教风、学风，但缺乏学校特色，且与办学理念中的"生长""精耕"等关联度不高。总之，学校精神文化各要素之间的互释性不太强，尤其是校训需要重新思考凝练。

2. 逐步扩大学校物质文化的覆盖面。一是围绕学校办学理念和"生长"文化，为校园池塘、亭台、楼栋、道路命名。二是在教学区、基地区修建一些特色的小型建筑或景观，如瓜棚、渔船、鸡笼、农具间、稻草人、小型雕塑等。

3. 将"生长"文化全面融入学校评价制度体系，不仅在课程开发中突出"生长"，在学生综合评价、教师考评中更要体现"生长""成长"导向。

4. 将学校文化建设成果更多地活化到师生行为之中，并在不断完善后大力向外推介展示。

五 长阳榔坪镇中心学校的"水润书香"文化[①]

榔坪镇位于湖北省长阳土家族自治县西部，与恩施土家族苗族自治州的巴东县接壤。榔坪镇中心学校坐南朝北，依山傍水，校园南山坡有提供全镇生活用水的响水洞山泉，校园北边是逶迤西去注入清江的榔坪河。学校始建于1958年，初名"十中"，屡现辉煌，2002年定为现名。学校现有教职工48人，学生540人，12个教学班。学校先后获得"全国足球特色学校""湖北省学校文化建设百强校""宜昌市义务教育现代化先进学校""长阳县教学质量先进单位"等荣誉称号。

榔坪镇中心学校秉承六十年办学传统，在打造"一校一品"的过程中，利用学校与响水洞山泉相邻相伴、受水润泽、染水灵气的独特资源，结合教育规律，确立了"水润书香"的学校核心价值观，并围绕"水润

---

① 原始资料由榔坪镇中心学校校长黄河清提供。

书香"建构学校文化体系。在学校文化建设的整体构想中，既充分利用山泉这一有形之水，也深入挖掘中华优秀传统文化中的无形之水，统筹规划学校精神文化、环境建设、课程开发、活动设计等，全面提升学校的内涵品质和办学质量。

（一）学校文化建设概述

1. 精神文化建设

榔坪镇中心学校景仰水的"善"、亲近水的"容"、跟随水的"勤"、学习水的"恒"，挖掘"水"所承载的诸多教育品质，凝练出学校的精神文化。

学校精神：自强不息，勇往直前，不断进步，追求卓越。

办学理念：以水为魂，开启智慧源泉；以人为本，提升生命价值。

育人目标：志向高远，意志坚强，态度友善，身心健康，心怀感恩。

校训：海纳百川，有容乃大。

校风：和谐、求实、尚美、快乐。

教风：润物无声。

学风：滴水穿石。

2. 物质文化建设

榔坪镇中心学校的物质文化建设成果包括水景观、文化石、文化长廊、校标、校歌、校赋、走廊文化、班级文化和寝室文化等。

第一，学校以"水之源"为主题打造校园水景观。学校利用地利之便，引响水洞山泉进入校园，除提供师生各种生活用水之外，还建有一个30平方米的喷水池，利用山泉100米落差的自然水压，昼夜不停地喷射出10米多高的水柱。

第二，学校设计了"水润书香"文化石。这是一块来自清江的奇石，由该校九五届毕业生捐赠，在高约五米宽约一米的淡黄色石底上，镌刻着长阳籍作家刘小平题写的"水润书香"几个大字。

第三，"水之魂"文化长廊。在面积48平方米的文化长廊上，有水流奔腾的图画、儒道两家关于水的经典阐释、有关水的励志故事、有关水的历史典故、成语、格言警句、学生社团作品等。

第四，校标。榔坪镇中心学校的校标见图5—3，整体形状为圆形，以蓝色为主色调，远山逶迤层叠，山脚水波荡漾，上有成行大雁展翅高飞,下有小小木船扬帆启航,寓意榔坪镇中心学校乃山水灵地,学子志存高远。

图5—3 榔坪镇中心学校校标

第五,校歌。榔坪镇中心学校的校歌见图5—4,歌名为《我在榔中放飞梦想》,由该校优秀毕业生、2012年获"全国十佳教师作家"称号的温新阶作词,刻印在校门边的教学楼侧墙。

第六,校赋。榔坪镇中心学校的校赋名为《榔中赋》,作者与校歌作者相同。棕底白字的《榔中赋》以隶书形式嵌刻于校门边的教学楼侧墙。

《榔中赋》

钟灵毓秀之地教化必兴,国泰民安之时庠序必盛。

榔坪河谷,地势平坦,水源丰沛,县域富庶之福地,地方交通之要冲,东承江汉,西通蜀渝,北连屈子昭君故里,南枕夷城巴国古都。房舍鳞次栉比,客商继踵摩肩,骡队云集,驿卒飞驰。世人之逐,非唯稼穑之乐陶朱之富,亦尚诗书之趣礼乐之雅,遂建学堂于响水洞,得巍巍乎凤凰山之灵韵,凝汤汤兮榔坪河之精魂,乃文脉昌盛之地,伊尹福荫之所。历经数十载,卧薪尝胆,夙夜兴寐,名师相继,高足如林,名贯长阳,声动鄂西。校名经多次变更,终

我在椰中放飞梦想
——椰坪中心学校校歌

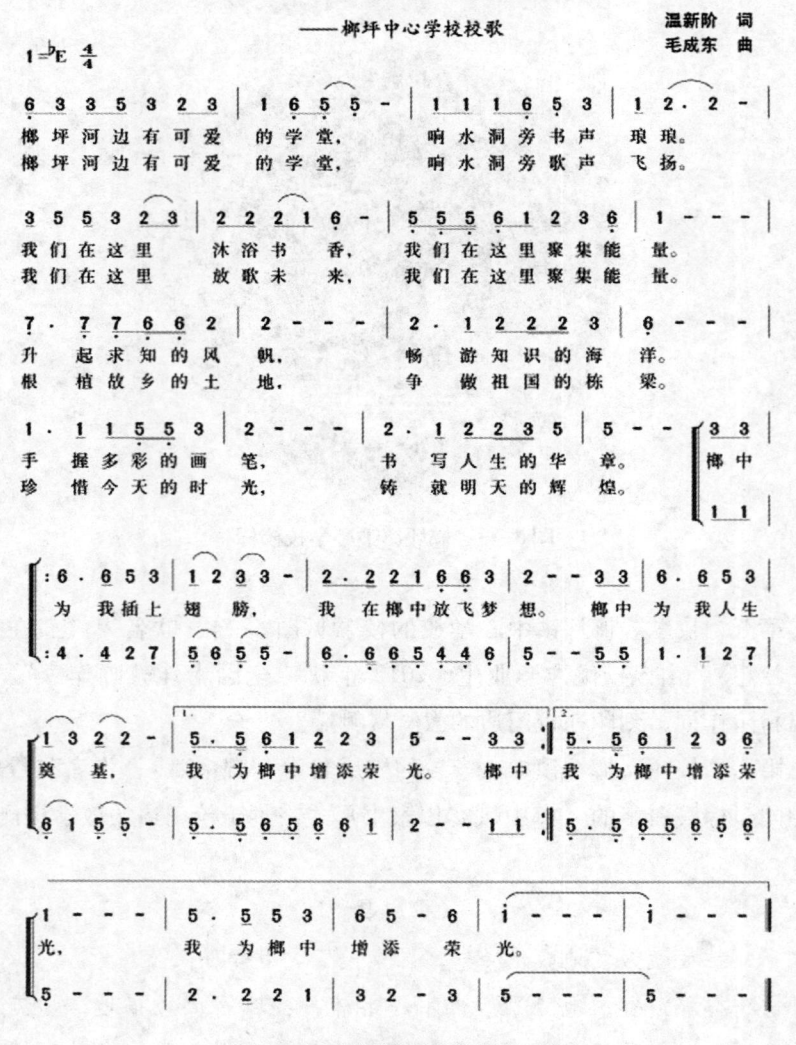

温新阶 词
毛成东 曲

图5—4 椰坪镇中心学校校歌

以椰坪中学名之。今政府斥资，新建修葺，各得其宜，名校涅槃，新貌奕奕。

文昌属金，文曲属水，金生水，水生木，流水汩汩不息必成汪洋之势，幼木孜孜不停必成栋梁之材。椰坪中学得水之眷顾，乃祚命之隐喻，运势之征兆。庭前椰坪河涛声可闻，屋旁响水洞飞泉漱玉，故椰坪中学以水为魂，擎水文化之大纛，谱水文化之华章，可谓顺势而为，高明之举。水容万物，依它形而形，水润万物，肇生命之始，水为至柔，润物已然无声，水亦至刚，滴水悄然穿石。上善若水，慕水之博大，效水之坚韧，仿水之守拙，学水之公平。以水为魂，水荡心之污垢，备馨香之德，以水为魂，水涤胸之私欲，具公正之态。水之叮咚，拒喧哗于校园之外，水之沉静，摒浮躁于市井之中，师者，静心传道授业解惑，听新禾吐穗为人生之乐，学子，潜心研习觉悟精进，看雏鸟奋飞为人生之幸。传道于此，岂不快哉，受业于斯，岂不乐乎？

  余舞象之年求学于此，得恩师教诲，终生难忘，今母校重游，校貌焕然一新，一派兴旺之象，余感佩不已，作此赋以记之。

  第七，走廊文化。在教学楼的各层走廊，分别按上善若水寓意的"水之善"、海纳百川寓意的"水之容"、流水不腐寓意的"水之勤"、滴水穿石寓意的"水之恒"等进行分主题文化布置。既有诗词名句，也有自主创作，但都与水或水的品质有关。如"问渠那得清如许，为有源头活水来"；"黄河之水天上来，奔流到海不复回"；"行到水穷处，坐看云起时"；"泉眼无声惜细流，树阴照水爱晴柔"；"巍巍乎高山，汤汤乎流水"；"知者乐水，仁者乐山"；"谁道水东流？我自独西行"；"神犀凛卧响水洞，灵泉育人更风流"……

  第八，班级文化。学校的12个班级均围绕"水"这个主题，由学生自主命班名、拟班训、定班规，各班班名、班训见表5—1。每个班级教室的前门外墙都有一个班牌，见图5—5。

表5—1　　　　　椰坪镇中心学校班名、班训一览表

班次	班名	班训
七（1）	云心水情班	脚踏实地海让路，持之以恒山能移
七（2）	思源班	和谐、阳光、务实、进取
七（3）	启山班	勤学善问、慎思笃行

续表

班次	班名	班训
七（4）	筑梦班	青春须早为，岂能长年少
八（1）	水一方班	知行合一、自强不息
八（2）	梦溪园班	同舟共济、劈浪向前
八（3）	龙泉书院班	问渠那得清如许，为有源头活水来
八（4）	缘梦班	绳锯木断、水滴穿石
九（1）	远航班	仰望星空、脚踏实地
九（2）	云帆班	团结拼搏、勤奋为乐
九（3）	汇渊班	投我木桃、报之琼瑶
九（4）	水墨轩班	静若止水、慧如泉来

第九，寝室文化。学生宿舍的寝室名也显得"水"韵盎然，男生寝室的名称如"泉香居""听涛阁""水墨轩""浩淼居""梦海屋"等，女生寝室的名称如"汀兰苑""瑞雪阁""淑心阁""涵梅阁""水灵阁""逐梦巢"等。

3. 制度文化建设

学校制定了《椰坪中心学校"水润书香"主题文化建设方案》，从精神理念、校园景观、制度体系、人文环境、校本课程、校园活动等几个方面对学校文化建设进行了整体布局和全面规划，并从2015年开始建设实施，到2017年基本形成体系。

（1）校本课程开发

一方面，学校将对水的研究、实验等开发成为《水润书香》系列校本课程，包括《水之润》《水之韵》《水之思》等，学校既在校本课堂围绕校本教材进行探究式学习，也引导学生在课外阅读与水相关的书籍如《水之道，德之端》、《水知道答案》等。另一方面，为了帮助学生了解家乡、热爱家乡，学校编写了《椰坪名人》《椰坪木瓜》《椰坪桥梁》《椰坪小水电》等校本教材，培养学生扎根家乡的情怀。

（2）相关管理制度

学校在"刚柔相济"的管理理念下，尊重人、解放人、依靠人、为了人，出台了《椰中民主管理制度》《椰中校本研修制度》《先进班级考

第五章 示范:农村学校文化建设之"例" / 183

图 5—5 榔坪镇中心学校班牌

核办法》等教育教学管理制度,并围绕"以水为镜、德艺双馨"的主题开展师德教育和教研科研活动。

(3) 学生活动

学校围绕"以水为师、进取创新"的主题开展系列学生教育和学生活动,如每学期举办"水润书香"文化周、"水之魂"征文比赛;每年举办"水润书香"球类联赛;以"滴水之恩当涌泉相报"为切入点,使学校传统的"孝德文化"感恩教育活动充分融入学校文化体系;开展"饮水思源"敬老院探访活动等。

4. 行为文化建设

学校以《榔中依法执教制度》《榔中师德规范》等引导教师做"身

正之师""德高之师";以《榔中行为习惯养成教育规范》《榔中十大文明习惯》《榔中十不准》《榔中文明礼仪规范》等制度,鼓励学生争做文明中学生。为有效实施行为习惯养成教育,学校着力推进"1234工程",即遵循一个"播种习惯、收获成功"的理念,关注校内、校外两个角度,覆盖学校、班级、学生三个层面,坚持制度、训练、检查、评比四个规范。

为促进行为规范制度和学校特色教育入脑入心,学校教师秦道剑组织创作了被称为榔中"三字经"的《"水润书香"育人歌》:"我榔中,居鄂西,山巍峨,水秀丽;水文化,透精微:善容勤,恒相随;爱同学,爱父母,敬师长,孝必备。"

校园每个角落不见纸屑灰尘,明净整洁;学生寝室毛巾晾成线、被子是方块;走廊楼梯里学生右行礼让,参加集会时排队齐步走、轻快无喧哗;朝读经典声朗朗,课前校歌久回荡;拾金不昧者屡见不鲜,乐于助人者时时涌现。教师爱岗敬业、创新进取,新型的师生关系正在形成。

(二)案例分析

榔坪镇中心学校是笔者亲自调研的农村学校中进行学校文化建设最为规范的一例,有明确的学校文化建设方案,文化建设的四个方面都有丰富的设计内容,且不少内容展示出相当的智慧。但要建成一所真正优秀的农村文化品牌学校,还需要在以下几个方面不断完善。

1. 进一步完善学校精神文化。一是补充学校愿景、学校办学目标。二是紧紧围绕"水润书香"修订学校育人目标,现有育人目标"志向高远,意志坚强,态度友善,身心健康,心怀感恩"虽然部分体现了学校感恩教育的特色,但内容全部集中在德育、体育,且缺乏农村学校的育人特色。三是将原来作为学校文化主题的"水润书香"改称学校精神,废弃原来过于大众化的学校精神表述"自强不息,勇往直前,不断进步,追求卓越",因为,刻在石头上的文字一般应是学校最核心的精神或最需要师生记住的校训。四是修改"海纳百川、有容乃大"的校训,因为这一表述是众所周知的四川大学校训,对于一所规模不大的内地农村中学来说不太相宜。笔者建议可根据水之灵气、"智者乐水"和学校教育目的等,将校训改为"启智"或"启智、化愚"。五是围绕"水润书香"将"和谐、求实、尚美、快乐"的原有校风修改成与水有关的表达,如"从游",或"正本清源",或"一路向前"等。在五年或更长时间后,待学校文化深入人心,还可以考虑结合农村学校当下"人"和未来"人"的特点,在学校文化建设主题即"水润书香"的学校精神之中,适当加入"农耕"社会生活、"农耕"文化的因子。

2. 制度文化对"水润""书香"主题体现得不够充分。笔者认为,"水润"更倾向于"濡染"的感化,是一种"慢育",与强调惩戒的刚性制度是有所区别的,学校制度应有更多的标杆引导性制度,而"十不准"之类与"润"有不相宜之处。"书香"既应在物质文化建设中有所体现,如读书角、校园书评栏、教室书架等;也应在制度文化建设中有所体现,如诵读时间、朗诵赛、故事会、"阅读存折"等,但目前的资料少有这方面的内容体现。

3. 更多调动学校师生参与学校文化建设的积极性。虽然笔者认为,校长在农村学校文化建设中的作用不可替代,但学校文化建设毕竟是一项系统工程,非一人之力可为,需要充分发挥学校师生的积极性,广泛吸纳师生智慧,借助最广大师生的"人场",这样才有利于全面发挥文化建设对学校内涵发展和可持续发展的引领作用,并使师生在新的学校文化氛围中找到自己新的发展和成长空间。

4. 关注学校文化建设与提高教育质量的关系。榔坪镇中心学校曾经在县域内创造过持续的辉煌,作为一所有着良好历史积淀的学校,更有必要通过文化建设再续辉煌。也就是说,文化建设只有能够促进教育教学质量的持续提高,才能算得上真正的成果。我们衷心希望榔坪镇中心学校早日获得文化建设和教育综合质量的双丰收。

第三节 农村学校文化建设之小学案例

初中和小学虽然都属义务教育阶段,但仍然存在学段差异,教育对象不同,教育内容和教育方式也都有所不同,因而学校文化建设的重点也会有所区别。

一 大堰堤小学的"宜山从游"文化[①]

大堰堤小学位于中国"三大奇书"之一《围炉夜话》的作者王永彬的故乡——湖北省宜都市枝城镇,是一所农村寄宿制完全小学。学校占地面积18281平方米,建筑面积5106平方米。学校现有教职工18人,学生251人,其中寄宿生134人。学校秉持"蜜蜂"精神,践行"为乡村留根、为社会树人"的办学理念,以"办人民群众信任的乡村学校"为办学目标,建立了校园实践园、宜山文化馆、桥西生活馆、宜山读书社等场馆和平台,开发了《乐在乡土》的校本课程。随着学校文化的逐步完善,学生逐渐回流,学校也进入了特色发展、内涵发展的提质期,先后获得"湖北省卫生学校""宜昌市现代化学校""宜昌市花园学校""宜昌市教育技术先进单位""宜昌市示范家长学校""宜都市教育质量优胜单位""宜都市文明单位""宜都市综合办学水平先进单位""宜都市民主治校示范单位"等荣誉称号。

(一)学校文化建设概述

1. 精神文化

(1)精神文化的两个源泉——名人王永彬和乡土生活

王永彬,字宜山。生于清乾隆时期的1792年,卒于清同治时期的1869年。王永彬不喜科举,很晚才恩获贡生科名。他参与编修同治版《枝江县志》,担任"分修"之职;后候选教谕。因深受儒家思想熏陶,王永彬在教学中先令学生修身,然后才教其治学。王永彬曾居桥西馆,在一经堂著成《围炉夜话》。《围炉夜话》是一部儒家通俗读物,共有221则,围绕安身立业,分别从道德、修身、读书、安贫乐道、教子、忠孝、勤俭等十个方面揭示了"立德、立功、立言"皆以"立业"为本的深刻含义,该书与明代洪应明著《菜根谭》、陈继儒著《小窗幽记》并称为处世"三大奇书"。大堰堤小学不仅位于王永彬先生的故乡,学校还有两位教师是王永彬先生的第六代嫡孙。

大堰堤小学是一所乡村小学,被农田、果园、农舍、山林所环绕,附近还有大堰农场、大堰茶场等农业产业。大堰堤小学的18名教职员工

[①] 原始资料由大堰堤小学校长章世芬提供。

中，14 人居住在附近村庄，使学校与乡土生活保持着不可割舍的联系。学生全部来自本地农村家庭，耳濡目染的也都是乡音、乡景和乡土生活。

（2）精神文化的形成及表述

学校精神：蜜蜂精神。其内涵包括勤劳、团结、奉献、求实、自律、博采众长等。学校将读书比喻为"寻蜜"。

学校愿景：办人民群众满意的乡村学校，创宜都市农村完小的窗口学校（见学校章程）。

办学目标："规范+特色"学校（见学校"十三五"规划）。

育人目标：培养"合格+特长"人才（见学校章程）。

办学理念：为乡村留根，为社会树人。

校训：放开眼孔读书，立定脚跟做人。

校风：纯朴善良、自信自强。

教风：朴实的教育、本真的课堂。

学风：乐学善思、勤于实践。

2. 制度文化

（1）校本课程

大堰堤小学开发了《乐在乡土》和《围炉夜话》两门校本课程。

《乐在乡土》从乡村体育、乡村文艺、乡村工艺、乡村技能四个板块诠释"为乡村留根，为社会树人"的办学理念。分年级编撰了教材，教材内容框架见表5—2。

表5—2　　　　大堰堤小学《乐在乡土》校本课程

	乡村体育	乡村工艺	乡村文艺	乡村技能
三年级	滚铁环	折纸剪纸	品读《围炉夜话》	认识农产品、传统农具、现代农业
四年级	跳绳	线描画	风俗节庆俗语	除草、采摘
五年级	踢毽子	藤条编织	吹奏器乐	盆栽
六年级	羽毛球	针线活	舞蹈	蔬菜和花卉种植

《围炉夜话》按年级设置不同的学习内容，低年段学生由于无法理解该书的深刻内涵，采取向学生介绍王永彬生平事迹、教师带领诵读等方式组织学习；对于高年段学生，在诵读的基础上，由师生共同探讨《围

炉夜话》的思想精髓，并以《围炉夜话》为起点，拓展学习《弟子规》《三字经》等国学经典。

(2) 社团和节庆活动

大堰堤小学本着"城里孩子能玩的东西我们会，不会玩的我们也有"的社团建设理念，设有文学、书法、美术、舞蹈、乒乓球、足球、羽毛球、魔方、七巧板、拉丁舞、乡村体育等多个社团，每周二和周四下午开展社团活动。跳皮筋、滚铁环、抽陀螺等乡村体育活动，全校师生人人都会，逐渐成为学校一道亮丽的风景。

学校建有宜山读书社，班班开辟有图书角，以王永彬生平讲座、《围炉夜话》等经典诵读比赛等形式开展读书活动。

学校还设有多种校园节庆活动，如，五月的劳动节、六月的艺术节、九月的科技节、十月的体育节等。在体育节期间，学校举行乡村运动会，将滚铁环、跳绳接力、袋鼠跳等传统项目列入比赛项目，既为相关社团提供了展示平台，又吸引了众多乡民强势围观，密切了学校与社区的关系。

3. 物质文化

大堰堤小学的物质文化主要体现在"三亩鱼塘六亩地、蜂飞标牌二展馆"之上。

校园正中有三亩鱼塘，用大理石栏杆环围，塘内养鱼，既作为学校食堂的鱼类供应源，又增加了教职工的年终福利。校园内还有六亩坡地，被辟为"实践园"，种上了时令蔬菜和2000株金银花，由学校一位老职工负责种植和管理，并聘请校外某老板作为金银花种植顾问。各年级学生在实践园里"识种子、辨野草、干农活、知甘苦"。低年级学生通过实践园辨识农作物，为农作物浇水、除草、施肥，参与采摘金银花；高年级学生松土、播种；各年级都有采摘课，让学生亲身感受劳动的快乐和丰收的喜悦。

作为学校精神的蜜蜂精神，既是全校师生的精神写照，也体现在校内所有标牌的蜜蜂形状上。

王永彬其人其事、本地乡土生活作为大堰堤小学精神文化的两大来源，分别物化在两个展馆内。一是宜山文化馆，二是桥西生活馆。宜山文化馆将王永彬先生的画像、生平介绍、《围炉夜话》全篇原文等展于馆内,每学年新生开学第一课就是参观此馆,学生在课余时间也可随时入馆参观学习,以达到"近永彬、知家乡先贤"的教育目的。馆内还不定期组织学习《围炉夜话》活动,开展"心得体会大家谈""文明少年我当先""家乡文化我传承"等小演讲活动。该校学生虽全部来自农村家庭,但大多数人对于干农活却非常陌生。随着社会的不断进步,生活方式的不断改变,很多学生甚至连基本的传统农具都不认识。为了让学生了解农村、热爱乡村生活、传承农耕文化,学校筹建了桥西生活馆,让学生"识农具、学农活、知农时、懂农事"。馆内陈列了犁、耱等当地传统特色农具近百种,学生在课余时间可随时入馆参观、体验。学校还安排专人负责农具的收集和知识讲解,每一件农具都有独特的故事和用途。学校还鼓励学生在生活中发现新农具,并以小讲解员的身份在馆内讲解用途及发现过程,锻炼学生的探索发现能力和语言表达能力。

4. 行为文化

通过学校文化建设的引领,大堰堤小学教师爱岗敬业,个别"老大难"职工甚至成为主动工作的优秀职工,对口支援该校的城区教师甚至主动要求留下来继续工作。大堰堤小学的学生健康阳光,乐学善思,在教室则专心积极向学,在操场则尽情奔跑跳跃。师生良好的行为文化不断吸引流失学生回流。

(二) 案例分析

湖北省宜都市是全国《义务教育学校管理标准(试行)》的八个实验区之一,大堰堤小学是宜都市在推进标准化办学中实现乡村教育内涵发展的一个较为成功的案例,不仅诠释着乡村学校对本土文化的理解,也展现了乡村学校对教育的坚守[1]。但文化建设的空间很大,大堰堤小学还可以从以下几个方面进一步完善。

1. 精神文化再凝练

关于学校的精神文化,需要通过内部民主渠道和外部智力支持两相结合的途径进一步提炼和完善。如,需要组织全校教职工讨论修改学校章程和"十三五"规划,既要进一步简化各种精神文化的表述,明确各

---

[1] 沈锡阳:《湖北宜都:在标准化办学中实现乡村教育内涵发展》,《中小学管理》2017年第4期。

种表述的内涵，也要使得各种表述紧紧围绕王永彬和乡土生活两个源泉，且不同形式的表述之间形成良好的互补关系。如：

把学校文化品牌定为"宜山从游"文化，一方面是用显的"山"和隐的"水"（游）指代农村学校的身份属性；另一方面是借用王永彬先生的字"宜山"和梅贻琦先生的"从游"说。梅贻琦先生在《大学一解》中有云："古者学子从师受业，谓之从游……学校犹水也，师生犹鱼也，其行动犹游泳也，大鱼前导，小鱼尾随，是从游也，从游既久，其濡染观摩之效，自不求而至，不为而成。"大堰堤小学附近有"大堰"，校内有"鱼塘"，堰和塘中都有鱼，用"从游"之鱼借喻和谐的学校文化应该是非常贴切的。

在"宜山从游"的学校文化品牌之下，建议把学校愿景改为"把学校办成具有吸引力和持续竞争力的美丽乡村特色学校"；把办学目标简化为"到2020年，把学校建设成为'校园环境优美、学习氛围浓厚、师生素质优良、综合质量上乘'的'规范+特色'学校；把办学理念改为"立足乡村、立德树人、造福社会"；把校训改为"耕读山水间，放眼长远处"；把校风改为"乐山乐水、见仁见智"；把教风改为"爱生善教"、学风改为"爱学善思"。

2. 物质文化再打造

对于学校物质文化，需要对现有物质文化建设成果进一步拓展、包装、重新命名。

建议在校门和运动场之间树一座王永彬先生塑像；保留现有的"宜山文化馆""桥西生活馆"；将"实践园"拓展为"宜山耕读园"，在山坡最高处加建"宜山草堂"，木柱草顶，内置长条木凳和石桌，桌面可刻《围炉夜话》中的名句；将鱼塘命名为"桥西从游塘"，池塘周边铺设鹅卵石"从游步道"，池塘一角架设"羡鱼桥"；从《围炉夜话》中选取优雅字词为楼栋、运动场、校园道路命名，如"为善楼"（教学楼）、"为公楼"（办公楼）、"围炉堂"（食堂）、"未晚楼"（学生寝室）、"永彬广场"（运动场）、"勤为径""康庄道"等。

3. 制度文化再完善

对于学校制度文化，一是可对《围炉夜话》校本课程进行更深入的开发，将课程分为六个层次，每一层次对应一个年级，每个学生着重诵读和践行某一名句，在晨间诵读和大型节庆活动中组织全班或全校学生"接力诵读"。二是在《乐在乡土》校本课程中增加与代表学校精神的蜜蜂相关的内容。三是增加朗诵、书法社团，增加与乡村生活有关的播种节、收获节、乡村科技节等节庆活动。

4. 行为文化再提升

对于师生行为文化，可给师生提供更多自我发展的机会、更多自我展示的平台。如在"敬业+专长"的师资、"合格+特长"的学生行为要求的总体框架下，细化评价标准，并在师生行为要求方面更多建立起与蜜蜂精神的关联。

二 雾渡河镇中心小学的"自主当家"文化[①]

雾渡河镇中心小学位于湖北省宜昌市夷陵区的西北山区，是一所典型的农村寄宿制完全小学。学校始建于1999年，现有教职工54人，在校学生803人，其中住宿生600余人。学校致力于提升农村学生的核心素养，先后获得"宜昌市德育品牌学校""宜昌市红旗大队""夷陵区平安校园""夷陵区行为规范示范校""夷陵区文明单位""夷陵区教学质量先进单位"等荣誉称号。该校在《山区小学生养成教育"今天我当家"的实践研究》获得国家"十二五"教育科学研究规划课题一等奖之后，将课题研究成果充分运用到学生、学校、家庭"三维一体"的养成教育实践，取得了良好成效，为学校高质量、可持续发展奠定了基础。

（一）学校文化建设概述

雾渡河镇中心小学针对农村学生爱生活、能吃苦、胆子小、难自律的特殊性，确立了学校文化建设的重点主题是"养成"，并围绕"责任担当"的必备品格和"自主发展"的关键能力两大核心素养开展"自主当家"文化建设。

1. 学校精神文化

办学理念：做一个有担当的人。

办学目标：传承非遗文化，实施自主教育，三年内办成区域内有影响的现代化示范学校。

---

① 原始资料由雾渡河镇中心小学校长苏庆华提供。

育人目标：培养懂责任、能自主，具有本土情怀和民族自信的有责任心的现代少年。

校训：今天我当家、每天共成长。

校风：好好教、好好学、好好服务。

教风：爱生如子、爱校如家。

学风：自主、合作、乐学、善思。

2. 学校物质文化

学校校园绿化面积大，花草树木、活动设施等整洁有序；有专业设计的"非遗"文化传承展板；花坛、道路都被分成若干小块，分配给各"当家人"自主管理；校园各种张贴物品都印有校训"今天我当家、每天共成长"的水印；教学楼内标牌统一，走廊文化简洁清晰；教学楼墙面有"求真、扬善、爱美、创新"的红色大字。学生寝室都有寝室公约、书法绘画作品，且全部由学生自主完成，牙具、毛巾等生活物件摆放整齐，营造出"温馨小家"的生活环境。

3. 学校制度文化

雾渡河镇中心小学的制度文化主要体现在"当家五评"德育评价体系和《成长的声音》校本课程。

（1）"当家五评"德育评价体系

学校实施"今天我当家"的自主管理模式，搭建"我是自己的小主人""我是小组的小主人""我是班级的小主人""我是学校的小主人"和"我是家庭的小主人"五个当家平台，让学生积极参加形式多样的校内外当家活动。学校通过"当家"专题研讨会、"当家"论坛、学生骨干培训、学生家长专题讲座等系列培训，让每个学生了解"当家"内涵、明确"当家"职责、建立"当家"意识、知晓"当家"意义。"当家"内容包括"爱生活、讲自律、敢自主、会思考"四大素养。爱生活，做一个"想当家"的阳光少年；讲自律，做一个"能当家"的文明少年；敢自主，做一个"会当家"的智慧少年；会思考，做一个"当好家"的进取少年。当家范围涵盖从寝室到餐厅、从课堂到课外、从学校到家庭、从个人到集体、从认知到实践、从尝试到内化等学生成长的方方面面。学校按照"当家"细则制定评价量表，开展自评、组评、班评、家长评和校评，评价内容涉及学生的行为规范、文明礼仪、活动安全、清洁卫生、公物保管、体育锻炼、集会活动、就餐就寝和双休回家等各个方面。经过量化评分，评选出"优秀当家学生""优秀当家小组""优秀当家班级""优秀当家家庭"和"出彩当家人"。学校探索出"今天我当家"的逐层递进实践路径，每年9月为当家启动仪式，10月为当家主题读书月，11月为高年级学生当家示范月，12月为低年级学生当家尝试月；次年1月为当家回顾成长月，3月为优秀当家展示月，4月为当家校外实践月，5月为当家师生论坛交流月，6月为当家"五评"提升月，7月为"出彩当家人"表彰月。

（2）《成长的声音》校本课程

学校开发了具有系统性、实用性、乡土性的《成长的声音》校本课程，通过"行好礼""唱好歌""读好书""写好字""扫好地""做好人""六好"板块，分年级引领学生健康成长、全面成长和个性化成长。

此外，学校还开展了温馨寝室设计布置评比、班级文化创设评比、升旗仪式主持评比、校园文化长廊设计评比等活动。

4. 学校行为文化

通过"今天我当家"的系列实践，雾渡河镇中心小学师生的自主、自律、责任、乡土意识都大大提升。

（二）案例分析

雾渡河镇中心小学确定的"自主当家"文化主题，与农村小学、农村学生的特殊性非常契合。不仅如此，学校还能将这一主题融合、细化到德育评价体系和校本课程之中，进行了大量有效的实践探索，取得了可喜的成绩，实属难能可贵。但如果以"没有最好，只有更好"的高标准来评价，还可以在以下几个方面进行完善。

首先，需要进一步理清学校精神文化之间的逻辑和互补关系，紧紧围绕相对成熟且已经入耳入心的校训"今天我当家、每天共成长"重新审视学校精神文化的其他表述。由此看来，作为校长办学基本哲学的办学理念，"做一个有担当的人"显然更适合作为育人目标，作为办学理念则显得偏窄。原有办学目标中既包含传承"非遗"文化，又包括实施自主教育，这二者关联性不强，建议只将传承"非遗"文化作为养成本土情怀的一种措施，不纳入学校精神文化层面的表述之中。原有的校风为三个"好好"，显得过于口语化，建议改为"我做主、校为家"。一般而言，教风、学风的表述格式宜相同，但二者原有表述格式相去甚远，建议将教风改为"自主、协作、善教"，学风简化为"自主、合作、乐学"。

其次，进一步加强学校物质文化建设。建议将教学楼墙面原有的"求真、扬善、爱美、创新"换成校训"今天我当家、每天共成长"；在校园一角设置"非遗"传承园，树一座传承形象雕塑，配置一些适合"雾渡河民歌""夷陵地花鼓"等传承的基本设施，将现在位于校门附近的"非遗"传承文化展板移入该传承园。

最后，简化学校制度文化。现有的"当家五评"德育评价体系非常完善，但略显繁杂，对于既作为被评价对象、又作为评价主体的小学生而言较难掌握。

三 无锡市藕塘中心小学

（一）学校文化建设概述

无锡市藕塘中心小学位于江苏南部太湖之滨——无锡市惠山区钱桥街道，现有教学班34个，近1300名学生。大部分学生来自农村家庭，是一所有着百年办学历史的农村小学。2003年，学校在地域文化土壤中打造出的"少年农学院"特色课程先后获得江苏省基础教育教学成果特等奖、首届基础教育国家级教学成果二等奖。学校还通过打造"少年军校""少年书画院"等不断提升学校的办学水平和人才培养质量，先后获得"中小学国防教育示范学校""全国'双有'活动先进学校""江苏省绿色学校""江苏省优秀家长学校""江苏省青少年科技教育先进学校""江苏省优秀少年科学院""无锡市艺术特色学校""无锡市课改示范点学校"等多项荣誉，《江南晚报》《无锡日报》、无锡电视台、无锡教育电视台等多家媒体报道了学校的教育教学特色成果。

1. 学校精神文化

办学理念：唯真、唯善、唯美；求实、求质、求新。

学校愿景：质量上乘、特色鲜明、学生快乐、社会赞誉。

办学目标：培育心灵阳光的人。

育人目标：健康的体魄、审美的情趣、敏捷的思维、自如的交往。

校训：传承农耕文明、培塑有根之人。

2. 学校物质文化

学校的物质文化主要体现在"农耕文明"体验空间的打造。

体验空间包括以"农耕文明"为主题的场馆、校园环境、学校外围空间等。在这个物化的场域中，学生通过亲自感知、亲历体验、亲悟成长，在心底留存对农村、农民、农业、农事的记忆，记住一点农业常识，关注一点农业生活，保持一点对祖辈生活的记忆留存，使农耕文化的精神逐步得到化育和养成。学校的主题场馆共有六个，通过农耕文明从古到今的发展历程和农作物从播种到收获品尝的体验过程两条主线得以整合。

（1）小小农展馆

农展馆占地约300平方米，馆内图文并茂地介绍中国农业的过去与未来；头顶是由19种种子组成的吊灯，形象地展示种子的各种形态和特征；翻转图板介绍苏南地区特有的农作物；橱柜里陈列着旧时农村劳动生活的老物件。学生在农展馆内可以利用多媒体触摸一体机上网查询相关资料进行研究性学习。

（2）小荷微农场

微农场以"趣"为主题，分"菜趣""花趣""树趣"三大区域。"菜趣"区域根据班级数划分出36块"方桌地"，装置智能灌溉系统，师生和家长志愿者一起在方桌地里种植大蒜、韭菜、青菜、香菜等几十种蔬菜；"花趣"区域种植品种优良、适宜江南地区生长的各种花卉；"树趣"区域种的是无锡驰名中外的水蜜桃，学生可在这里进行桃文化研究。农具小木屋里摆放着供农事劳作使用的水桶、铁耙、镰刀、锄头等老农具，学生不仅可以了解这些农具的用途，还可以动手实践。具有江南园林特色的围墙上以彩绘呈现的是二十四节气农事图。

（3）小荷感知园

感知园利用视频监控、传感器、互联网等技术，通过现场安装的传感器及便携式实验箱等进行植物生长因子的采集，并在平台和微信公众号进行形象的教学展示和互通，增强教学活动的生动性和科技感，提升学生对农业知识的兴趣。

（4）小组培室

小组培室内配有基本的分子生物学实验仪器和设备，如灭菌器、无菌超净台、冰箱、制蒸馏水器等。学生可以亲自进行马铃薯、草莓、多肉等植物的继代组织培养。研究组培的过程让学生了解到各种作物的生长，同时激发学生对生物科学的探索兴趣。

（5）无公害检测屋

这里检测设施齐全，检测类目涵盖蔬菜、水果、水产品等十多个大类、一百多个品种。学生可亲自对学校食堂每天的蔬果鱼肉进行检测，留样观察，不仅实现了对学校食堂食品安全的实时监控，还培养了学生健康生活的理念和实际操作能力。

（6）小荷美食工坊

学校聘请热心家长担任指导教师，每周定期指导学生制作各式花色西点和中华传统美食，让学生在品味美食的同时体验劳动的乐趣。

（7）校内外环境共享

在校园大环境营造方面，各班配备种植花架，教学楼走廊的墙面上展示国学经典诗文，学校的草坪、花坛设计融合了木篱笆等农耕文化元素。在学校外围空间构筑方面，学校利用周边的勤建茶场、怡情花卉、无公害蔬菜基地、街道农贸市场、湿地公园、田园东方基地、桃博园等，构筑"校内为主，校外为辅"的儿童体验空间网络。

3. 学校制度文化——"少年农学院"课程

（1）明确课程目标

藕塘中心小学制定了《"少年农学院"课程标准》，明晰了校本课程开发的认知、能力、情感、品格四个方面的课程目标。其中，认知目标是通过日常观察和搜集有关信息，熟知农业相关知识；能力目标是形成基本的劳动实践技能与经验，能提出大胆设计和设想，对要解决的问题进行深入研究，并能用简洁清晰的语言表达自己的观点；情感目标是通过体验感悟，培养爱自然、爱科学、爱家乡的情感；品格目标是养成勤劳节俭、坚毅担当、自律乐群、自主创新等基本品格。

（2）编写课程实施纲要

学校编写了各年级《课程实施纲要》，进一步细化各年级每学期的学习目标、内容实施和评价办法。

（3）开发校本教材

藕塘中心小学开发了《我们的乐园——走进"少年农学院"》校本

课程。教材分为"桃、花、菜、物"四个板块，每个板块下又设六个主题："桃"下是"识桃树、观桃花、研桃胶、品桃韵、植桃树、望桃途"；"花"下是"花的世界、花的开落、花的制作、花的养护、花卉情浓、花的文化"；"菜"下是"菜认识、菜种植、菜检测、菜孕育、菜烹饪、菜储存"；"物"下是"认老物件、知节气历、学歌谣谚、研老物件、走农耕旅、访民俗路"。每个主题下都有丰富多彩的活动菜单供学生选择。

此外，学校对国家课程的相关内容也进行了校本化拓展。

（4）建设课程基地

学校建设了"少年农学院"课程基地，打破了学科课程与活动课程、课堂教学与生产劳动之间的边界，让儿童回归到真实的情境中去学习，从而发展成为综合实践活动课程有效开展的新样态。

4. 学校行为文化——"农耕文明"品格养成评价体系下的师生行为

在"少年农学院"课程基地的基础上，2017年该校的"'农耕文明'儿童体验空间的建构"入选江苏省首批中小学品格提升工程项目，学校着力"农耕文明"体验空间架构、"农耕文明"儿童体验、"农耕文明"品格养成评价三大板块内容的建设，希望通过该项目促进儿童勤劳节俭、坚毅担当、自律乐群、自主创新等基本品格的养成，成全学生的全面成长和个性发展。

学校从过程、结果、发展三个评价维度构建"农耕文明"品格养成评价体系。一是通过建立学生"农耕文明"体验档案袋，包括"'农耕文明'之旅"游学证和设计作品发布等，注重过程性评价。二是关注结果性评价，建构"互联网+"的评价模式，将学生参加"农耕文明"体验活动的成果作品等通过微视频、微美篇等发布到学校网站、学校微信公众号、班级微信群、惠山教育云平台等，为学生搭建起一个超越时空展示自我的舞台。各班也可以通过微淘宝开设小小网店，出售自己的农产品。三是探索发展性评价，通过社会问卷调查、家长个别访谈、参与高一层次学校的活动、外围调研等，了解社会各界对学生留下"农耕文明"

印记品格养成的评价①。

（二）案例分析

这是一所全国知名的农村小学，但遍览现有资料，学校主要是通过"少年军校""少年书画院""少年农学院"二院一校规范学生的养成教育、提高学生的素质和技能，成果主要体现在物质文化、制度文化和行为文化方面，学校精神文化还需要进一步凝练和完善。总体而言，精神文化表述与现有办学成果之间的关联度不强，精神文化各要素之间的互补性、互释性也有待加强。具体而言，建议围绕"质量上乘、特色鲜明、学生快乐、社会赞誉"的学校愿景和"传承农耕文明、培塑有根之人"的校训修改其他表述，简化办学理念，重新设定包括但不仅限于育人目标在内的办学目标，将育人目标表述简化并固定下来，并增补校风、教风和学风等精神文化表述。

此外，还可以思考如何才能将"少年军校""少年书画院"的成果与"农耕文明"品格养成评价体系融合，形成更加科学、全面的德育评价体系。

四 华德福学校

20世纪以来，欧洲兴起"新教育运动"，经过一个多世纪的变迁与发展，欧洲大陆已经形成了蒙特梭利教育学、耶纳教育实验、道尔顿教育学、弗来纳特教育学与华德福学校教育学五大改革教育思潮的代表方向②。

华德福教育是由出生于奥地利的思想家、科学家、教育家鲁道夫·史代纳根据自创的人智学理论创建的一种回归自然主义、以人为本、注重身心整体健康和谐发展的教育，强调感性、形象与精神层面的元素，是对近代以来工业文明所带来的人类生活困顿的回应。凡是实践这一教育理论的学校都被称为华德福学校。1919年，世界上第一所华德福学校在德国创立，随后，世界各地陆续诞生了华德福学校。从20世纪70年代

---

① 刘艺慧：《"农耕文明"儿童体验空间的建构》，《江苏教育研究》2018年第4A期。刘艺慧：《在农村小学建一所精致的"少年农学院"》，《人民教育》2018年第3—4期。

② 桂勇：《华德福教育：儿童个性发展的教育》，《外国中小学教育》2011年第2期。

起,联合国开始向世界各国推荐华德福教育,目前,华德福教育已成为世界上规模最大、发展最快、非宗教的独立教育运动。截至 2000 年,华德福教育已遍及世界五大洲 70 多个国家,有 1700 多所幼儿园、870 余所十二年一贯制学校、60 多个华德福教师培训学校、500 多家矫正教育和社会治疗机构,欧美多所著名大学如哥伦比亚大学师范学院等设有华德福教育研究院[1]。中国的广西、北京、成都、深圳等地也相继进行了华德福教育探索[2]。截至 2012 年秋,中国各地共开办了 30 多所华德福小学、140 多所华德福幼儿园[3],其中,成都华德福学校是由留学美国的黄晓星、张俐和留学英国的李泽武等人发起,于 2004 年夏天建立的中国第一所华德福学校。

(一) 学校文化建设概述

1. 华德福的系列教育理念

华德福的教育理念是复合、多元的,主要包括:

(1) 配合人的整体发展的"全人教育"

史代纳认为,人的整体发展是包括身、心、灵各方面的发展;个体成长是分期的,每七年为一个阶段,第 1—3 阶段是教育的重要时期。0—7 岁的孩子通过模仿来学习,所以,学校教育主要应是身教;8—14 岁的孩子通过美感来学习,学校教育主要应是心的教育;15—21 岁的学生通过思考来学习,学校教育主要应是头的教育。

(2) 以培养想象力为核心的教育

史代纳认为,教育的三大要素是培养人的想象力、真理感和责任感,在幼儿阶段应以培养想象力为核心,以引导意志的发展。如果在幼儿阶段过早地实施理性化教育,会使孩子的生命力集中于大脑发展,造成身、心、灵的整体发展失去平衡,从而影响想象力和创造力的发展。因此,华德福教育主张在儿童 7 岁之前,教学活动以讲故事、朗诵儿歌童谣、唱歌、演奏乐器、跳韵律舞、绘画、游戏、手工、园艺、家务劳动等形

---

[1] 桂勇:《华德福教育:儿童个性发展的教育》,《外国中小学教育》2011 年第 2 期。

[2] 薛燕:《大主题式生活课程——华德福课程观及其启示》,《内蒙古师范大学学报》(教育科学版) 2011 年第 12 期。

[3] 黄晓星:《从华德福课程到华德福学校》(http://blog.sina.com.cn/waldorfcd)。

式进行。

（3）融科学、艺术和信仰为一体的教育

学生不仅要追求合理的、科学的真理，更要追求符合人性的、永恒的真理。

（4）教育应建立在现实生活之上而不应建立在抽象的理论之上

华德福教育有机地结合躯体、灵魂和灵性整体，针对人的四维体即躯体、生命体、星芒体和自我意识，针对灵魂的三维生活即思考、感觉和意志进行教育[①]。

（5）艺术的教育和教育的艺术性手段

史代纳认为，艺术活动可以开启宽广的心灵经验，促动生理和心理的交互作用，促进儿童内心的改变，从而帮助儿童将独特的潜能与心灵的力量结合起来，发展成为一个灵活而和谐的有机体。华德福教育强调所有学科都要通过艺术的方法来完成，因为，艺术和艺术化的教育可以丰富儿童的精神生活，培养儿童健康的心灵和生活理念[②]。

（6）尊重孩子的独特个性

史代纳认为，教育要尊重孩子的人格独立，注重孩子的个性化发展，保护孩子的天性，让教育成为孩子的教育；不应塑造孩子以适应社会，而是要帮助孩子发展个性。史代纳研究认为，孩子具有四种性情：土相性情的孩子偏忧虑；水相性情的孩子步调缓慢、身体肥胖；风相性情的孩子身材苗条，动作有节奏，但不够专注；火相性情的孩子步伐稳定，眼睛有神，身材短小，意愿强烈，激进有主张[③]。尊重孩子的独特个性，自然需要个性化的教育评价方式。华德福学校教育评价的目的是展示学生的个体特性差异和了解自我的能力，主要依据学生的学习成果如主课程笔记簿、学习报告、艺术成品等，结合主课程教师撰写的对孩子的观察记录，综合评价孩子在各个方面的表现。每学期的期末评价会变成成绩册提供给学生或家长，但成绩册中没有分数，只有描述性语言[④]。

[①] 朴春燕：《素质教育的鼻祖——华德福教育》，《辽宁教育学院学报》2002年第7期。
[②] 桂勇：《华德福教育：儿童个性发展的教育》，《外国中小学教育》2011年第2期。
[③] 杨咏梅：《华德福教育将给中国带来什么?》，《中国教育报》2005年4月27日第3版。
[④] 张栩：《一种整体的视角：华德福整体课程思想研究》，硕士学位论文，天津师范大学，2008年，第53页。

(7) 自然主义教育

华德福教育把人看作大自然的一个组成部分,认为人虽具有社会性,但人的自然属性也是不能被忽视和违背的,人的成长应是一个自然过程,不应违背个体自然成长规律而过早、过多、过难地对儿童开展智识教育。华德福学校学生画画用的颜料,是由植物色素调制而成;学校拒绝塑料玩具;学校也不主张孩子过早、过多地接触电子产品[1]。

2. 华德福学校的制度文化

我们主要从学校的管理架构和学校课程两个方面来对华德福学校的制度文化进行分析。

首先,从管理架构上看。全球的华德福学校都是非营利机构,经费来源是社会捐赠和其他教育基金,学校财产不属于任何个人,财务管理公开透明,除去运营成本和教职工薪水之外,盈余只能用于学校再发展或奖学金,不能用于分红。学校董事会由家长、教师和社会热心人士组成,负责学校的法律、经济、发展和监督,所有校董都不拿报酬,也不干涉教师的教育教学工作。学校采用教师委员会团体自治的管理模式,即不设校长和行政级别,教师委员会代表由教师选举产生或轮流担任,所有行政人员以支持和协助教师为工作核心。教育教学工作由教师和专家指导教师担任。热心家长自发成立家长委员会,负责协调家校关系、监督学校工作、协助学校发展。1—8年级的每个班级都设有一个班主任,致力于创造真实、富有爱心的学习环境,并运用艺术、活动等形式开展教学,废除竞争性测验和评分,以激发学生学习的内在动机。

其次,从学校课程上看。华德福学校的课程设置是根据学生不同阶段的意识发展,针对意志、感觉和思考,对学生的身、心、灵进行全人教育,协助学生的智慧生成;在传统的主流学校中经常被认为是虚饰活动的艺术、音乐、园艺等课程,在华德福学校却具有核心地位,尤其是艺术课程;华德福学校强调课程来源的生活化和可操作性;课程内容具有生活性、自然性;课程采用主题课程的形式,即从多个领域对某一主

---

[1] 蔡连玉、傅书红:《华德福教育的理论与国内实践研究》,《比较教育研究》2013年第7期。

题进行发散和扩展，形成一个大的网状结构①。低年级课程无明显分科，而代之以综合性主课程，也称为周期课程，一个周期大约持续3—4周。每学年都有一个中心主题作为统整核心，并建立具体、清晰的学习目标，通常包括书面作业、口头报告作业及操作—实践作业三类具体的作品或考验。作业及评价标准由教师、学生和家长共同讨论决定并允许调整。学生必须自行编制周期课程记录簿，建构个别化的课程，纪录个别化的学习结果。实际上，1—5年级都没有传统意义上的教材，学生自行编制的周期课程记录簿就是个别化教材。高年级的教材也必须由教师协同准备或个别补充，并随时根据需要调整或修正②。

3. 华德福学校的物质文化

华德福学校往往选择自然环境优美的地方建校，而且这种优美的自然环境是"原始的"而非人为的——泥泞的小路、错综的树枝等都是华德福教育所崇尚的③。

（1）有机农园

每所华德福学校都有一个有机农园，只是不同的学校由于条件不同，农园的大小会有所不同。有的位于城区的华德福学校，农园小得只能种些花、菜、香草、少量的浆果灌木，养些鸡、兔之类的小动物；位于城郊或乡下的华德福学校，则可种植谷物、养蜂，有的还可以养牛、马、驴、羊，有的学校甚至还拥有森林或附属农场。农园是学生学习植物、动物、季节、气候、环境与生态的绝佳场所，学生在园艺老师的带领下亲耕亲作，体验人类最基本的劳动过程。位于欧洲各国的华德福学校，农园里基本都有一个或多个温室大棚，用于早春育苗、种植喜温热作物，但都不施用化肥、农药。农园里，园艺老师会向学生讲授垃圾分类知识，把果皮、厨余垃圾、树叶、杂草、动物粪便等收集起来做成堆肥，目的是让从土地里产出的东西又尽可能回归到土地里去进行循环。

---

① 薛燕：《大主题式生活课程——华德福课程观及其启示》，《内蒙古师范大学学报》（教育科学版）2011年第12期。
② 桂勇：《华德福教育：儿童个性发展的教育》，《外国中小学教育》2011年第2期。
③ 蔡连玉、傅书红：《华德福教育的理论与国内实践研究》，《比较教育研究》2013年第7期。

（2）农园教室

和普通教室一样，农园教室里有黑板、桌椅，但还有厨具和餐具。在这里，园艺老师带领学生将从农园收获的东西做成食物摆上餐桌，如南瓜汤、烤土豆、苹果派、沙拉等，尽享新鲜采摘的有机蔬果和丰收的快乐；草莓、树莓、黑加仑、醋栗之类的浆果，除了边收获边享用以外，还可以在农园教室里将其加工成果酱。许多农园教室还配有烘干机，用于烘干香草、干花和果脯。冷天或下雨天不能在户外农园劳动时，园艺课就在农园教室里进行，有时将香草装袋，有时设计制作产品的标签及说明，冬天则用树枝、树叶、干花、松果等制作圣诞节装饰品，养了蜜蜂的农园还会在冬天用蜂蜡做蜡烛。许多农园教室都有一个可用木柴生火的烤炉，学生一边干活，可一边烤饼干或蛋糕。农园教室的桌子既是书桌，也是餐桌，还是加工农产品的工作台。为了保持农园教室的整洁，许多华德福学校都在农园教室外另设一个专门的农具房，锄头、铲子、耙子、镰刀、枝剪、斗车等各种农具一应俱全，手套、帽子、雨鞋、急救箱也都样样齐备。

4. 华德福学校的行为文化

由于是自然主义的、个性化的，不以智识教育和应试教育为目的，华德福学校的学生是自由、幸福的。华德福学校的教师之所以进入华德福，首先是认同华德福教育理念，所以教师也是快乐的。整个华德福学校弥漫在快乐和幸福之中。

（二）案例分析

尽管华德福教育系统培养出来的学生在许多欧美大学很受欢迎，也培养了世界许多知名的政治家、艺术家，但目前还没有足够的研究能够证明华德福学校在总体上比其他独立教育体系或公共教育更好。不过，在生理和心理、生活态度、社交能力、艺术才能、创造力等方面，华德福教育体现出了明显的优势，华德福的学生在走出学校之后，无论身在何处，都能很好地适应环境，具有无可比拟的生存能力和奉献精神[①]。这一优势特别值得中国的农村学校借鉴。

但作为一种非主流教育，华德福在中国的生存和发展存在着极大的

---

① 朴春燕：《素质教育的鼻祖——华德福教育》，《辽宁教育学院学报》2002年第7期。

困境，特别是如何与国内体制衔接成为华德福教育面临的最大挑战。虽然也有数据证明华德福学生在高中转入主流学校之后，不适应和成绩不理想往往只是早期现象，后期反而会成绩优异，但华德福学生如果直接参加中国的高考，几乎毫无优势可言。此外，华德福教育在中国还存在着实践者理念吸收不到位、教育理念本土化落地艰难、资金匮乏、师资短缺等多重挑战[1]。

总之，华德福教育对于中国中小学教育的功利化、应试化等具有一定的纠偏作用。从学校文化建设的角度来看，华德福学校更强调对华德福精神、相关教育理念的追求和探索，学校精神文化在学校文化建设中所占的比例更大，师生对华德福学校精神文化的认同是决定学校生存的精神支柱，政府和社会对华德福学校精神文化的认可则决定着华德福学校未来发展的可能。

除上述系统介绍的学校文化建设的案例之外，还有一些农村地区和农村学校做了一些碎片化的文化建设尝试。如：

吉林抚松县将农村学校的教育目标统整为"为18岁做准备"，培养"语言文雅、行为儒雅、情趣高雅、心灵美雅之人"。

江西省大余县青龙镇是中国明代著名思想家王阳明的仙逝之地，位于此地的青龙中学在阳明文化中选取"知行合一、此心光明"作为学校文化建设的主题，并在校园放置王阳明雕塑，与校外的"落星亭"遥相呼应，成为当地一道独特的人文景观[2]。

山西省太谷县井西小学，虽然只有14名教师、93名学生，教学质量却在太谷县名列前茅。学生上学的路程都不超过两公里，是村民们公认的"家门口的好学校"。学生在自己熟悉的自然和亲情环境中学习和成长，无需父母护送陪读，大大减轻了家庭负担，正如该校校长所说，这正是农村小学的意义所在。

湖北省长阳土家族自治县龙舟坪镇宝箭山小学在财政投入极端困难、

---

[1] 蔡连玉、傅书红：《华德福教育的理论与国内实践研究》，《比较教育研究》2013年第7期。

[2] 覃峥、商宪春：《萃取乡土文化精髓培育农村中小学文化》，《中小学管理》2017年第7期。

学校面临自生自灭困境的条件下,校长利用互联网资源和外引项目,使学校起死回生,并在把学校办成"小而美、小而优"的农村小学美好愿景下奋发图强,吸引了越来越多的社会资金支持、高校智力支持和志愿者团队支持。

第 六 章

策略:农村学校文化建设之"路"

"没有革命的理论,就没有革命的行动",对农村学校文化建设的理论分析涉及重要性、可能性、困难性等方方面面,能够起到提高认识、理清思路、指导甚至引领实践的重要作用。但"纸上得来终觉浅,绝知此事要躬行",农村学校文化建设的相关理论必须落实到建设行动并不断通过文化建设改变农村学校的面貌,才能形成一个良性循环,正如列宁所说,"理论由实践赋予活力,由实践来修正,由实践来检验"。

彼德森和迪尔提出了学校文化建设的基本思路,包括:揭示学校隐性的价值观、信念和假设;确立和发展学校的使命和目的;弄清可以代表学校的合适的故事、隐喻和标志;设计可以丰富学校经验的仪式和典礼;根据教育和文化需要,重新考虑实践中的领导关系;区分、转变和治理"毒性"的教育文化[①]。这个基本思路是否契合中国学校的实际?中国学校如何进行系统的文化建设?农村学校应该走怎样的不同于城市学校的文化建设之路?我们将在本章从农村学校文化建设理念、建设主体、建设条件、建设内容、建设效果等几个方面为广大农村学校提供学校文化建设的路径指引。

第一节 明确农村学校的现实定位和未来目标

任何有生命的事物都有昨天、今天和明天,农村学校的昨天已逝,

---

① D. Peterson Kent, E. Deal Terrence, *The Shaping School Culture Field Book* (2nd Edition), San Francisco: Jossey-Bass, 2009.

但今天站在哪里？明天又将走向何处？这两个问题是农村学校在进行文化建设之前必须明确的首要问题。

一 农村学校会长期存在，也会迎来复兴的春天

事物的发展往往具有曲折性，中国学校的发展要受到国家政策、市场经济、社会结构、公众心态等诸多因素的影响，发展道路更显得波澜起伏，部分农村学校的发展甚至举步维艰。中国正处在城镇化的快速发展阶段，学校、学生快速向城镇收缩，农村学校的衰败之相凸显。但依据国际经验，在城镇化率达到70%之后，往往会出现"逆城镇化"现象，这时，人口会重新由大城市向环境优美、空气清新、人口较少、民风淳厚的乡村流动。在日本，甚至还出现了大城市家长把子女送到乡村学校读书的"山村留学"现象[1]。当城镇化率达到70%时，中国农村地区将可能出现的人口回流和人群多样化现象[2]，将为农村学校的复兴提供必要的生源支撑。而相关研究数据显示，中国2016年末的人口城镇化率是57.35%，2017年末达到了58.52%，预计到2020年达到60%，到2030年达到70%左右[3]。也就是说，农村学校的生源流失和教师流失还会持续12年左右的时间，但在国家政策的扶持下，农村学校不仅不会再大面积撤并，且硬件条件还会得到持续改善，现有的农村学校会长期存在。在这12年左右"黎明前的黑夜"，农村学校应该走积极的自我发展之路还是消极地维持存在呢？如果选择后者，就有可能在黑夜里自生自灭，"不打自垮"；如果咬牙坚持、自强不息，在差异化格局中通过文化建设的引领追求特色发展、内涵发展，定会迎来复兴的春天，并形成异军突起之势，使农村学校走上可持续发展的光明坦途。

二 农村学校的办学目标必须多元且包含"为农"

办学目标属于学校精神文化层面的内容。学校精神文化也被称作理念文化，至少应包括学校精神（或称学校核心价值观，或称学校文化建

---

[1] 邬志辉：《乡村教育现代化三问》，《教育发展研究》2015年第1期。
[2] 杨海燕、高书国：《农村教育的价值、特征与发展模式》，《教育研究》2016年第7期。
[3] 林小昭：《中国城市40年巨变》（http://www.sohu.com/a/236720518_100187739.）。

设主题)、办学理念、学校愿景（或称长期办学目标）、育人目标、校训、校风教风学风等。

办学理念是对"学校到底是什么"问题的回答。一般而言，无论是谁，无论哪所学校，对这个问题的回答都不能脱离党和国家的教育方针，不能脱离中国教育发展的现状，也不能脱离中国优先发展教育的宏观战略和方方面面的教育政策。同时，对这个问题的回答应超越单一的知识价值追求，形成包括人的发展价值、伦理道德价值、社会价值等在内的多维价值观体系。但在做"万变不离其宗"的回答时，各校会根据其历史积淀、现实水平和未来期许的不同，根据其师生结构、地理环境和社会资本占有量的差异，在办学理念的表达形式上会有明显的区别，以昭示学校自我建构的教育哲学。将较为抽象的办学理念具体化为行动指南，就是在某一期限内，我们要把学校办成什么样？对这个问题的回答就是一所学校的办学目标。由此可见，办学目标是上承办学理念和学校愿景、下接育人目标的，办学目标和育人目标的个性化都应该非常明显，不同学校的办学目标、育人目标不应该雷同。

但多年以来，中国社会的二元结构以及对经济快速发展的持续追求，使得农村学校失去了自我和个性，在追求与城市学校"同质"发展的道路上走得太远，几近"迷途难返"之境。在"农村学校会长期存在，但要转向内涵发展和特色发展"的基本判断之下，农村学校必须确定"内涵＋特色"的"为农"发展目标，办学不应脱离乡村特色，而是要充分利用教育环境的乡村状态，认同教育对象的乡村属性，明确教育内容的乡村要求，展现教育语言的乡音特点，同时承担起人才输送、人力开发、文化传承和社区稳定四种功能[1]。2010年，瑞典斯德哥尔摩大学主办的教育促进农村社会转型研讨会再次明确了农村教育自主、特色、多元发展的战略思考和行动策略，将农村教育的功能定位于促进农村社会的转型而不是单向度的量的增加与质的变化，倡导农村教育为引领和促进农村社会转型承担新职能、发挥新价值[2]。只有坚持包含"为农"在内的多元

---

[1] 杨海燕、高书国：《农村教育的价值、特征与发展模式》，《教育研究》2016年第7期。
[2] 王力等：《农村社会转型指数：衡量城乡差距——基于联合国教科文组织国际农村教育研究与培训中心的理念》，《世界教育信息》2014年第5、6期。

化办学目标，农村学校才能找到自身的发展空间，也才能为中国实现城乡一体化发展提供人力和智力支持。

　　农村学校如何确定并实施"为农"发展目标呢？实际上，不少农村学校原来并没有明确的办学目标表述，或者说，不少农村学校的办学目标是潜在的或隐性的，但近些年逐步规范推行的学校章程、五年规划等，使办学目标的明确表述成为必需。确定农村学校包含"为农"在内的办学目标，对一部分学校而言可能是新任务，对于另一部分与城市学校办学目标同质的农村学校而言可能是转向或修订。

　　（一）通过思想大讨论，达成"为农"共识

　　农村学校确定"为农"办学目标，不管是新任务还是目标转向，都需要通过一段时间的思想大讨论，统一全校师生的认识，集中全校师生的智慧，形成全校师生乃至社会、家长的合力，达成"为农"共识。农村学校只有坚持"为农"目标，才不会"种了别人的地，荒了自家的田"。一个需要特别说明的问题是，农村学校的"为农"并不是一元化的办学目标，而是农村学校多元化办学目标中的一个目标。农村学生不仅现实生活不同于城市学生，未来生活也会比城市学生表现出更明显的多元性，而学校教育既要基于当下生活，又要为未来生活做准备，从这个意义上讲，农村学校的办学目标不能一味追求一元的"向城"，必须兼顾现实的乡村生活与未来的城市和乡村，目标的多元化理所当然。另一个需要特别说明的问题是，"为农"的含义也是多元化的，具有其中之一即可称为"为农"。多元化的"为农"，可以是为农业，也可以是为农村，还可以是为农民；既可以是为了当下的农业、农村、农民，也可以是为了未来的农业、农村、农民；既可以是在思想和感情上对农业、农村、农民的认同，也可以是在行动上对农业、农村、农民的支持。

　　（二）通过课程、活动、基地建设等，扎实推进"为农"行动

　　一方面，农村学校要为师生提供客观、全面认识农业、农村、农民的平台。另一方面，农村学校还要为师生提供锻炼涉农技术技能的场所。相关平台或场所包括开发涉农课程、建设涉农实验室、开展涉农实践活动、自建或共建涉农基地、利用家庭教育开展涉农主题的家校合作、聘请校外农技辅导员进行农技指导等。"为农"行动不仅可以在农村学校大力开展，也可以通过城市学校和农村学校的"校校"结对、城市学生到

农村学校开展研学旅行活动等,将"为农"行动从农村拓展到城镇甚至城市,延伸效果半径。

三 农村学校的育人目标是学生多元发展

如前所述,育人目标与办学理念、办学目标紧密相连,它是一所学校的办学目标在人才培养上的具体体现。任何层次的人才培养都要基于培养对象的现实状况,是在现有基础上的培养和提高。

（一）必要性

首先,无论是对学生群体还是对每个学生个体而言,多元发展既符合党和国家的教育方针,也符合国家的各种宏观战略和重大政策,还与社会发展对多元人才的需求高度一致。因此,无论城乡,学校的育人目标都不应该是一元的,而应该是多元的,应该有教无类、因材施教,把做适合学生的教育作为学校共同的育人目标,这种"适合"当然不是"削足适履"的、强制统一的适合,而是"量身定做"的、自主多元的适合。

其次,学生的多元发展是基于中国的现实基础而言的。学校教育是个人成长成才的主阵地,学生成长成才的出发点是国家和自身的现实基础。第一,农业是中国的第一产业,是中国国民经济不可动摇的基础产业;粮食安全事关国家安全,可以说是中国"天字第一号"的大问题。因此,农业从业者必须后继有人。第二,农村是中华文明的发源地,是中华民族之根,是乡愁之归宿,农村不在,则中华文明不在,乡愁亦不在。因此,农村不仅要存续,而且要发展,农村的存续和发展都需要人才,农村建设者也是重要的人才,甚至可能是未来更稀缺的人才。第三,农民的纯朴品格需要保护和发扬。农民总体上是纯朴的,农村学生的最大优势也是纯朴,保护好他们的纯朴,守护发扬好中华民族的敦厚,也应该成为农村学校的育人目标。农村学校通过系统的文化建设,使农村学生沐浴乡土文化、家国情怀的滋养,无论他今后走到哪里,都具有如阳光清泉般清澈健朗的人格和充实丰富的内心,才不会在精神上颓靡迷失、无所归依[①]。这种植根乡土的农村学校育人目标,并不意味着把农村

---

① 杨东平:《农村教育拒绝浮华》,《中国农村教育》2015年第12期。

学生永远"拴"在农村,而是帮助他们获得赖以安身立命的"通行证"①。乡村学校不仅要为继承现代主流文化培养合格公民,为城市建设输送人才,同时也要担当起为乡村发展培养建设者,为农村文明培养接续者②的重任。从这三个方面的现实基础来看,中国的农业、农村、农民都需要在农村学校的育人目标中得到尊重和体现,培养农业从业者、农村建设者和农民品格的践行者,是农村学校基于现实基础的重要育人目标。虽然未来也可能有城市"反哺"农村的专业队伍,但农业从业者、农村建设者的主要来源只能是生于斯长于斯的农村学生,如果农村学校放弃这一育人目标,无疑会使中国农村空心化愈演愈烈,城乡皆伤,村将不村、城将不城、国将不国。

再次,学生的多元发展是基于农村学生的未来可能性而言的。不管社会怎么发达,城市的容量终归是有限的,入城通道总是具有强烈的竞争性,优胜劣汰的丛林法则在城市入口处和城市边缘残酷上演,阻挡了不少农村青年的进城脚步,他们只能退回祖辈生活的农村,成为农业从业者。学校的职能之一就是为学生的未来生活做准备,如果农村学校教育没有帮助一部分农村学生做好服务农村的思想准备和技能引导,而是希望他们未来自行完成这样的心路历程,不得不说这是农村学校的严重失职。因此,为了学生多元化的未来发展,农村学校必须改变以升学为唯一取向的育人目标定位,而是要面向全体学生,着眼于他们自身生命的健全成长,为他们以后多方面的发展打下坚实的基础。

最后,学生的多元发展是针对当下社会问题的解决之道而言的。一是农村学校的"问题"学生大量存在,既影响学校的风气,也影响社会风气。二是在农村学校一元化的育人目标和传统评价体系下的"升学失败"者大量存在,如前所述,他们不了解农村,不认同农村,不愿意从事与农业、农村相关的工作,但又承受不了城市生活的压力,游走在社会的边缘,是社会稳定、社会治安的潜在危险。有时,在校的"问题"学生与已经离校的"升学失败"者相互缠绕,加大了问题解决的难度,也对农村学校的其他学生产生负面影响。如果农村学校尽早确定多元化

---

① 杨东平:《农村中小学向何处去?》,《中小学管理》2015年第10期。
② 吴锦:《以共生谋发展,寻求乡村学校生存路径》,《教学与管理》2015年第10期。

的育人目标，因材施教、因势利导，就能够从源头上减少问题的发生率，有利于学生各安其位、各得其所，也有利于社会稳定平安。

（二）"多元"育人目标的含义

对于不同地区、不同学段、不同发展水平的农村学校，各校育人目标的"多元"组合是不同的，但都应有如下三个共同"体现"。

一是体现"为人性"与"人为性"的和谐统一，并以"为人性"引领"人为性"。所谓"为人性"，指的是农村学校的育人目标要指向农村学生主体的全面发展。所谓"人为性"，指的是农村学校的育人目标还要充分体现农村教育的特殊属性，体现"记住乡愁"这一核心要素，注重培养学生的亲情、乡情和家国情怀；注重培养学生形成与社区自然环境、村落民居建筑、社区邻里乡亲良好的物我关系与人伦关系；注重村落故事、社区民俗和古老民族文化传统的讲述与传承[1]。但中国农村学校普遍存在着重"事"轻"人"的现象，视人为机械体而非生命体，视人为工具而非目的[2]。

二是体现"个体"与"群体"的和谐统一，并以学生"群体"的多元化引领学生"个体"的多元化。对于一所学校而言，其育人目标的表述应该是针对学校学生"群体"的普遍性要求，但又要通过各个环节落实到每个学生个体身上，个体的多元目标与群体的多元目标具有密切的关联，但又不可能完全等同。如，学生的特色发展是学校多元育人目标的题中应有之义，但每个学生的特色方向千差万别，有动有静、有口有耳、有言有行，不一而足。学校要在分析学生个体多元化需求的基础上，将这些需求分类、分层，按"类别+层次"提供多元化的学生群体成长平台，让学生通过对平台的选择和组合，努力实现个体的多元化成长目标。

三是体现"进城"与"留乡"的和谐统一，逐步加大"留乡"的学生比例。如前所述，农村学校的办学目标必须增加"为农"因素，办学目标的"为农"，在很大程度上要体现到学生未来能够"留乡"。农村学校应确定三种育人目标，即向高等学校输送人才、向城市建设输送人才

---

[1] 李广：《学校—社区互动》，《教育研究》2018年第4期。
[2] 蒋亦华：《农村中小学发展的政府行为评价与建构》，《中国教育学刊》2015年第3期。

和培养建设社会主义新农村的人才，要使学生今后无论是留守农村，还是走出农村到城市发展，都能打开局面①。进城虽然是绝大多数农村学生的理想追求，但农村学校还必须对这一理想进行分析、引导，为立志留乡和无法实现进城理想的农村学生提供顺利成长的环境，培养他们的持续学习能力和农村现代生产生活能力，帮助他们尽早成为新型的农业劳动者②。可见，农村学校的育人目标中理应包含培养热爱农村，立志改造、改变农村面貌的未来人才。这虽然是长远目标，尤其是对于农村小学而言，学生考虑未来是进城还是留乡似乎还为时过早，但根据奥地利生态学家康罗德·洛伦兹提出的"关键期"概念，童年（6—12岁，即小学阶段）是情感发展、观念发展、性格发展、社会性发展的关键期，尤其是培养学习品质和道德品质的关键期；少年（12—15岁，即初中阶段）是社会化过程中自我意识发展的关键期。各种认知、各种习惯、各种情感等都有相应的发展关键期，错过这些关键期，或者在相应的关键期发展偏移，就很难得以纠正，这与中国俗话所说的"习惯成自然"等道理类似。乡土代表一种归属感、责任感，对乡土的认知和情感萌发于幼年、少年阶段③，提高乡土认知、培养乡土感情必须在中小学阶段完成。

（三）多元育人目标的确定及实施路径

任何组织目标的确定及实施都要经过"讨论形成共识——明确表述——推进实施"三个环节，遵循的都是类似的路径。但对于农村学校多元化育人目标来说，推进实施阶段显得较为复杂，因为这是对学校原有显性或潜在育人目标的大幅度调整，甚至可以说是对原有目标的"颠覆"。其复杂性表现在如下两个方面。

一是帮助学生设计人生规划。农村学校明确"为农"的办学目标和多元化的育人目标，只是为农村学校进行文化建设划出了"地基"，要在这个"地基"上"盖楼"，还必须将这两个目标细化到农村学生科学合理的人生规划之中，引导农村学生根据自己的优劣势和社会的分类需求选

---

① 钱理群：《农村教育的理念和理想》，《教育文化论坛》2010年第1期。
② 杨海燕、高书国：《农村教育的价值、特征与发展模式》，《教育研究》2016年第7期。
③ 李玉玲：《教育人类学》，扬智文化事业股份有限公司2006年版，第240页。

择自己的人生发展方向。但中国向来不太重视人生规划教育，职业观教育也是到了大学阶段才不得不进行，笔者认为这是导致中国教育问题频出且积重难返的原因之一。可以说，心目中有明确人生规划的中国人占比很低，农村学校也不例外。要帮助学生设计人生规划，首先要对学校教师进行人生规划专题培训，不然，以"无知"指导"无知"，效果可想而知。当然，也可以通过引进外部智力支持来指导、帮助学生设计人生规划。

二是学校按"类别＋层次"提供多元化的学生成长平台。首先是知识型课程的分类平台，应该包括国家课程、地方课程和校本课程三级课程，特别是要提供丰富的地方课程和校本课程；其次是实践型活动的分类平台，包括本土农工商技术技能、本土生活技术技能、民间体育艺术等。每一类别的成长平台又可以再细化分级，为学生提供持续学习、提高进阶的途径。这样的平台既需要高水平的专兼职师资队伍，又需要增加资金和场地投入，但可以一次规划、分步实施，也可以从外部借智或共享社会社区资源。

四 农村学校文化建设目标是在未来形成文化引领学校发展的新格局

农村学校进行文化建设的必要性和紧迫性已在前文详述，但文化建设目标还需在此进一步加以明确。在明确农村学校办学目标、育人目标的基础上，首先，应明确农村学校文化建设的目标指向是当下还是未来？笔者认为，应该立足当下瞄准未来，当下的目标应是通过学校文化建设遏制农村学生厌学、农村教师懒怠的窘境，未来的目标应是形成文化引领学校发展的新格局。其次，应明确农村学校文化建设的目标指向是人还是事？正确回答当然是人，是学校的师生。最后，应明确农村学校文化建设目标是自成体系还是应与学校的其他目标相互契合？正确回答是后者，学校文化建设目标既应该围绕办学目标和育人目标，为办学目标和育人目标服务，不能脱离办学目标和育人目标另起炉灶搞"两张皮"的文化建设；又必须使学校文化建设发挥文化引领功能，保证办学目标和育人目标的既定方向，不因外界环境的影响而走偏。要实现学校文化的引领功能，除了要使学校文化建设自身形成结构合理、功能互补的科学体系之外，还应努力增强学校文化的凝聚力、吸引力、感染力，以文"化"人，"化"人于无形，"化"人到自觉。

第二节　凝聚农村学校的文化建设主体合力

农村学校文化建设既不是空谈，也非一日之功。要在农村学校进行系统的文化建设，必须有明确的主体承担起系统规划和推进实施的任务。那么，谁是农村学校文化建议的主体？这个主体是一个人、一群人还是几类人？如果是几类人，他们之间应该怎样分工？

一　校长：学校文化建设的精神领袖和责任主体

苏联教育家苏霍姆林斯基说，"有什么样的校长，就有什么样的学校"，校长是一所学校的灵魂，也是学校的"文化符号"，学校文化就是"校长文化"，校长对于学校文化建设具有核心领导作用①。成功的校长一定是关注学校文化建设的校长，他们一般会问自己三个问题：学校现在的文化是什么？我应该如何加强原有文化符号中符合我当前思路的部分？我应该如何改变或重塑学校文化？②

校长在学校文化建设中究竟充当什么样的角色？不同的校长有不同的理解和实践，有的大包大揽，有的袖手旁观，有的只做精神领导。不同的研究者对于校长在学校文化建设中的角色有不同的观点：有人认为，校长应该扮演文化领导、文化伙伴和文化侍者三重角色；有人认为，校长应担当起领导者、塑造者和倡导者的责任；有人认为，校长是学校文化建设的设计师、倡导者、经营者；有人认为，校长是学校文化的把握者、代言人，也是学校文化的经营者，还是掌舵者和参与者；有人认为，校长是学校文化建设的继承者、领导者、设计者、弘扬者和创新者；有人认为，校长在学校文化建设中的角色应该是领袖、旗帜和设计师③；有

---

①　赵中建：《学校文化》，华东师范大学出版社2004年版，第271、367页。

②　[美] 特伦斯·E. 迪尔、[美] 肯特·D. 彼德森：《校长在塑造学校文化中的角色》，王亦兵译，中国青年出版社2006年版，第116页。

③　赵中建：《学校文化》，华东师范大学出版社2004年版，第266—280页。

人认为，校长是学校文化的创建者、管理者和领导者，学校文化始于校长的价值观和假设①；有人认为，校长的文化底蕴和文化态度是形成学校特色的直接因素，一所学校文化建设的成败，很大程度上取决于校长的文化自觉②。

笔者认为，校长要通过成为以下几个"师"来承担起学校文化建设的精神领袖和责任主体的职责。

（一）学校文化建设方案的"总设计师"

校长是决定农村学校发展方向和发展水平的核心力量，其精神状态和领导水平、能力与个性等，会外化于学校工作的方方面面，全方位地影响学校的发展。校长的管理和领导不能单纯依靠行政手段，还必须借助文化手段，通过文化途径改变单纯的行政强制管理现状。学校文化建设是一项系统工程，必须有作为建设蓝图的文化建设方案，且文化建设方案应与校园规划、师资队伍建设规划等一起进行统一部署、统一推进。文化建设方案是学校文化建设的顶层设计，类似于房屋建筑的施工图纸。许多昆虫都会自己建造房子，其中以蜜蜂最为出色，但马克思说："最蹩脚的建筑师从一开始就比最灵巧的蜜蜂高明的地方，是他在用蜂蜡建筑蜂房以前，已经在自己的头脑中把它建成了。"笔者在走访调查中，只在极少数农村学校发现较为简单的学校文化建设方案，农村学校文化建设的科学性和整体性欠缺可见一斑。

如前所述，学校文化建设包括精神文化、物质文化、制度文化和行为文化四个方面的内容，不是单个工程，也不太可能在一个校长任期内全部完成。如果缺少在全校师生达成共识的基础上形成的学校文化建设方案，既不利于学校提前谋划、提前预算，也可能会因为校长的调任、变更而中断甚至停滞。要形成科学、合理、可行的学校文化建设方案文本，校长的头脑中必须先勾勒出包括无数关键点的方案草图，以此作为方案设计的范围框架和规划重点，然后，吸纳全校师生的智慧补充完善方案，有的学校可能还要借助相关专家的支持才能形成方案初稿，经学

---

① 张东娇：《论学校文化与校长领导力》，《教育科学》2015年第1期。
② 蔡劲松等：《大学文化理论建构与系统设计》，文化艺术出版社2009年版，第70、233页。

校教职工代表大会讨论通过之后开始方案实施。在整个过程中，校长是文化建设方案的框架建立者、核心内容提供者、主要智力贡献者、方案文本审定者、全程领导者，承担"总设计师"之责。

（二）学校精神文化的"炼丹师"

学校文化建设的核心和难点是精神文化建设。学校的精神文化包括学校精神、办学理念、学校愿景、办学目标、育人目标、校训、校风教风学风等，构成一所学校独有的教育哲学体系。学校精神文化既是学校教育思想的智慧凝结，又是语言文字的杰出表达，既是"智慧之思"，又是"隽永之言"，不可能通过照搬或拍脑袋"一蹴而就"，而是既要经过长期的历史积淀，又要通过高超的文字推敲和提炼才可能确定。苏霍姆林斯基说过，校长的领导首先应该是教育思想的领导，其次才是行政的领导。上海市北郊学校原校长郑杰认为，校长是学校的精神领袖。校长在学校文化建设中所扮演的角色应该是提炼出"道"并不断"布道"的角色[①]，这里的"道"就是学校的精神文化，提炼学校精神文化的过程类似于中国古代的"炼丹"，需要对外物和内心不断地萃取、舍弃、提炼，取其精华，弃其糟粕，所以我们把校长比喻为学校精神文化的"炼丹师"应该是恰当的。

（三）推进学校文化建设的"监理工程师"

在学校文化建设方案确定以后，推进实施更是一个艰难曲折的过程，我们仍然可以把这个过程类比为根据图纸施工的建筑工地，那么，校长就是时不时巡视工地、根据图纸监督施工、随时解决施工中出现的问题的"监理工程师"。

作为"监理工程师"，校长首先要尽可能地寻求外部支持。如前所述，农村学校进行文化建设存在着诸多困境，单靠学校自己的力量不足以完成这一"高大上"的系统工程，既需要外部的"硬件"支持如基地场所、设施设备、经费、人才等，又需要外部的"软件"支持如政策导向、智力"点子"、情感氛围等。只有具备了全方位的外部支持，才能将学校文化建设这一非常规性的事务顺利推进。

其次，是要合理分配内部资源。学校进行系统的文化建设，离不开

---

① 赵中建：《学校文化》，华东师范大学出版社2004年版，第274、261页。

人、财、物等各方面的资源。但一所学校的办学资源既是稀缺的,又是基本稳定的,甚至还有少数农村学校的资源是在逐年减少的。在此背景下,投入某一项目的资源增加,必然会导致投入其余事务的资源减少,也必然会使利益相关者受损进而引发不满。但如果决心进行学校文化建设,资源配套是必不可少的。如何在原来的资源分配惯例和增加学校文化建设之后的资源分配方案中找到平衡点,是考验校长领导力的一个难题,也同样是考验"监理工程师"现场解决问题能力的一个难题。

最后,是要根据情况变化适时进行文化建设方案的调整。我们虽然多次强调学校文化建设方案应该科学、合理、可行,但方案毕竟只是预案,是理论性的产品,不可能与现实丝丝入扣,在推进实施过程中总是要在保证大方向、总目标实现的前提下根据具体情况进行局部调整,如增加或修订某项制度规范、增减某类典礼仪式、调整某一雕塑的摆放位置等。

(四)践行和宣讲学校文化的"讲师"

虽然我们常说"有什么样的校长,就会有什么样的学校",实际上,在某些情况下,反过来也是成立的,即在学校文化建设基本完成之后,有什么样的学校,就应该有什么样的校长。校长是学校的第一形象代表,是学校文化的示范践行者和首席代言人。

首先,校长是学校文化的示范践行者。一所学校所倡导的文化,应该体现在师生的活化行为之中,校长是师生行为的表率和榜样,校长的一言一行、一举手一投足、仪态仪表,均应能够让人准确"读取"他所在学校的文化。例如,一所学校确立的文化主题为"雅"文化,校长的行为就应该处处显得"文雅""优雅""高雅",从整洁着装到文雅语言、从精细工作到健康生活,不能粗俗随便、松垮马虎。只有通过校长的文化示范和文化践行,才能引导更多的师生践行学校文化所倡导的行为,逐渐使学校文化的相关要求从不情不愿的外部"他律"变成内心认同的自觉"自律",再进一步通过师生的文化践行引领社区的先进文化,形成更大范围内的良性循环。

其次,校长是学校文化的首席代言人。一所学校在基本完成学校文化建设之后,不仅要在校园通过师生行为广泛践行,还要走出校园进行宣传、宣讲。很多正式或非正式的平台和场合,都可以作为宣传、宣讲学校文化的平台，如学校网站、学校微信公众号、各种办学经验交流会、各种评优评奖申报材料、各种课题申报、校外各种教师培训班、校外各种行政会议等。对学校文化的宣传、宣讲，一是可以提高学校的美誉度；二是可以通过增加外部关注，推动学校更自觉、更高质量地进行文化建设，从而更全面地提高学校的办学水平。

（五）学校文化建设的"审计师"

管理者的职责或管理的程序包括计划、组织、人事、领导和控制，反馈评价是控制的主要手段之一，通过反馈评价可以不断地改进管理①。反馈评价既有面向外部管理部门的，也有面向学校内部的。在学校内部，校长往往是各种反馈信息的最终接收者，也是自评结果的最后"定调"人。学校文化建设既是学校管理内容的一部分，也是学校管理的一种手段，无论是作为管理内容还是作为管理手段，都需要收集反馈信息，并对其进行审核评价。校长是一所学校的主要管理者，获取学校文化建设的反馈信息并对其进行自我评价，是校长的管理职责之一。这一过程类似于对学校的自我"审计"，校长则类似于"审计师"。通过对学校文化建设的自我"审计"，找出学校文化建设的偏离或不足之处，制定整进措施，以保证学校文化建设达到预期目标。

总之，作为学校文化建设的精神领袖和责任主体，校长应该有领袖的魄力和主体的担当。案例经验表明，"卡里斯玛"型的校长更能担当起学校文化建设领袖和责任主体的角色，能在革新办学理念、更新传统制度、转变思维方式、彰显人格魄力等方面展现智慧和能力。但综观中国农村学校的校长队伍，大多数离这个要求还有较大的差距。一方面，需要加大对农村学校校长的先进理念培训和领导力培训。在培训实践中，既可以在各级政府组织的培训中适当增加这类培训主题，也可以考虑借助于已有的商业培训或公益组织培训途径开阔农村校长的眼界。实际上，在现有的国家级、省级培训项目中，有些培训已经与此相关，如某省2018年的"乡村女校长领导力提升计划""乡村骨干校长助力研修"等。又如，世界级管理大师、学习型组织之父彼得·圣吉在2015年6月19日

---

① 参见［美］哈罗德·孔茨、海因茨·韦里克《管理学（第十版）》，张晓君等编译，经济科学出版社1998年版。

宣布了他们的"2030中国未来乡村学校计划",拟帮助中国的乡村校长和乡村学校提升变革与发展能力,规划了为期15年的"百千万工程",即树立100所示范学校、打造1000所成功变革的未来乡村学校、辐射10000所乡村学校开启面向未来的变革。第一个五年计划选取50所乡村学校,与来自发达地区的50所学校结对共建,通过"一对一""手拉手"活动、教练式导师辅导、混合式研修、挑战性任务实践、定期与彼得·圣吉开展圆桌对话等,将这100所学校打造成为"2030中国未来乡村学校计划"的示范学校,同时培育出至少300名骨干教师和优秀校长,以帮助更多的学校开启未来变革。另一方面,通过U-G-S(高校—大学—中小学)协同组成项目组,形成对农村学校进行指导到片或指导到校的、互援互助的学校文化建设"精准支持"共同体[1]。

二 师生：学校文化建设的行动主体

早期的经典大师约翰·费克斯在《电视文化》中提出了著名的文化经济理论,即文化消费者在消费的同时也是意义的生产者。从这个角度来看,学校师生既是学校文化的消费者,也是学校文化的生产者,即师生也是学校文化建设的主体之一。虽然校长在学校文化建设中要起到精神领袖和责任主体的重要作用,但学校文化建设不能只是校长一个人"单干",必须调动起全校师生参与文化建设的积极性,也必须增强全校师生参与文化建设的行动力。如果师生没有很显著的文化参与,只能说教师和学生被"文化"了[2]。在学校文化建设中,如果校长起到的是"道"和"道生一"的作用,教师则起到"一生二、二生三"的作用,学生的作用则是"三生万物"[3]。即使学校文化建设方案设计得再完美,如果没有吸引师生的行动参与,如果没有体现到师生的行为改进,则永远只可能停留在静止的"一",无法达至"三"乃至"万",这个方案也就只能是"镜中月""水中花",既不能照亮,也无法散香。

---

[1] 凌云志、邬志辉:《基于核心素养的农村学校改进的思维方式》,《教育理论与实践》2017年第20期。

[2] 赵中建:《学校文化》,华东师范大学出版社2004年版,第250页。

[3] 同上书,第263页。

师生作为学校文化建设的行动主体，其主体性应体现在以下几个方面。

（一）响应并积极参与学校文化建设必要性大讨论

学校文化建设不是学校当下生存的"必需品"，缺少文化建设的学校不至于马上"衣食无着"；但学校文化建设也算不上学校当下生存的"奢侈品"，对于大多数学校来说并不是可望而不可求的东西。我们可以把学校文化建设比喻为学校当下高质量办学和学校未来可持续发展的"能量包"，其着眼点在"高"和"远"。对于任何组织而言，追求"高""远"都是必要的，因为《孙子兵法》有云："求其上，得其中；求其中，得其下；求其下，必败。"学校组织文化建设的必要性大讨论，既是为了收集师生意见，又是为学校文化建设进行舆论造势，更是为了通过这样的大讨论统一全校师生对学校文化建设的认识。师生响应并积极参与大讨论，本身就是一种主体行为方式，体现了学校对师生的号召力和凝聚力，体现了师生对学校的归宿感和向心力。

（二）积极为学校文化建设方案的制定和完善出谋划策

学校文化建设方案的总设计师是校长，但也应该吸纳学校师生的集体智慧。经验表明，有更多人参与出谋划策的方案，往往推进起来更加顺畅高效，因为方案里含有自己的劳动和智慧，而人往往更尊重自己的劳动成果，也更爱惜自己的智慧结晶。因此，吸引、鼓励更多的师生积极为学校文化建设方案的制定和完善出谋划策，既是方案本身的科学性、合理性、针对性的要求使然，也是为后续的方案实施铺平道路。而且，师生积极参与出谋划策，还体现了师生的主体意识，既是对学校高质量发展和持续发展出一份力、尽一份主人翁之责，也能够在客观上为自己创设更好的工作环境，利校利己，互惠双赢。

（三）根据学校文化建设方案的要求，努力提升自己的行为文化

学校文化体系中的行为文化，其主体就是师生。师生行为文化的改进和提升，是学校文化建设的落脚点，也是学校文化建设成效的检验标尺。师生的行为文化既要体现在课堂内，又要体现在课堂外；既要体现在校园内，又要体现在校园外；既要体现在与师生的交往行为，又要体现在与家人朋友的交往行为；既要体现到"言"的改进，又要体现到"行"的提升。行为实际上是思想的外在表现，师生要通过外在行为文化

的提升,最后达到思想境界、道德品质、综合素养的全面提升,使学校与师生互相引以为荣。

农村学校教师要发挥学校文化建设行动主体的作用,首先要重构他们的文化自信,提高他们的文化参与力。因为,在现实条件下,农村教师已沦为乡村文化的"边缘人"。其次要重构农村教师的公共性身份,即农村教师不仅仅是农村学校教育的主体,也是乡村文化的主要参与者,是农村学校和乡村文化联系的桥梁①。

三 学术研究者:智力支持主体

农村学校虽然在一定的地域范围内可以称作"智力高地",但对于进行文化建设这一"高新"领域的工作来说,目前仅靠农村学校内部的师资力量远远不能满足需要,必须借助教育领域和文化领域学术研究人员的帮助和支持。

从理论逻辑上看,农村学校内部的师资力量暂时无法承担全部的文化建设任务,原因有三:一是精力不足。农村学校教师的教学任务、教学压力、住宿生管理压力、生活压力等普遍较重,很少有精力顾及常规教学和学生管理以外的工作。二是学力不足。虽然近些年来,农村学校的教师学历基本达到了国家要求,但大多是含金量偏低的后续学历,这样的学历与"学力"即学习能力的提升没有必然的联系。三是创造力不足。农村教师大多是中国应试教育的产物,自己走上教学岗位后也基本属于知识传授型教师,教学研究型教师比例很小;管理者也大多采用经验管理方法,研究型管理者很少;虽然近些年接受的教师培训数量大大增加,但大多是技能型、新课改之类的培训,高层次的创造力培训几近于无,其创造力水平不容乐观。

从实践领域来看,中国少有完全依靠农村学校内部的师资力量进行学校文化建设而获得成功的案例。一部分学校开始尝试自力更生进行文化建设,取得了一些阶段性成果,但要么缺乏系统性,要么缺乏学校特色,要么层次偏低,要么难以获得学校师生的广泛认同和参与。少数在

---

① 陈艳超:《农村中小学的"孤岛化"困境及其解决路径》,《铜陵职业技术学院学报》2017年第3期。

区域内小有名气的文化建设"名校",都或多或少地借助了外部的智力支持。

如何寻找和利用学校文化建设的智力支持主体呢?

首先,校长要做文化建设的有心人。在外出参加培训、聆听讲座时,广泛收集学校文化研究者的信息,通过交流咨询建立稳定的联系;在本地教育管理部门的中介桥梁作用下,与本地高校研究人员建立联系,通过专题咨询、合作研究、专题培训等方式获得本地高校系统化的智力支持;与本县区教学研究部门及其人员建立紧密的联系,适时获得他们的帮助;广泛收集本地及周边地区"名校"退休校长信息,以适当的方式获得这些既有管理理念、又有实践经验的老校长的支持。2018年7月,教育部、财政部联合印发了《银龄讲学计划实施方案》,面向社会公开招募优秀退休校长、教研员、特级教师、高级教师等到农村义务教育学校讲学。笔者认为,将单纯的"讲学"扩大到支持农村学校文化建设,应是水到渠成、顺理成章之事。

其次,组织学校文化建设专题考察。在专题考察中认识了解、甄别挑选能为农村学校文化建设提供实在帮助的智力支持主体。在这些可能的智力支持主体中,本地高校教育学领域的相关研究人员是最佳选择,因为他们同时具备帮扶之心、天时、地利之便和创新之力。

要使智力支持主体能够发挥作用,除了尽可能利用本地高校的研究者之外,还需要充分利用教育信息化技术,通过"互联网+"获得学校文化建设的适时指导,使互联网技术和农村学校实现完美对接。

四 地方名人:利益相关者主体

学校应是一个开放的文化组织,不能独立于社会,而是要与社会不断进行物质、能量、信息交换,从这些交换中获得帮助和支持。在由一元管理逐渐走向多元治理的时代,对于一个开放的组织,完全可以利用利益相关者帮助进行治理改革。利益相关者理论来源于企业管理领域。1984年,美国经济学家R. 爱德华·弗里曼出版了《战略管理:利益相关者管理的分析方法》一书,明确提出了利益相关者理论。所谓利益相关者,是指受到企业经营活动直接或间接影响的客体,如股东、债权人、雇员、消费者、供应商、政府部门、本地居民、本地社区、媒体、自然环境、人类后代等，他们与企业的生存和发展密切相关。根据利益相关者理论，农村学校的生存和发展不仅是教育领域的事情，更不仅仅是某所农村学校自身的事情，其生存和发展状况与校内师生、学生家长、政府部门、本地社区及居民、学校的物质供应商、更高学段的学校、自然环境等都密切相关。农村学校所在的社区及居民作为学校的直接利益相关者，也是学校文化建设的主体，也应为学校的生存和发展出智献力。

这里所说的地方名人，指的是地方政府部门的负责人、地方文化名人、地方致富能手、从城市退休返乡的文化人等，相当于前文所说的"新乡贤"。作为农村学校所在社区成员中的杰出代表，他们在农村学校文化建设中的作用至少包括四个方面：一是通过参与学校文化建设大讨论，为农村学校确定文化建设主题出谋划策；二是担任农村学校某些文化活动项目的训练或指导教师；三是利用他们的"名人"效应为农村学校建立相应的文化基地、获取相关的文化资源牵线搭桥；四是利用他们的社会资本，在农村学校与社区文化之间建立更广泛、更紧密的联系，以实现学校与社区的互动共赢。

总之，农村学校进行文化建设的主体是多元的，各主体之间也有主次之分，但只要这些多元主体高度凝聚形成学校文化建设的"共同体"，相信一定能够利用合力改变农村学校"文化贫困"的面貌，还原农村学校"文化组织"的属性，让更多的农村师生能够沐浴文化之光，为建设文化强国做出一份贡献。

第三节　充分挖掘农村学校的文化建设资源

农村学校的现有发展水平虽然总体上落后于城市学校，但前文第四章的分析表明，农村学校也拥有可用于学校文化建设的许多内外部优势资源，包括自然环境资源、农耕文明积淀、地方文化资源、地方人力资源和农村学校自身的便利条件等。农村学校要进行文化建设，就要广开门路，充分挖掘、开发校内外的优势资源为"我"所用。

一　充分开发、利用校内外的物质资源

学校位于社区之中，学校生活是社区生活的特殊表现形式。农村学

校回归农村社区，充分开发、利用农村社区的物质资源，践行的是"教育回归生活"的理念。农村学校回归农村社区，既是在空间上回归并扎根农村社区环境，又是在时间上回归并扎根农村社区历史，还是在教育内容上回归并扎根农村社区生活经验①。空间上的社区环境主要是指物理空间和空间中的物质环境，包括校内外的宽阔场地、山川河流、森林草地、田地庄稼、农业设施、各种农村生产生活用具、传统聚落村舍、现代农业基地等。宽阔的物理空间、山川河流适合开发为学生体育运动的天然场所，在自然环境中培养学生自由奔放的个性和保护环境的品格。山川岩石、树木花草、庄稼作物、百鸟鸣唱、层峦叠嶂等可以通过现场教学等方式融入语文、地理、生物、物理、音乐、美术等课程教学之中。传统的农业设施、农村生产生活用具等既可以作为开发校本课程的资源，也可以作为"探究式学习""体验式学习""综合实践活动课程"等教学改革的载体、平台。聚落村舍既是农民繁衍发展的生存空间，也是其语言文化、价值观念、风俗习惯、社会心理等共同意识形成和发展的人文环境②，蕴藏着众多的民族民俗文化精粹③，其珍贵的"天人"生态观、"亲睦"伦理观、"和合"宇宙观、"田、园、庐、暮"的乡村画卷④等，既是农村学生现实的栖身之所，也是维系农村学生未来与农村生活联系的纽带，是对农村学生进行劳动教育、亲情教育、人际关系教育等的特色教育资源。现代农业基地包括种植基地、养殖基地、农产品加工基地、农村电商基地等，这些基地是传统与现代的结合，是沟通农村与城市的桥梁，能够帮助农村学生认识农业新技术、开阔新视野，也是城乡学生参观、访学的好去处。

综上，农村学校校内外的各种物理空间和物质环境可以作为运动、访学、参观旅行、现场教学的特色场所，也能为农村学生提供独一无二

---

① 李广：《学校—社区互动》，《教育研究》2018年第4期。
② 王乐：《村落文化的传承与乡村学校的使命》，《湖南师范大学教育科学学报》2016年第6期。
③ 卢荣轩、童辉波：《论村落文化的基本特征及历史性变革》，《社会主义研究》1993年第1期。
④ 王乐：《乡村少年"离土"教育的回归——基于"文化回应教育学"的视角》，《湖南师范大学教育科学学报》2014年第3期。

的写作主题、研学主题，一些轻便的农村生产生活用具还可以开发为农村学校的特色教具，既可以大大丰富农村学生的学习生活，也可以极大提高农村学生的学习兴趣，进而提高农村学生的学习效果。

二 充分挖掘、开发农村生产生活资源

陶行知所倡导的生活教育，是"来自生活的教育、依据生活而教育、为改善生活而进行的教育"。因为教育来自生活，所以，城市和农村的教育也不尽相同，举办适合农村实际需要和青少年成长实际需要的教育，本身就意味着一种教育质量[1]。

在中国农村，特别是山区或丘陵地区的农村，农业生产还基本上是一种个体化的小生产，采用的主要是传统的一栽一种、一季一获的手工农业生产技术；农村生活尤其是老年农民的生活还基本上属于日出而作、日落而息的经验生活，传统生活经验还有所留存。但随着现代生活方式和现代农业技术的快速进入，随着城镇化的快速推进，这些传统的手工生产技术和生活经验也将快速消亡。抢救性地挖掘、记录、传承这些祖祖辈辈积累下来的生产技能和生活经验，既有利于丰富农村学校的教学内容，培养农村学生的家国情怀，也是有利于民族繁衍且惠及中华子孙的为善之举，值得农村学校为之努力。挖掘、记录下的这些经验知识和技能，有的可能是"独门绝技"，有的可能是"缄默知识"，通过学校教育的课程传承，或社会教育的师徒相授，本身就是在延续农村生产生活的脉络，是一种典型的、有别于城市学校的文化行动，既能丰富农村学校的文化色彩，又能为民族文化的代代相传尽一份绵薄之力，可谓意义非凡。

三 全面汇集、整理乡土文化资源

根据文化概念的起源，文化最初仅指代精神成果，学校文化建设的核心内容也只与精神成果相关。农村学校除了具有特殊的校内外物质资源和农村生产生活资源之外，还与大量的乡土文化精神成果相邻相伴，如一个地方长期积淀形成的民风民俗，在人与自然的斗争中创生的民间

---

[1] 杨东平：《农村教育拒绝浮华》，《中国农村教育》2015年第12期。

体育活动、民间歌舞、民间工艺，记录当地历史沿革、风土人情等知识的地方史志，在休闲生活中创作积累的各种体裁的民间文学如民间故事、民间传说、乡土诗词等。这些精神成果的原始记录方式和记录载体大多不太正规正式，易损易失，需要花大力气进行汇集、整理、保存。农村学校要提高办学质量，就要在特色上下功夫，而这些乡土文化的精神成果正是农村学校最具特色也最具灵性的文化资源，是农村学校文化建设的根基支持[1]。在汇集、整理、保存的基础上，将这些乡土文化资源改造后以乡土教材[2]、地方课程或校本课程的形式纳入学校教育教学体系，不仅能使本土特色文化资源"物尽其用"，也能够促进农村学校教师"人尽其才"，通过整理乡土文化资源达到以文"化"人的目的；还能够从乡土文化的一风一俗、一人一事、一字一句、一招一式、一吟一曲中获得学校精神文化表达的灵感，使农村学校精神文化体系因地制宜、灵性鲜活，真正能够起到核心、引领和辐射作用。

第四节　扎实开展农村学校的文化建设

根据学校文化建设的内容构成，我们将充分利用农村学校的优势或特色资源，发挥各建设主体的合力，从精神文化、物质文化、制度文化和行为文化四个方面进行学校文化建设的实务指导。

一　凝练学校精神文化

在教育管理领域，有不少借鉴企业管理的做法，对 CIS 的借鉴就是其中一例。CIS 系统是企业形象识别系统 Corporate Identify System 的简称，发端于 20 世纪中期，是企业进行形象塑造的科学方法和系统化运作的有力手段，起到标识自身和强化形象的重要作用，被称为企业营销传播的利器。CIS 一般分为企业的理念识别 MI（Mind Identity）、视觉识别 VI（Visual Identity）和行为识别 BI（Behavior Identity）三个方面。有人仿照

---

[1]　李晓红：《农村地区学校发展内卷化的表征分析》，《现代中小学教育》2016 年第 5 期。
[2]　王乐：《村落文化的传承与乡村学校的使命》，《湖南师范大学教育科学学报》2016 年第 6 期。

CIS 系统提出了大学形象识别系统 UIS（University Image System）的概念，将大学文化外化为大学形象，包括理念识别系统 UMIS（University Mind Identity System）、视觉识别系统 UVIS（University Visual Identity System）和行为识别系统 UBIS（University Behaviour Identity System）。根据这一仿照，大学精神文化的构建就是创设大学理念识别系统 UMIS 的过程。借鉴 CIS 和 UIS，中小学也可建立自己的形象识别系统 SIS，只不过这个系统可以不像 CIS 或 UIS 那么复杂。凝练中小学精神文化的过程也就是对中小学进行系统的理念识别的过程。

学校精神文化就是一所学校"自己的理论"[1]，是这所学校独特教育哲学的文字表述。凝练、建构学校"自己的理论"，需要高度的文化自觉。"文化自觉"是 1997 年北京大学举办第二次社会学人类学高级研讨班时费孝通先生提出来的概念，是指"生活在一定文化中的人，对其文化要有自知之明，明白它的来历、形成过程、所具有的特色和发展趋向，自知之明是为了加强对文化转型的自主能力，取得适应新环境、新时代文化选择的自主地位"[2]。有了高度的文化自觉，还无法自然而然地完成对学校"自己的理论"的建构，还需要做充分的理论准备，包括教育学相关理论、文化人类学相关理论、中国传统文化相关知识、地域文化知识、语言学相关知识等。在充分的理论准备基础之上，保持既尊重历史又放眼未来、既保留传统又开放接纳、既承接地气又立意高远的心态和视野，以"底气＋地气＋志气"的"三气"为目标凝练农村学校的精神文化。所谓"底气"，是指既能够继承学校发展的历史传统，又具备充分的理论知识储备；所谓"地气"，是指吸收学校所在地域的优秀文化元素和本土营养；所谓"志气"，是指作为学校"文化场"的学校精神文化应立意高远[3]。

（一）办学理念

理念是指观念、理论、思想，观念一般比较零星，理论一般较为系

---

[1] 汤颖：《农村学校改进中的价值困境及突破条件》，《教育评论》2017 年第 1 期。
[2] 肖谦：《多视野下的大学文化》，西南交通大学出版社 2009 年版，第 211 页。
[3] 雷芳：《学校文化建构的基本路径与内在机理》，《湖南师范大学教育科学学报》2017 年第 1 期。

统,思想则是介于二者之间的一种状态。办学理念是校长所持的教育观念、所认同的教育思想和教育理论与办学行为相结合所形成的理念系统,是校长基于"办什么样的学校"和"怎样办好这所学校"的深层次思考的结晶。虽然办学理念已经与办学行为相关,但仍然主要是一种理论中的"应然"和理想。

比如,一个人在学习和认同多元智能理论之后,慢慢会形成"以人为本""充分尊重个性"的教育理念,如果他做了校长,他的办学理念中就会包括"生态教育"或"自由教育"或"全人教育"或"生活教育"等相关因子。这样的例子在日本作家、主持人黑彻柳子所著的《窗边的小豆豆》里可以看到,在华德福学校也可以看到。但我们发现,《窗边的小豆豆》是文学作品,之所以吸引世界各国的儿童和成人,是因为书中描写的学校"巴学园"、校长小林宗作、倾听等教育"要法"等都是很多人内心追求的教育理想,在现实中却甚为罕见;成都的华德福学校是在中国教育场域的一种孤独试验,由于形成了对中国传统教育中知识掌握程度、应试能力、规范服从等优势的冲击,社会认同率一直不高。

农村学校的办学理念,是农村学校校长所持的教育观念、所认同的教育思想和教育理论与农村学校发展的理想状态相结合所形成的理念系统,应大大高于农村学校的现实,还应有一定的理论特色。学校在提炼本校的办学理念时,应综合考量现代教育理论、相关教育政策、学校优良传统、外校成功经验和最新的时代精神。如,上一章中的案例之一半月镇初级中学的办学理念是"办生长学校、育精耕人才","生长学校"符合生态教育理念和叶圣陶先生"教育即农业"的理念,也符合中学生的成长规律,"精耕人才"与农村学校的乡村属性高度契合。又如,上一章中的小学案例之一大堰堤小学的办学理念"为乡村留根、为社会树人"既与当下教育"立德树人"的根本任务和国家乡村振兴的重大战略部署同向同行,也与农村学校的乡村属性高度契合。钱理群教授提出了"让学生认识我们脚下的土地"的教育理念,并在该理念指导下为农村学校编著了《贵州读本》等乡土教材。

(二)学校使命

使命是指宏大任务和重大责任,需要通过长期的、艰苦的努力才能够完成,一般可以用"神圣"一词来加以修饰。如瞿秋白说过,文化和知识的传播似乎是"知识阶级"的使命。

虽然绝大多数学校没有思考学校使命的传统，但在《学校章程》中对学校使命有明确要求。所谓学校使命，是指学校存在的理由和意义[①]。对于所有学校而言，学校使命都可以笼统地表述为通过汇集知识、传承文化培养人才。但对于不同学段、不同类型、不同层次、不同地域的学校而言，汇集知识的数量和结构、传承文化的层次和方式会有很大的不同，因而所培养出来的人才在知识结构、品格特点、文化追求、生活方式等方面也会千差万别。农村学校的使命表述，应在一般学校的普遍性基础上有其特殊性，如知识的结构务必包括"乡土知识"，传承的文化类别务必包括"农耕文化"，文化传承的方式务必包括"体验式教学""探究式学习""在实践中传承"等，培养的人才要能够在未来"适应多元化的生活方式"。

（三）学校愿景和办学目标

学校愿景是对学校未来发展状态的描述，是办学理念在学校长期发展中的可能实现程度。与办学理念相比，学校愿景的理论性要弱一些，但现实性要强一些。在学术研究与教育实践领域，"学校愿景"有时与"办学目标"相互混淆。但笔者认为，办学目标有短期目标、中期目标和长期目标之分，但学校愿景一定是长期的，甚至是超长期的，即学校愿景＝学校长期目标。

学校愿景的描述本无固定模式可参考，但作为目标中的一种，应该是经过长期努力可以实现的尺度，因为，"目"就是眼睛看得到的意思，"标"就是可测量的尺度。学校愿景作为学校的长期目标，自然应该遵循目标设定的 SMART 原则，即目标应是明确的、具体的（Specific）；可量化的（Measurable）；可实现的（Attainable），既不能过高也不能过低；要具有现实性（Relevant），而不是假设性的；是有时限的（Time bound）的，而不是无期限的。从管理学上说，目标是比现实能力范围更高的要求，是"蹦一蹦、够得着"的尺度。短期目标需要"蹦"的力度相对较小，长期目标的实现则需要付出更大甚至艰苦卓绝的努力。学校愿景作为长期目标甚至超长期目标，至少需要 10—20 年甚至更长时间的艰苦奋

[①] 沈曙虹：《学校文化战略策划的内容结构》，《中国教育学刊》2011 年第 2 期。

斗才可能实现。

我们可以参考一些学校的学校愿景，确定农村学校的学校愿景。如：

北京十一学校的学校愿景：把学校建设成为"一所受人尊敬的伟大的学校"；

大堰堤小学的学校愿景：办人民群众满意的乡村学校，创宜都市农村完小的窗口学校；

上海北郊高级中学的学校愿景：上海一流、全国知名、有一定国际影响的新型现代化高级中学；

江苏省淮安市徐杨中学的学校愿景：现代化、高质量、有特色的一流优质初中。

办学理念、学校使命、学校愿景三种精神文化的内容容易混淆，在实际工作中要注意判断、区分。

（四）育人目标

育人目标是学校办学目标在人才培养上的具体体现。中国的教育方针中对育人目标有普遍性的明确要求，即"培养德、智、体、美全面发展的社会主义建设者和接班人"。但对于每所具体的学校而言，在国家普遍性的育人目标要求基础上，应有各校的特色目标，既可在德、智、体、美中选择一种重点培育，也可在学生核心素养中选择一类进行重点突破，以体现各校的特色办学理念和特色办学目标。对于客观条件和学生诉求都不同于城市学校的农村学校来说，育人目标既要基于学生当下的生活现状，又要关照学生未来的多元发展，既要有德、体、美的共同要求，也要有包含"为农"的德、智、体、劳等方面的特殊性要求。

（五）校训

对于上文所论及的学校精神文化四个方面的内容，很多学校实际上并不一定重视。但对于校训，大多数学校却都认为是学校文化的"要件"。

校训由来已久。《辞海》中说，学校为训育上之便利，选若干德目制成匾额，悬之校中公见之地，是为校训，目的在使个人随时注意而实践之。《说文解字》中说："训，说教也。从言，川声。""言"指劝说、说教，"川"本指归向大泽大海的水流，"训"则表示"用言辞劝教以使归于"，代表一种典范、规范、前人践行成功的成果等。与"训"相关的词有"训典""家训""院训"等。中国校训最早可以追溯到古代书院的"院训"。受中国传统文化中家训形式的影响，中国的校训往往用字简洁、句式工整，以四言八字、二言四字、二言八字等为主。如长沙岳麓书院以"忠孝廉节"为院训，无锡东林书院以"风声雨声读书声，声声入耳；家事国事天下事，事事关心"为院训。在当下，校训有时也称为学校精神，是学校提出的对全校师生具有规范、警策与导向作用的行动口号，是学校哲学的"人性观"[①]。校训一般是一所学校办学理念、办学特色和师生精神风貌的高度凝练，是一所学校精神文化的缩影，往往以高度浓缩的词语、短句"豪迈"地表达出来。

中国传统文化是"主德"的文化，所以中国传统教育的主要内容是"德"，甚至是"大德"。与西方德育的至高点在宗教不同，中国德育的至高点在传统文化。因此，中国传统文化中的德性文化是中国校训的总基调，勤、诚、勇、朴、慎、敬、公、俭、信、毅、实等构成了中国校训的主流内容[②]。

1. 宜作为校训的词语

纵览中国古代典籍和学校发展的现代追求，笔者认为，下面这些类别的相关词语可作为学校校训的优先选项：

围绕"学"的词语：为学、好学、乐学、博学、共学，敏而好学，学而思，学不已；

围绕"读"的词语：熟读、善读，修业，致用；

围绕"言"的词语：雅言、慎言、讷言，言忠信；

围绕"行"的词语：笃行、躬行、敏行、慎行，行笃敬，三思而后行；

围绕"思"的词语：九思、精思，思无邪；

围绕各种"德"的词语：崇德、进德，弘毅、弘道，诚意、正心，敦厚，无信不立，博文、约礼，知书达礼，文质彬彬；

围绕"惑"的词语：辨惑，不惑、不忧、不惧；

[①] 沈曙虹：《学校文化战略策划的内容结构》，《中国教育学刊》2011年第2期。
[②] 王彩霞：《二十世纪中国学校校训研究》，硕士学位论文，华东师范大学，2006年，第16页。

关于"志"的词语：笃志、志道；

……

相关精妙美句如：

终日而思，不如须臾之学；

千里之行，始于足下；

德言盛，礼言恭；

博学而笃志，切问而近思；

讷言敏行，就道敏求；

不迁怒，不贰过；

有德，有言，有勇，有仁；

躬自厚，薄责人；

通志，定业，断疑；

学贵有疑；

温故而知新，敦厚而崇礼；

恭敬温文，讲信修睦；

安其学而亲其师，乐其友而信其道；

学而自反，教而自强；

……

2. 符合农村学校的校训表述

如果要体现农村学校的农村属性和"为农"目标，笔者认为，下面这些表述可以作为农村学校的校训选项：

一份耕耘，一份收获；

勤能补拙是良训，一分辛苦一分才；

书山有路勤为径，学海无涯苦作舟；

万物土里生，全靠两手勤；

处处留心皆学问；

栽培、发现；

捧着一颗心来，不带半根草去；

智者乐山，仁者乐水；

种瓜得瓜，种豆得豆；

该种不种，过后落空；

春不种，秋无收；

春争日，夏争时；

……

校训比其他精神文化形式的"曝光率"更高，常会被人评头品足，所以切忌假大空，必须要与本校的历史积淀、地理位置、文化环境等相关联，既体现高雅的文化品味，也体现先进的教育理念，以便得到全校师生和社会的广泛认同。如果校长的"校训"思维暂时"短路"，可以通过在校内外进行"校训"征集活动，广集民智，获得灵感。校训不可照搬照抄，要因地制宜，体现学校的特殊追求。如，位于山东省泰安市省庄镇东苑庄村的省庄二中，校训是"发现……"；湖北省秭归县九畹溪镇初级中学的校训是"大声、大胆、大气"；湖北省长阳土家族自治县龙舟坪镇宝箭山小学的校训是"小而美、小而优"……这些学校的校训都可以算得上是有特色、有农村师生针对性的优秀校训。

（六）校风教风学风

调研中我们发现，说到学校文化建设，很多农村学校校长并没有形成完整的概念，但"一训三风"常被不少校长挂在嘴边。"一训"即上一段所述的校训，"三风"即校风、教风和学风。实际上，这三个"风"并不属于同一层次，校风应是上位概念，是规约全校教师、学生、服务人员的作风要求，包括教风、学风、工作作风、生活作风等。教风和学风分别是校风在教师和学生身上的具体体现。

在《社会心理学词典》中，校风是指学校的风气，一是指一般的良好风气，即校内的心理环境；二是指一所学校区别于其他学校的独特风气，能产生较大的心理效果，进而成为一种个性化的心理环境。校风形成之后，通常具有相对的稳定性，并对学校成员具有较大的影响力和感染力，成为濡染、激励学校成员的隐性动力。

教风是对校风起主导作用的最重要成分，是指一所学校教师群体（也可以扩大到教职员工群体）在对待教育教学工作、对待学生时所表现出来的共同的、稳定的心理倾向和行为风格，集中体现了学校教师群体的价值观念和教育思想，是特定历史时期社会意识形态与社会风气在学校中的反映。一所学校的教风会深刻影响这所学校的学风。在分析一所学校的教风时，我们需要把握两个关键点，一是全体教师的风气而不是个别教师的风气,要有覆盖面和代表性;二是稳定的风气而不是偶然的作为,要有时间长度和积淀性。实际上,教风也就是我们常说的"教师文化"。

虽然在常规语境中,学风有广义和狭义之分。但在论及学校文化建设时,尤其是在与教风相提并论时,学风是特指学生在对待学习时所表现出来的共同的心理倾向和行为风格,学风的主体是学生。

对于校风、教风、学风的归纳凝练,不一定要像校训那样力求"高端大气上档次",也不一定要有特别深奥的内涵。既可以是主要针对品德的,如"知书达理",也可以是主要针对行为的,如"三会"。因为校风受学校环境、历史、人员结构、校长领导方式等诸多因素的影响,所以难有校风的固定模式模板可以借鉴。但根据上文对校训的选择建议,笔者仍然从中国古代典籍中推荐如下教风、学风的备选表述。

教风:
循循善诱;
修德、讲学、弘道;
不愤不启,不悱不发;
举一反三;
诲人不倦;
有教无类;
居之无倦,行之以忠;
……

学风:
志于道,据于德,依于仁,游于艺;
择善从游;
学而不厌;
畏天命,畏大人,畏圣人之言;
至乐在书;
善读,善学,善思,致用;
……

有些学校的"三风"表述可以为我们提供借鉴,如:

安徽省定远县第一初级中学:教风是"知教之道、修道之行",学风

是"耐学之苦、得学之乐";

宁夏回族自治区吴忠市吴忠中学:校风是"文明尚善、尊师爱生",教风是"厚德尚真、博学善导",学风是"励志尚美、勤学慎思";

江苏省徐州市第三中学:校风是"求是、求新、求美",教风是"为仁、为师、为范",学风是"立志、立德、立学";

江苏省丹阳市陵口镇陵口中学:校风是"崇德、启智",教风是"正行、求诚",学风是"尚学、向善"。

(七)学校文化品牌

对于一所历史积淀深厚、又有明确的中长期发展规划的学校而言,一般都应有打造学校文化品牌的意识。学校文化品牌是学校品牌的点睛之笔,值得全校师生为此"殚精竭虑"。学校文化品牌有时也称为学校核心价值观或学校文化主题。

"品牌"一词来自于企业管理,是让顾客了解相关产品来源的信号,其核心是文化,品牌的文化内涵是企业提升品牌附加值、产品竞争力的源动力。在现实营销活动中,人们逐步意识到,拥有品牌比拥有市场更为重要①。在同质化现象日益严重但一部分人又更加追求品质的今天,品牌逐渐替代产品或服务成为营销的核心。品牌跟产品质量有关,质量差的产品更愿意浑水摸鱼,质量高的产品制造者则更愿意拥有自己的品牌②。作为一种无形资产,品牌具有识别功能、价值积累功能、契约功能和溢价功能③。对于农村学校来说,在完成基本的文化建设要件之后,着手进行文化品牌建设,有利于增强学校的吸引力,以获得更多的来自师生、外界社会和合作者的支持,因此,学校要尽早将学校文化品牌计划纳入议事日程。

1. 确定学校文化品牌的核心主题

进行学校文化品牌建设是要为学校的文化品牌建设设定一个核心主题,类似于归纳出一篇文章的中心思想,或给一次文艺晚会起一个可以用引号引起来的名称。梳理中国不同学校的文化品牌,大致可以归纳为

---

① 刘光明:《品牌文化》,经济管理出版社2011年版,第3—36页。
② 黄合水:《品牌学概论》,高等教育出版社2009年版,第3页。
③ 韩勃、江庆勇:《软实力:中国视角》,人民出版社2009年版,第101页。

如下几类：一是以中华民族的特色技艺为主题的文化品牌，如湖北宜昌市大公桥小学的"诗词文化"、广西柳州市沙塘小学的"象棋文化"、湖北襄阳市襄城区实验小学的"楹联文化"、湖南常德市育才小学的"剪纸文化"、湖北文理学院附属中学的"龙舟文化"，此外还有一些学校的书法文化、足球文化等。二是以中华民族传统道德为主题的文化品牌，如湖北宜昌市实验小学的"首善文化"、湖南常德市武陵区工农小学的"礼乐文化"、浙江苏州市同里中学的"仁美文化"、重庆五十七中的"三品教育"，此外还有一些学校的感恩文化、智慧文化、孝文化、尊重教育等。三是通过学校校名联想、且与教育教学相关联的文化品牌，如上海市格致中学的"格致文化"、湖北宜昌市刘家大堰小学的"大雁文化"、湖北宜昌市绿萝路小学的"绿萝文化"、湖北宜都杨守敬初中的"守敬文化"、山东枣庄市舜耕中学的"舜耕文化"、中国科学院附属玉泉小学的"玉泉文化"、中国农业科学院附属小学的"生长教育"、湖北远安县嫘祖镇初级中学的"嫘祖文化（农桑文化）"等。四是彰显地理环境优势或历史积淀的文化品牌，如湖北宜昌市葛洲坝实验小学的"水电文化"、江苏赣榆县沙河镇二小的"农娃乐文化"、甘肃兰州市水车园小学的"水车润泽文化"、江苏常州市新北区三井街道小学的"求原"文化（当地有"三井头"的历史传说）、江苏南京晓庄学院附属小学的"行知文化"、山西风陵渡中学的"新农村文化"、湖南常德市紫桥小学的"桥文化"、湖北宜昌市东山中学的"东山草堂文化"，此外还有一些学校的水文化、农耕文化、山峰文化等。五是以校长特有的教育情怀或管理偏好为主题的文化品牌，如江苏南通市二甲中学的"生命化教育"、上海闸北八中的"成功教育"、湖北宜昌市金东方国际学校的"实践文化"、江苏张家港市一所农村初中的"健文化"，此外还有一些学校的成人文化、"和"文化、书香文化、生态文化等。

2. 丰富学校文化品牌内涵

在确定学校文化品牌的核心主题之后，除了进行系统性的品牌建设之外，还要进一步挖掘与品牌主题相关的校史、学校经典故事等，以丰富学校文化品牌的历史内涵。校史是对一所学校发展重要轨迹的真实记录，基本以时间为序列对学校发展的重要事件进行展现，大多数学校的校史都采用"大事记""年鉴"等形式，有的学校还配备有校史馆、陈列室或荣誉室。总的来看,校史主要是历史事件脉络,大多缺乏描述性语言,也缺乏生动性。从文化传播的效果来看,采用描述性语言的学校经典故事,有准确的时间、熟悉的地点、鲜活的人物,这样的叙事方式使学校文化"成为每个人的感同身受"[1]。经典故事往往与学校的"名人"紧密相连,使学校文化不再是一个空洞的概念,不再是冷冰冰的数据和僵硬的实物,而是具有故事性、鲜活性和生动性,让人更愿意接受,也更乐意传播,比其他学校文化载体的影响也更为深远[2]。校史和学校经典故事的关系,类似建筑房屋时的框架和填充物的关系,共同构成一张学校发展的生动图景。

3. 在校内外展示、宣传学校文化品牌

学校文化品牌基本形成之后,要通过一些特别的仪式、典礼等进行展示、宣传。中国是历史悠久的礼仪之邦,古代推崇周礼,产生了博大精深的礼仪文化。后来,中国吸纳世界其他民族的文化因素,形成了更加多样的礼仪体系。所谓仪式,是指由传统习惯发展而来、为人们普遍接受并按照某种规定程序进行的行为方式。所谓典礼,是指在特定场合举行的用以表达参与者某种共同情感与态度的象征性的、正式的、有程序的活动。仪式、典礼在外延上有交叉之处,在以集体生活方式为主的学校生活中,无论是仪式还是典礼都不可或缺,属于学校的重大活动范畴,如开学典礼、毕业典礼、升旗仪式、入队宣誓仪式、入团宣誓仪式、各种活动的开幕式和闭幕式等。作为重大活动表现形式的典礼、仪式,一是因为"重大",往往会邀请学校之外的重要人物或利益相关者参加,因此,也往往比普通事务具有更大的宣传、报道价值,在多元媒体上的出现频率很高,有助于社会对一所学校文化的了解和解读。二是因为典礼、仪式属于体验活动,对于中小学生这个年龄段的孩子来说,特色的体验活动比写在纸上或墙上的文字、比课堂教学的刻板形式更易留下深刻的印象,如小学为一年级学生设置的"开笔礼"或"开智礼"、小学阶段的"十岁成长仪式"、初中阶段的"14岁生日仪式"、高中阶段为18岁学生设立的"成人礼"等,会成为学生一辈子的美好记忆,也会帮助

---

[1] 赵中建:《学校文化》,华东师范大学出版社2004年版,第75页。
[2] 蔡劲松等:《大学文化理论建构与系统设计》,文化艺术出版社2009年版,第118页。

家长、社会成员等理解并宣传学校文化。三是典礼、仪式一般都有配套的系列活动,有助于做大、做强一所学校的文化品牌。

总之,学校的精神文化是校长作为精神领袖和责任主体应该履行的职责,但校长既可以发挥全校师生的积极性帮助自己出谋划策,也可以充分借鉴校外专家学者的智慧为"我"所用。但不管学校的精神文化是校长的"专著"还是校长作为"主编"的成果,所有的表述之间既应该是逻辑"自洽"的,又应该是"合体"的。所谓逻辑自洽,是指学校精神文化的各种表述之间应该是相互关联、相互补充、相互解释、相互印证的关系,而不是"各说各的理""各弹各的调"。所谓合体,是指任何一种学校精神文化的表述既要符合学校属性和学校传统,又要符合学校现实和未来发展的需要。一所学校在精神文化体系形成之后,就基本具备了文化地图清晰、校内群体文化团结、通过价值观驱动进行文化管理、转型成为价值驱动型学校的基本条件。在共同精神文化的驱动下,学校将围绕精神文化进行物质文化和制度文化建设,最终改善师生的行为和思想。学校的物质文化、制度文化和行为文化合称为学校办学的实践体系,共同构成办学理念体系的载体①。

二 适当改善学校物质文化

泰罗在《原始文化》中的文化定义没有说到文化的物质方面,常常引起学界批评,以为他的定义是偏重于文化的精神方面的,但实际上,泰罗在《原始文化》中对物质文化也常常说及,并未忽略②。办学校实际上就是办氛围,"氛"是指气氛,主要是指精神和风气;"四合"为"围",也就是说,"围"必须有物质作为凭借,校园的"围"在物质上的体现就是围墙。学校的物质文化,就是人们的感觉器官能够感受到的学校围墙、围墙内的建筑物、附着在建筑物上的文字图案、校园环境等学校文化的外显部分。要进行全面的学校文化建设,必须包括改善学校的物质文化在内。在此,我们就学校的物质文化建设提出以下几个方面的建议。

---

① 张东娇:《论学校文化的双重属性》,《中国教育学刊》2016 年第 2 期。
② 陈序经:《文化学概观》,岳麓书社 2009 年版,第 25 页。

(一) 创设学校视觉识别系统

前述的大学视觉识别系统 UVIS 的基本要素包括大学标志（校标校徽等）、大学名称、标准字、标准色、专用字体等，可用于大学日常办公用品、证件、制服、指示符号、环境规划、交通工具、应用展示系列、学校出版物、印刷品等[①]。对于中小学的视觉识别系统来说，主要是指带有原创设计属性的艺术作品，笔者之所以不将其列入学校精神文化而归入学校物质文化，是因为这些艺术作品总是要附着在学校的某种物质媒介之上，常常被看作学校物质文化的当然组成部分。这些原创艺术作品，通常包括校标、校歌、校赋等。

1. 校标

学校品牌视觉形象是一个符号系统，是指一系列图形符号、色彩和图形的多种组合[②]。品牌视觉形象应具有艺术性、独特性、统一性，要易于感知、易于理解、易于传播。校标是将学校的精神理念、历史文化等以易于识别的图形、文字等符号表达出来的平面设计成果，是学校文化和形象建设的重要组成部分，是学校视觉形象识别系统中的核心要素，更是一个学校整体形象的浓缩和集中表现。一个成功的校标，不仅能让公众很容易接受并牢记，在合理的运用中也有利于树立良好的学校品牌形象[③]。

校标设计必须尊重学校文化的个性和特征，可从文字入手，或从学校特性入手，或从学校理念精神入手，或从历史沿革及地域特色入手[④]。校标应追求学校的个性，避免雷同。但中国中小学最常采用的校标包括人物、太阳、书本、地球、风帆、大树、春芽、飞鸟、校名拼音首字母等，既严重缺乏个性，也与时代脱节[⑤]。

比较有个性的校标不多。位于美丽的大梅沙海滨度假浴场旁的深圳

---

① 蔡劲松等：《大学文化理论建构与系统设计》，文化艺术出版社 2009 年版，第 116 页。
② 陈庆军：《学校品牌的视觉形象研究》，硕士学位论文，江南大学，2005 年，第 22—23 页。
③ 刘畅、汪涛：《地域文化元素在学校标志设计中的应用研究》，《美术教育研究》2013 年第 2 期。
④ 同上。
⑤ 陈庆军：《学校品牌的视觉形象研究》，硕士学位论文，江南大学，2005 年，第 37—38 页。

市溪涌小学算是一例，该校的办学理念是"海阔凭鱼跃"，学校标志中有海洋、沙滩、阳光、鱼儿，核心是"海"，采用儿童画的线条风格，同小学生的审美趣味具有较高的吻合度①，见图6—1。清华附小（图6—2）和杭州饮马井巷小学的校标（图6—3）也都较有特色。但雷同无新意、呆板僵硬的校标大量存在②。

图6—1　　　　　　图6—2　　　　　　图6—3

在设计小学校标时，必须进入小学生的内心世界，力求简洁活泼。在设计中学校标时，则可以采用相对抽象的设计元素和内涵深刻的色彩组合，为中学生创造更大的联想空间，以便在塑造性格、完善人格、处理人与人以及人与物的关系等方面做出积极正确的引导③。

农村学校由于自身人力资源结构上存在的缺陷，要设计较高质量的校标，可能需要文化公司的帮助，但也可以像广西贵港市覃塘三中那样在学校师生中广泛征集设计样稿④。

在很多场合，校徽等同于校标。但在另一些语境中，校徽则被看作以校标为视觉元素而打造的徽章⑤。

校标一般悬挂在学校大门门楣或门柱或学校主建筑物上方正中，既可以置于学校校名之前，也可以单独悬挂。除此之外，还会出现在校徽、

---

① 陈庆军：《学校品牌的视觉形象研究》，硕士学位论文，江南大学，2005年，第29—30页。
② 同上书，第29—40页。
③ 同上书，第31—32页。
④ 曾伟杰：《组织创设学校标志，打造校园文化品牌》，《基础教育研究》2007年第2期。
⑤ 陈庆军：《学校品牌的视觉形象研究》，硕士学位论文，江南大学，2005年，第36页。

校报刊头、校领导名片、学校信封信笺、学校纸杯等物品之上,学校网站主页也是校标的当然"居所"。

2. 校歌

校歌是经教职工代表大会选定、由学校领导与教职工代表集体审议认可、在正式场合演唱的,能概括本校性质、表现师生精神风貌,鼓舞师生斗志的歌曲。校歌是学校文化的重要组成部分,是学校精神的凝结,是体现学校特色、凝聚人心、激励创新的精神旗帜,对学校精神文化的传承具有不可替代的作用。中国最早的有谱可查的校歌是刘天华1927年创作的《君永校歌》,这是一首城镇小学的校歌。1949年冬,王震将军率部进驻新疆,他亲手创建的贺龙子弟学校随军迁至乌鲁木齐,并更名为八一子弟学校,王震亲自撰写了《"八一"校歌》歌词。20世纪80年代,校歌开始盛行,但只有大学校歌较为普遍[①],很多中小学没有校歌,有校歌的农村学校则更少。

一首好的校歌必将给学校师生留下美好的回忆,也给社会大众留下难忘的记忆。由本校师生参与创作的校歌,往往能够更真实地反映学校的精神内涵,能够更具体地体现学校的特色,能够站在主人翁的角度更好地激励师生开拓创新,更能从自身感受出发培养师生的自豪感,对学校和师生的教育意义更大[②]。

一首校歌的写作,通常是先有词后有曲,词的内容往往决定歌曲的情绪和风格。歌词是能歌唱的诗,要具备音乐的韵律。中小学校歌的歌词更应朗朗上口、便于记忆。校歌歌词要能概括学校的发展历程,表现师生的精神风貌,还要反映学校的发展未来。校歌歌词的作者要熟悉热爱校园生活,并有自己丰厚的校园情感体验[③]。由此看来,农村学校的校歌歌词完全可以由学校师生自主创作。

北京十四中的校歌歌词:

前进,前进,前进,新北京的十四中人。

[①] 赵楚:《谈中小学校歌创作》,《北京教育学院学报》2009年第4期。
[②] 同上。
[③] 同上。

披着世纪的霞光,迎来京都老校百年春。风华园里花似锦,时代育新人。我们从畿辅学堂走来,闪着反帝反封建的神韵。我们从燕冀中学走来,带着"一二·九"的征尘。我们从五星红旗升起的地方走来,肩负着共和国赋予的历史重任。团结,勤奋,求实,创新,百舸争流点乾坤;团结,勤奋,求实,创新,百舸争流点乾坤。巨浪翻飞黄河韵,惊涛赤子魂。旌旗展,号角震,荡乾坤。

前进,前进,前进,新北京的十四中人,新北京的十四中人!

校歌的作曲比作词更为专业,一般需要音乐专业人士才能完成。农村学校既可以充分挖掘本校音乐教师的潜力,也可以寻找更专业的外援。广州市黄埔岛中心小学的校歌歌词由校长许才渝创作,同时她也参与了作曲;山东省蓬莱市大迟家小学的校歌由校长迟贤松独立作曲;云南省大关县实验中学的校歌由校长梁栋永作词、教师李克强作曲①。不管由谁创作,都要根据歌词的意境,对曲子的音乐风格、节奏节拍、曲式结构等进行整体构思。若歌词内容是激昂、奋进的,可考虑铿锵有力的进行曲风格;若歌词内容是抒发爱国爱校情怀的,可用明快流畅的圆舞曲风格。对于中小学校歌,曲子的总体要求应该优美、难易适中、易于传唱②。

下面是李焕之先生为北京 101 中学校歌创作的曲子:

一首好的校歌不仅能够在校内传唱、影响师生,甚至能够传播到校外,影响几代人。如,1948 年在河北省平山县下东峪村成立中直育英小学③,校歌《小小叶儿哗啦啦》就是由晋察冀边区根据地的同名儿歌改编

---

① 郭和初:《校歌创作初探》,《湛江师范学院学报》2003 年第 1 期。
② 赵楚:《谈中小学校歌创作》,《北京教育学院学报》2009 年第 4 期。
③ 陈华:《育英校歌历史寻源》,《百年潮》2015 年第 3 期。

而来，传唱甚广。原民歌是 1940 年由姚远方（姚中）作词、田涯作曲的，歌词为：

> 小小的叶儿哗啦啦，儿童好像一朵花。
> 生在边区地方好，唱歌跳舞笑哈哈。
> 哗啦啦啦啦，哗啦啦啦啦，唱歌跳舞笑哈哈。
> 小小的叶儿哗啦啦，儿童识字学文化。
> 读书识字懂道理，人人都说我是好娃娃。
> 哗啦啦啦啦，哗啦啦啦啦，人人都说我是好娃娃。
> 小小的叶儿哗啦啦，妈妈叫我快长大。
> 长的身强力又大，骑马扛枪保国家。
> 哗啦啦啦啦，哗啦啦啦啦，骑马扛枪保国家。

1948 年由刘建勋改词成为育英小学校歌：

> 小小叶儿哗啦啦，育英学校是我的家。
> 学校里面真正好，唱歌跳舞笑哈哈。

校歌一般展示在学校建筑物的墙壁之上，或印刷在学校画册等对外宣传品之上，可以算作学校物质文化的亮点之一。

3. 校赋

赋是一种属于古诗的文体，到汉代形成了特定的体制，讲究文采和韵节，有小赋、大赋之分。之后，赋或向骈文方向发展，或进一步散文化。普通知识分子较为熟悉的赋有杜牧的《阿房宫赋》、苏轼的《前赤壁赋》、司马相如的《上林赋》等。随着传统文化进校园的推进，校赋成为一些学校推进传统文化的标签。所谓校赋，是以记叙学校沿革、彰显学校风采、宣传办学特色为主旨，以赋为体裁，或歌或咏，既力求平仄相间而起伏跳宕，又不拘泥于阴阳上去而因词害义的一种文体。当下的校赋有一定的"套路"，如在谋篇布局格式上，有三段、四段或五段体，通

常一曰地理山川,二曰历史人文,三曰风云人物,四曰建设成就①。如重庆市奉节县兴隆镇荆竹小学赋(作者杨辉隆):

夔州一方,无限风光;天坑近处,书声琅琅;地缝周遭,紫气阳光;箐箐校园,诗书绕梁;草木葱茏,斯我学堂;薪火相传,六秩沧桑;春华秋实,蒸蒸日上;建平情深,荆竹谊长;捐资百万,助其飞翔;春风化雨,大爱无疆;竹为师表,杏坛尊教;乐施善诱,惠风和畅;启蒙开智,种植梦想;荆小学子,斗艳群芳;沧海云帆,奋发图强;适才适性,个性飞扬;以德为先,自立自强;以学为上,光彩绽放;晨诵暮省,君子堂堂;知行合一,上行下效;荆小愿景,旭日东方;儿童乐园,神采飞扬;今日幼苗,明朝栋梁。

噫!无追名之意,无逐利之心。坐拥美景,朝嗅馨香而神清,暮闻天籁而心静。舒广袖而沐风雨,扬蝾首而饮琼浆。

歌曰:师师诲人不倦,生生学而不厌。教若竹节我在侧,学如登顶我为峰。师洁似皑皑冰雪,学清如朗朗明月。

又如湖北恩施土家族苗族自治州龙凤初中赋(作者黄振宇):

毓秀之地,钟灵之乡。集群峰之巍峨,汇江流之婉转,蓄楚天之能事,聚慧根之流长。

衙门台中听玄音,师者自留芳名,桃树湾里开新韵,学子意气飞扬。校址易迁,穹空变幻,星移斗转。再策马扬鞭,笔耕辉煌。纳天地之灵气,吸日月之精华,蛟龙跃空九霄吟,平地雷响,凤凰涅槃浴火生,碧空啸酣。龙凤和音韵,腾飞霄汉间,借日月辉彩,与天地同光。

山水通灵处,人才自然出。文有安邦之智根,武有定国之骁勇。博文以成之学富五车之才子,约礼以成之才高八斗之佳丽;博文以成之腹内诗书有万卷,约礼以成之头中谋略数百篇;博文以成之胸间绵延源源活水,约礼以成之举止优雅彬彬之感;彰显孔孟之道,

---

① 罗青山:《修赋热的冷思考》,《文学自由谈》2009年第3期。

与天地日月鬼神合其德；铭记圣贤之语，继尧舜禹汤文武作之师。挥扬自强之音，瞰山水灵动之美，携太极变化之妙，于磅礴之中志存高远，于静谧之余目力无边。

任教龙凤，为师当有：为天地立心，为生民立命，为往圣继绝学，为万世开太平之志向德配天地；求学龙凤，为生当有：格物致知诚意正心修身齐家治国平天下之愿景慧冠古今。文史哲活学活用，数理化精演精练，知晓天下从一方池塘起步，礼行人生于一园芳菲使然。朗朗乾坤传儒理教学相长，寰寰宇宙悟道义读写共生。依规则与时俱进，兼济天下兮顺乎自然；讲秩序与时偕行，关怀人文兮再现诗章。强我中华，师生正当时；耀我国威，师生正当时；实现中国梦，师生正当时。

紫气东来，高山仰止兮大方无隅；学风日盛，景行行止兮大道无垠。宁静致远，淡泊明志。不嫌小草之低矮，不厌泥土之肮脏，能忍林木之鄙陋，能受岩石之坚硬，方显山之伟岸；乐享溪流之律动，乐观落叶之悲欢，乐看泥沙之浊态，乐容淤污之黯然，方有海纳百川。山水绕新区，自有气脉之魂，师生驻新园，定展人文之魄。

养浩然气，至大至刚；抒凌云志，极真极善。登临书山，漫步题径，且看吾辈厉兵秣马雄风浩荡！

在语文学科师资力量较为雄厚的农村学校，可以组织语文教师为学校自创校赋。校赋一般镌刻于奇石、雕塑或建筑物墙壁之上，也会印在学校画册等对外宣传品之上，是学校物质文化的景点和亮点之一。

4. 学校标准字、标准色、标准外语表达等

标准字、标准色、标准外语表达等是 CIS 中 VI 的必要内容，但对于大多数中小学来说，由于自主进行外宣的机会几近于无，所以关注这方面内容的中小学尤其是农村中小学的数量少之又少。但不可否认，这是学校文化建设完整体系中的重要内容之一，先"知"而后"行"也未尝不可。

标准字是指经过设计的、专用于表现学校名称或品牌的统一字体，与普通大众化的印刷字体不同，学校的标准字体更美观，也更具有个性特征。

标准色是学校标志、标准字体和宣传媒体的专用色彩，要与一所学校的办学理念相契合。

标准外语表达是对学校名称翻译的标准形式，既要标准又要简洁。一所学校的标准外语表达一般会出现在校徽、学校网站、学校出版物、校领导名片、学校信笺等载体之上。

（二）为建筑物、道路、运动场命名

一所有文化的学校，不能仅仅满足于有教室和功能室、道路硬化、操场塑胶化等硬件条件的"有"，还要在"有"中创造出类似于物理学中"磁场""电场""引力场"的"场"。要想把"有"提升为"场"，首先要给校园内的楼栋、道路、操场、山坡、水塘等命名，赋予这些实体以灵魂，"让墙壁会说话"。

命名看似简单，实际上是一门学问，既要含义指代深刻，又要读音响亮，文字还不能太过生僻。学校楼栋的命名一般以两个字为宜。

对于教室所在的楼栋，一般可以用带"学""育""知"等字的词语命名，如"学而楼""学思楼""群学楼""勤学楼""励学楼""进学楼""修学楼"，"育英楼""育华楼""化育楼"，"知新楼""知之楼""致知楼""真知楼"等。

对于教师办公楼，一般可以用带"师""范""启"等字的词语命名，如"师贤楼""师道楼""师严楼""世范楼""垂范楼""启发楼""启智楼"等。

对于实验楼，一般可以用带"行""实"等字的词语命名，如"躬行楼""知行楼""景行楼""力行楼""敦行楼""笃行楼""求实楼""严实楼""秋实楼"等。

对于学生宿舍，一般可以用带"居""苑"等字的二字词语或分别用形容男女的二字词语命名，如"卧龙居""栖凤居""雅然居""才俊楼""玉树楼""临风楼""秀慧楼""兰蕙楼""芝兰楼"等。

对于食堂，一般可以用带"食""味""谷"等字的词语命名，如"食甘园""上食园""知味园""五味园""百谷园""五谷园""珍馐园"等。

有的学校是根据精神文化的内涵，选出与楼栋数量相同的一组词汇，再根据楼栋功能分别一一对应，以体现出名称的系统性和连贯性。如齐贤楼、至善楼、知新楼、明正楼、致远楼；问仁楼、尚义楼、明礼楼、启智楼、守信楼；厚德楼、崇德楼、仰德楼、修德楼、正德楼；等等。

楼栋名一般悬挂或喷涂于各个楼栋的高处，以红色等暖色调为宜。

道路的命名方式与楼栋的命名方式基本相同，所不同的是，可以根据道路的纵横走向，同一走向的可共用一字，另一走向的可共用另一字，这些共用的字可以是校训中的一个字，也可以是校名中的一个字，或其他有关联意义的字，以体现学校精神和学校特色。农村学校的纵横道路可以分别用"山""水""树""花""春""秋""麦""稻"等命名。

一所学校一般只有一个操场，操场可直接用校训中的一个词命名，也可以用学校历史中的一个特殊纪念日命名，或用学校故事中的一个"英雄人物"命名，如"5.25田径场""王凯运动场"等。

道路名、操场名一般用于校园内各交叉路口的指示牌、校园地图等。

（三）教室文化、寝室文化、办公室文化和走廊文化

教室、寝室、办公室、食堂是学校日常生活的"四点一线"，连接这些点的是走廊和道路。展现在教室、寝室、办公室、走廊的学校文化，与师生的视觉"交流"频率很高，因而有很大的潜在育人价值。

所谓教室文化、寝室文化、办公室文化和走廊文化，是学校精神文化在教室、寝室、办公室和走廊等物理空间的呈现，一般包括文字名称、名人名言、挂图照片、师生作品等，有的还包括物品摆放、绿植装饰。教室是中小学生停留时间最长的空间，教室文化一般包括班级标牌、班级名称、班训、各种挂图、学生动态评价结果、班级黑板报、图书角、自养绿植、卫生整洁情况等。教室文化的建设，应在班主任的指导下，充分调动学生的自主性和积极性，博采众长、群策群力、自我建设、自我维护，以达到在班级进行自我教育、自我提升的目的。寝室是学生放松的场所，也是学生在校园里的"家"，寝室文化建设以"静""美"为宜，建设内容一般包括寝室名称、寝室布置、寝室合影等。办公室主要是教师工作的场所，也是教师与学生谈话、为学生答疑的地点，大多以年级或学科为划分依据。办公室文化建设内容包括办公室门牌和座位牌、办公室布局、室内墙面装饰、绿植摆放、办公室卫生、作息纪律等。走廊包括廊道和楼梯，这是各中小学都非常重视的文化阵地，或以名人名言挂图为主，或以师生书画作品展示为主，或以各类优秀学生资料为主，

或以对学校精神文化的各种诠释为主。

教室、寝室、办公室和走廊的文化建设一般没有固定模板，靠师生自主设计和维护。这里仅对班级名称、寝室名称进行举例说明。

1. 班级名称举例

在传统印象中，班级名称就是班级编号，虽然简单清晰，但总是缺少一点"文化范儿"，于是有些学校开始结合学校特色、精神文化建设方向、班级特点等给班级命名，如小学班级名称可用朝阳班、晨曦班、朝露班、小荷班、春芽班、豆苗班、莲蓬班、菁菁班、雏鹰班、雏燕班等；初中班级名称可用志成班、自强班、启航班、筑梦班、鲲鹏班、鸿鹄班、头雁班、切问班、天问班、近思班、求索班等。

2. 寝室名称举例

传统的学生寝室也是以"楼层＋序号"的方式呈现，在些学校也结合学生年龄特点、性别特征等给学生寝室命名，如轩和居、和睦居、梦幻居、久香室、幽兰室、梦仙居、漱芳斋、静心斋、踏梦斋、皓月轩、若云轩、揽月轩等。

（四）专门的文化展示区

文化不仅应该"弥漫"在学校的每个角落，有些条件优越的学校还有专门的文化展示区，特别是大学，如华中科技大学就有由校友捐资50万元兴建的"世界文化名人园"。中小学由于受到校园面积和建设经费的限制，一般不太可能建设大型的、专门的文化展示区。但无论城市学校还是农村学校，一般都建有周长可观的学校围墙，在围墙内侧进行文化设计和文化建设，既可以美化冰冷的围墙，又可以对学校的精神文化和办学成果等进行大面积展示，是一件一举多得的事情。

笔者在进行课题调研时，发现多所农村学校都已经美化了围墙内侧，有的是对学校精神文化、学校文化品牌进行文字解读和图片展现，有的是对社会主义核心价值观进行图文解读，有的是对学校优秀师生和"乡贤"进行照片展示，有的是对学生社团成员的优秀作品进行展览……不管做什么主题的展览展示，都需要经费投入，最节约的形式是防水彩喷，成本稍高一些的是可撤换内容的亚克力板框，成本最大的是请文化公司设计并制作的专业文化墙。如果再配以墙头、仿古栏杆、奇石、雕塑等，成本会更高，对于普通农村学校来说，一般没有这样的财力支持。但农村学校可以采取一次规划、分步实施的策略；也可以向上级部门申请专项经费，或向优秀校友或乡贤募捐；还可以让师生自己动手进行DIY展示，虽然可能简朴或稚嫩，但由于有更多的师生参与，融进了师生自己的心血，会有特殊的文化价值和教育效果。

（五）绿化美化校园

无论条件多么艰苦的农村学校，一般都对校园有不同程度的绿化和美化。作为学校文化建设的一部分，对校园的绿化、美化要先有规划，也可一步规划、分步实施。校园绿化所用植物，宜用常绿植物或观叶植物，可适当点缀各季花卉。经费较为紧张的农村学校，可发动学生自己挖掘野生植物，或从家里种植的绿植里分栽、从花卉果实中收集种子到学校栽种，形成学校的小花园或班级种植园。如湖北宜昌市点军区联棚小学专门辟出了一块空地，集中摆放学生从山里挖到或从家里带来的绿植。笔者出生在山村，也热爱山村，在农村学校学习了七年，初中时校园里的假山就是师生从山沟里凿来的，喷水池是师生自力更生建成的。近些年，笔者用自己的脚步"丈量"过很多地方的山山水水，在林地或溪边穿行时，挖过不少野生植物回家栽种，有兰花、虎耳草、鸢尾花等草本植物，有爬山虎、野地瓜等藤蔓植物，有映山红等野生花卉，这些都可以作为农村学校校园美化的植物来源。几年前，笔者曾在市区一所初中某班主任QQ空间里看到他原创的一篇散文，写的就是班上一个贫困生从家里带来的一"锅"吊兰，这株长得非常茂盛的吊兰，不是种在花钵花盆里，而是种在只剩一只"耳朵"的钢筋锅里，虽然容器寒酸、歪瘪，但吊兰却傲然，当时就被他的写实文字深深打动。

综上，我们从五个方面分析了农村学校的物质文化建设要素，并简略地给出了相应的路径建议。在此，一定要防止出现一个较为普遍的错误观点，即学校文化建设就是要进行物质文化建设，尤其是要设计新大门、构筑文化墙、立雕塑、建景观。学校文化当然包含物质文化在内，但物质文化不仅不是学校文化的全部，也不可能是学校文化的核心。

三 完善学校制度文化

学校精神文化中的办学理念、学校愿景、办学目标、育人目标、一训三风等，都需要通过相应的制度——落实。体现在制度体系之中、与学校精神文化指向一致的文化，我们称之为制度文化。

农村学校在构思学校文化整体建设方案时，就应该同时对制度文化的构建或修订有一个大致的规划。在确定学校精神文化的核心内容之后，紧接着就应该围绕精神文化的核心内容增补或修订相应制度。基本的学校制度涉及教师管理、学生管理、教学管理、财务管理、学校公物管理、安全管理等，主要是以管理对象作为制度划分的依据。但在学校文化建设体系中，制度的增补或修订应以人作（既包括学生也包括教师）为中心，以促进人的全面发展和个性发展为旨归，以围绕人的发展问题导向来进行制度增补或修订。

如，一所学校的办学理念是"自觉、自主、自强"，推进实施的是"三自教育"或"六会教育"，学校就不应该只具备满足日常基本运行的制度体系，而应增补体现"三自"或"六会"的相应社团建设、社团活动和社团评价制度，增补校本课程建设制度、综合实践活动课程制度，将学生评价改变为以自评为主且指向学生自主发展的评价制度。

再如，一所合并组建的新学校的办学理念是"合作为力、和校为的"的"和合"，学校就应设计教师团队建设方案及相应的支持制度，对教师个人的年度考核、评优、培训、绩效等都应与其所在的合作小组的评价结果和个人在合作小组中的表现相结合，而不再只是传统的个人考核。

又如，一所学校的办学理念是要营造"书香校园"，促进学生从阅读中有更大获益，学校就应有特别支持图书购置的财务制度、早读晚读阅读课等课程安排、阅读指导教师职责及研讨制度、学生阅读效果评价制度、班级阅读评比制度、阅读节庆等综合实践活动制度等，还需要与社区图书馆、书店等建立合作平台，为学生提供更加广泛的图书来源。

根据前文对农村学校内外部优势和特有资源的分析，笔者拟重点从农村学校课程建设、学生评价、教师评价等三个方面进行制度文化的建设与创新引导。

（一）建立并完善农村学校课程建设制度

课程是人类文化传播的有效手段，是全部教育目标的实现途径，是学校内涵发展的核心领域①,课程本身就是一种文化。中国中小学课程实行的是国家课程、地方课程和校本课程的三级课程管理体制。2001年教育部在《基础教育课程改革纲要(试行)》中明确要求:学校在执行国家课程和地方课程的同时,应视当地社会、经济发展的具体情况,结合本校的传统和优势、学生的兴趣和需要,开发或选用适合本校的课程。所谓学校课程建设,是指学校在三级课程管理体制下,依据学校培养目标、学生需要、校内外教育资源等对现行的三级课程进行整合重组,构建适应学生发展的、高效的、具有学校特色的课程体系的过程。学校课程建设是对学校课程蓝图的勾勒与践行过程,是学校整体发展和形成特色的核心,全方位地反映着学校的办学思想。一个学校要想有真正的发展,就不能被动地仅仅满足于开设国家课程,而应在此基础上研究适合本校的课程建设方案。与学校文化建设相关的课程建设,不是指一门或一类课程,而是要建设一个渗透学校精神文化的完整的课程体系,包括所有层级、所有类型的课程,强调课程内容与文化的交融,而不仅仅是表面的技艺。农村学校要把乡土情感和乡土情怀融入课程理解、课程开发和课程实施之中②。但有研究者对山东省150所中小学进行的调查表明,由于中小学课程实践者对课程建设概念的误读,加上专业性缺失等,使得中小学特别是农村中小学的课程建设一直处于诸多"问题"之中③,只有被动的课程实施,缺乏主动的课程建设。但据前文的分析,农村学校拥有的课程建设资源实际上非常丰富,如民间体育、民间技艺、民间艺术、民间文学、民风民俗、农村生产技术、农村生活智慧、乡间伦理道德、自然生态、美丽乡村生活、乡音乡愁等,这些资源既能够促进国家课程的本土化,又是开发地方课程和校本课程的内容源泉,完全可以作为农村学校文化建设的突破点,以点带面,促进农村学校文化的全面繁荣。

---

① 黄宪:《关于普通高中特色课程建设的若干思考》,载江东《普通高中特色课程新思路》,广东教育出版社2013年版,第25页。

② 刘元英:《浅谈农村中小学有教学资源的开发与利用》,《教育理论与实践》2016年第11期。

③ 周海银:《学校课程建设的内涵、取向与路径分析》,《山东师范大学学报》(人文社会科学版)2015年第1期。

1. 地方课程开发

中国地域辽阔,各种地形、地貌、气候条件差别显著。在地形上有平原、丘陵、盆地、高原、山地之分;在地貌类型上有土地、草原、林地、荒漠、江河湖泊之分;在气候条件上有热带、亚热带、温带、中温带、寒温带之分……虽然国家课程中也有部分关涉地方知识的内容,但数量有限、深度不够。如前所述,一个人在成长过程中所处的地域环境对其成长状况和发展方向都有较大的影响,对地域、地方的了解和认同,应成为一个人成长过程中的多种"营养"之一。

在20世纪80年代中期以前,学校课程几乎完全由国家决定;20世纪80年代中期到90年代末,以国家决策为主、国家决策与地方决策并行,课程中的极少部分为"地方安排课程"[1]。20世纪90年代末以来,逐步实行三级课程管理体制,校本课程受到越来越多的关注,成为课程体系中的新兴力量;但理应在国家课程和校本课程之间起承接作用的、中观的地方课程却基本没有起色,成为"上不着村下不着店"的"塌陷的中间",这样的状况不应再继续下去。

所谓地方课程,指的是为了保障和促进课程适应不同地区的需要,由地方根据国家课程管理政策和当地的政治、经济、文化、民族等发展需要而自主开发并由地方管理、实施的课程[2]。可以以一省、一市、一县、一区或一乡一镇甚至一个片区为范围,进行地方课程的开发与研究。在同一行政区划范围内,对地方课程的开发与研究不仅具有一定的政治和经济条件,也有过一些尝试,其中也不乏成功案例,如山东省把齐鲁文化作为地方课程中民族文化领域的主要内容;湖南省设置了湖湘文化课程;河南省自主开发的地方课程中包括了省情教育;辽宁的省情教育类地方课程包括《辽宁自然与地理》《辽宁海洋资源》《辽宁历史与人物》《辽宁工业与经济》《辽宁体育与艺术》《辽宁民族》等;浙江省地方课程分为"通用课程"和"专题课程",前者包括浙江社会、经济、人文历史等;内蒙古西部的阿拉善盟在全盟中小学开设了《阿拉善生态环

---

[1] 丁念金:《学校课程统整中的课程结构设计》,《课程·教材·教法》2008年第11期。
[2] 王鉴、安富海:《我国地方课程研究的回顾与反思》,《西北师范大学学报》(社会科学版)2008年第6期。

境教育读本》①；海南省编制了《海南地理》《海南历史》等五套中小学地方教材；贵州省建设了《贵州自然与人文》地方课程；从 2018 年 9 月开始，《生态小公民》地方课程在湖北宜昌市全域推广……但地方课程如果是跨行政区划的，由于政府的多头领导、经费的交叉等原因，开发和推广就会显得比较困难。

  地方课程的内容主题，可包括地理景观、系列人物、地方风俗、地方物产、地方技艺、地方文化等。有时，某些特殊的因素或际遇也可能成为地方课程开发的契机，如美国电影《弦动我心》，讲的就是因为离婚而流落到纽约东哈林区的罗伯塔的故事。她由于除了会拉小提琴以外一无所长，于是设法到小学当了临时教员，以教小提琴维持生计。在十年之内，罗伯塔教会了东哈林这个贫民区 1400 多名孩子拉小提琴，使她的小提琴课程成为区域内的抢手课程。

  农村学校地方课程主要以地方性知识为对象，但地方课程的开发对地方性知识的选择并不是一个简单的移植、搬运过程，而是需要落实到教育需求和课程目标之上，以促使地方性知识在去语境化后仍然能够在现实经验中找到确认和检验之道，使地方性知识具备与普遍性知识相同的实践和传承价值。要满足教学需求，就要从"教育者立场选择"走向"学习者立场选择"，就要从"文化符号"走向"知识效用"。如，针对哈尼族梯田地方性知识的选择，应集对哈尼族梯田水稻灌溉的传统理解、哈尼族梯田水稻灌溉与现代农业的冲突、哈尼族梯田水稻灌溉的科学归因等多个部分的内容为一体，并促使它们相互阐释。其中，哈尼族人崇敬山神、树神，认为寨神信仰是灌溉用水的根本保障，而活水种稻是寨神信仰的一部分。因此，传统哈尼族水稻灌溉表现为"寨神信仰"与"活水种稻"互为因果的知识结构，那么，使用现代科技知识并与之相互阐释，则可对哈尼族梯田灌溉区域的需水量进行测试（包括森林生态环境需水量、村寨生态环境需水量、梯田生态环境需水量以及河流生态环境需水量等），分析各级需水量和实际用水量的关系，研究水源的源头和流经路径，用现代科学方法建立哈尼族地区供给灌区用水和蓄水的动态

---

① 宝乐日：《国内外地方课程的实施状况及其启示》，《内蒙古师范大学学报》（教育科学版）2005 年第 4 期。

循环机制。我们再以内蒙古呼伦贝尔草原地方课程的开发为例,涉及呼伦贝尔草原的地方性知识多种多样,哪一种最具有代表意义呢?如果从经济文化学的角度去看,呼伦贝尔草原作为北方草原走廊地区的游牧经济与农耕经济互动的生计文化内容可成为地方课程的主要对象;如果从地理生态学的角度去开发,则当地采集文明、农业文明与工业文明的和睦共处将成为地方课程的重点关注对象,包括什么样的牲畜选择什么样的草场、什么季节搭配什么饲料、牲畜规模控制在什么范围以内能够防止超出草场承受力等[1]。实际上,普遍性知识只不过是地方性知识的去语境化[2],如果地方性知识去语境化后仍然能为人所用,且使用性不断扩大,集体认可范围不断扩展,则该地方性知识就能够为地方课程开发所用。

2. 校本课程开发

一般认为,校本课程是以学校为本位,由学校自主确定的课程。开发校本课程,是为了弥补国家课程和地方课程的普适性给学生带来的问题(这个问题在农村学校尤为严重),为学生的个性发展奠基。校本课程是学校文化实现培养有个性的、具体的人的重要载体[3],开发校本课程是学校文化建设的重要内容[4]。

要指导和帮助农村学校开发校本课程,笔者将结合前文对农村学校特有课程资源的分析,从认知型校本课程、技术型校本课程、体验型校本课程三个方面分别进行论述,并在每一类型下举例说明。

(1)认知型校本课程

美国学者艾斯纳(E. W. Eisner)和瓦伦思(E. Vallanca)在20世纪70年代中期曾将纷繁的课程取向概括为五种类型,即学术型、认知过程型、社会重建型、人本主义型和技术型。对于中国的中小学来说,可能

---

[1] 杨欣:《学校课程开发中地方性知识的社会语境呈现》,《教育理论与实践》2017年第32期。

[2] 陈绍军:《地方性知识:工程成功"嵌入"社会何以可能》,《武汉理工大学学报》(社会科学版)2015年第3期。

[3] 王琴:《特色办学应关注五大内在关系》,《教育科学研究》2017年第2期。

[4] 吴支奎:《校本课程开发:农村学校改进的重要路径》,《课程教学研究》2016年第6期。

只涉及认知过程型、人本主义型和技术型三种,且第一种占绝对的主导地位,因为中国基础教育的理论基础是以主知学派的教学理论为主的①,且在小学到初中这一特定阶段,学生应以对认知型课程的接受性学习为主,同时重视活动、探究,教师也应以对认知型课程的传授性教学为主②。

认知型课程是中国课程的主要类型,是以知识体系为中心的,基本解决的是"是什么""为什么"的问题,关涉的是"间接经验"。农村学校开发的认知型校本课程,不应是分学科的,而应是跨学科的"主题式认知",主要是对当地农村生产、农民生活中常见的且不同于城市环境的某一特色主题进行的课程开发,如《**民间艺术》《**农业生产常识》《**民俗》《认识**民族》《**民间体育》《**故事和传说》等。这些主题均不可能限于某个单一学科,如《**民间艺术》可能涉及音乐、美术、体育、手工、历史、地理、语文、社会、化学、生物等学科领域的知识;《认识**民间乐器》的内容可能包括材料来源、制作工艺、演奏方法、曲谱创作、表演场所等,涉及的学科可能有生物、音乐、物理、数学、社会等。

下面,我们将通过两个案例帮助农村学校建立对认知型校本课程的基本概念。

一是古邳中学的"下邳文化系列课程"。古邳中学位于中国历史文化名镇江苏徐州市睢宁县的古邳镇,是一所农村中学。古邳镇是战国时期下邳古城的所在地,素有"东方庞贝"之称。古邳中学的办学历史可追溯到明成祖永乐八年(即公元 1410 年)创建的"邳州学宫(黉学)"。在绵延浓厚的历史氛围中,古邳中学逐步形成了"传承两汉文化、培养创新人才、提升办学品位"的办学理念,充分挖掘丰厚的地方文化资源如故事传说、遗址遗迹、典籍谱牒、地理环境、历史变迁、风物特产、宗教发展、习俗风情、诗词歌赋、革命情怀等,与社区密切联系,以现

---

① 施良方:《课程理论:课程的基础、原理与问题》,教育科学出版社 1996 年版,第 273—274 页。

② 容中逵:《学科、授受还是活动、探究——论上述两对课程类型在新基础教育课程改革中的地位问题》,《教育理论与实践》2005 年第 11 期。

代教育方式进行课程开发，共开发出了 50 余种"下邳文化系列课程"，包括"下邳沿革""邳城塌陷考古""云牌舞""怀中抱子扇""剪纸""御甜油""传统游戏""苔干""羊山寺庙会""圯桥进履"等，全方位地向学生展示下邳文化；学校还自筹自建了"下邳文化广场"，包括百米文化长廊、圯桥三进履等场景，以丰富农村孩子的课余文化生活、提高农村孩子的综合素质；学校在 2014 年申报了江苏省下邳文化综合学习课程基地，基地出版了《下邳史话》《下邳悠韵》等书籍，拓宽了农村学校教育改革的路径，极大地促进了学校的内涵发展和师生的全面发展①。

二是大兴庄中心小学的"美丽乡村"系列课程。大兴庄中心小学是一所农村小学，位于北京市平谷区大兴庄镇周村村东，距平谷城区 5 公里。在"办让城里人羡慕的农村学校"的办学目标指导下，为了实现培养对农村生活、农村学校和农村人具有深厚感情并充满自信的农村学生，培养对城市和农村关系有亲身体验并形成独立思考的农村学生，培养愿意立足农村、用科学文化知识建设美丽乡村的农村学生的育人目标，大兴庄中心小学探索开发出了具有本土特色的"美丽乡村"系列课程，包括《美丽乡村专题课程》《休闲文化主题研究课程》《游学课程》《跨学科主题研究课程》《民间文化传承课程》等，为学校发展注入了新的生机。学校租赁了两亩土地，建立了日光大棚，作为"美丽乡村"系列课程的实践基地②。

（2）技术型校本课程

技术型课程是中小学课程类型的重要组成部分，如劳动课、体育课、音乐课中的"术课"，美术课中的绘画、剪纸、手工等，都属于技术型课程。这类课程不是以知识体系为中心，而是围绕着某类或某几类技术、技艺建构课程内容，学习方法也主要不是识记、背诵，而是让学生亲自参与，目的是让学生从"做中学"中提高动手能力，学会"怎么做"，关涉的是直接经验。直接经验的优点是能够在记忆系统中长期储存、不易遗忘，我们很容易在现实生活中观察到这一优点，比如会骑自行车的人，

---

① 刘明：《课程基地领跑农村中小学发展》，《江苏教育·中学教育》2016 年第 12 期。
② 周玉江：《建设"美丽乡村课程"，办出"让城里人羡慕的农村中小学"》，《中小学管理》2016 年第 7 期。

即使多年不骑,但也不会忘记技术要领,拿到一辆车还能自如骑行。相比于认知型课程的内容,学生对技术型课程的掌握程度和持续性要高很多。但长期以来,中国学校教育培养出来的学生存在的普遍性问题就是动手能力不强、大多数只会做题或死记硬背。

　　体育、美术、音乐等课程中包含着大量的技术型知识;传统的农村生产、农村生活也主要是一种经验式的生产和生活,与理论知识的相关度不高,但与技术型知识却有着更为密切的关联。农村学校在进行校本课程开发时,应高度关注技术型课程,既要帮助学生通过学习农业生产、农村生活技术,更深入地认识农村、认同农村,为长大后服务农村打下心理基础和技术基础;又可高度关注投入成本不太高的通用技术型课程,如书法、剪纸等。通过不断的技术训练,帮助农村学生掌握一技之长,增强文化自信。

　　我们仍通过两个案例指导帮助农村学校认识技术型校本课程。

　　一是冷水江五中的《开心农场》校本课程。冷水江五中是一所九年一贯制义务教育学校,位于湖南省娄底市冷水江市锡矿山株木山,是全市唯一的地处山区的市属直管学校,距冷水江市中心10公里。该校秉承"为学生幸福成长奠基"的办学理念,把"学园、花园、乐园"作为学校的办学目标,以"有心、有情、有志"为校训,坚持"以文化引领方向、以改革推动发展、以特色提升品质"的发展思路,形成了"学生灵动发展、教师主动发展、学校恒动发展"的"动"文化特色和"劳动—运动—活动"的"链式德育"特色,2012年中国教师发展基金会授予冷水江五中"全国特色学校"称号。该校自编了校本教材《开心农场之蔬菜种植篇》,选择的蔬菜均为本地常见品种,教材内容包括蔬菜的基本特性、栽培日历、培种育苗、定植、栽培管理、经验积累、养生点滴和文化链接等。学校在后山荒地开辟出3000多平方米的"开心农场",为3—9年级的学生每周安排1节蔬菜种植课,单周在教室学习理论知识,双周在农场劳动实践,由班主任承担校本课程的教学任务。"开心农场"里分季节种植蔬菜等农作物,成熟后卖给学校食堂,所得收入全部用作班费[①]。

---

① 张跃民:《"开心农场"校本课程开发与实践》,《当代教育理论与实践》2015年第9期。

二是鸦鹊岭镇中心小学的《书法教育》。鸦鹊岭镇中心小学位于湖北宜昌市夷陵区鸦鹊岭镇，距离中心城区30公里，是一所农村完全小学。学校以"雅正做人、端方写字"为办学理念，从规范学生书写到将《书法教育》开发为校本课程，再到正式将书法确立为学校文化品牌，探索出了一条农村小学书法育人的新途径。2014年，学校正式将《书法教育》确定为校本课程，并将上课时间固定在每周五下午，1—2年级学生练习铅笔字，3—6年级学生练习钢笔字，书法兴趣小组练习软笔字。除固定排入课表的校本课程上课时间之外，每天中午和晚上，书法兴趣小组还在"芝兰书室"练习书法；学校在暑假专门布置有书法暑假作业，在寒假则布置学生自己拟春联、写春联、贴春联；学校每年举办一届书法艺术节、对联征集大赛、优秀作业展览等。《书法教育》校本课程对学生的学习习惯、品德修养等都产生了积极影响，学习书法以后，学生变得细心从容、温文尔雅、落落大方。学校还将以《书法教育》校本课程为起点，结合学科作业、音乐和健美等，从立德、启智、尚美、修身四个方面促进学生全面成长。

（3）体验型校本课程

体验是人了解外在世界最基本、最原始的方法，也是人类最基本的学习方式。体验型课程主要不是为了接受现成的学科知识体系以便为未来生活做准备，而是把学生的学习作为当下生活，培养学生享受学习过程的能力。它是对学科世界与生活世界的整合，更关注生活、关注生命，其价值在于成就更丰富、更实在、更高尚的生命[1]。体验式课程通过创设情境、重设教学内容，让学生主动参与课程，形成反思，获得生命的感知和自我成长[2]。体验型课程也是学生获得直接经验的重要途径。但在中小学教育教学领域，一般采用综合实践活动课程指称体验型课程。

综合实践活动课程是第八次基础教育课程改革中新增设的一门必修课程，从小学三年级开始开设直到高中毕业结束，其内容可以包括研究性学习与信息技术教育、社会实践和社区服务、劳动与技术教育等，其

---

[1] 辛继湘：《体验教学研究》，湖南大学出版社2005年版，第211页。
[2] 农智杰、林萱、孙涛：《"体验式教学"在就业指导课程中的应用及效果》，《教育与职业》2016年第8月上期。

中,研究性学习与信息技术教育是综合实践活动课程的核心,但具体内容由地方和学校根据教育部的有关要求自主开发或选用。依照教育部《义务教育课程设置实验方案》,综合实践活动课程的课时可与地方、学校自主使用的课时结合在一起使用,即在具体实施时可以和校本课程通盘考虑,这就使得综合实践活动课程与体验型校本课程的边界高度重合,因为综合实践活动课程强调学生亲身参与[1]。

无论是称为体验型校本课程还是称为综合实践活动课程,都是倡导实践参与文化,让学生在体验、感悟和发现中提升感性知识与理性知识。我们仍然通过两个案例学习体验型校本课程的开发经验。

一是福建武平县多所中学的研究体验型校本课程。武平县位于福建龙岩市西南部的闽粤赣三省交界处,属武夷山脉的最南端,为低山丘陵地区,是国家和福建省的商品粮基地县、国家无公害蔬菜生产示范县。该县多所中学开展了与乡土文化、热点问题相关的综合实践活动,如《中山古镇姓氏楹联探源》《军家方言的前世今生》《武平客家年俗调查》《武平小吃面面观》《中湍村"上刀山、下火海"民俗问题研究》《东留乡富贵籽种植情况调查》《桃溪绿茶种植现状调查》《定光古佛信仰与青少年"三观"》《＊＊校学生网瘾现象的调查与思考》《广场舞的是是非非》等,这些接地气、合乡情的综合实践活动不仅引起了农村学生的浓厚兴趣,而且通过实实在在的调查、实践、探究,使学生增强了对家乡文化的认同感和自豪感[2]。

二是房道中心小学的《气象观测》等体验型校本课程。房道中心小学位于福建建瓯市西南部的千年古镇房道镇。该校在教学楼楼顶设置了气象观测塔,购买了专门的气象观测仪器,包括百叶箱、干湿球温度计、毛发湿度表、最高最低温度表、测风仪、风车、雨量器、蒸发器等。学校设有气象预报社团,社团成员每天早、晚各观测一次气象,观测结果在学校宣传窗的气象预报角进行预报。除气象观测以外,学校教师还经常带领学生走出教室,走向田野、河流沿岸等进行科学活动,如在家乡

---

[1] 张福生:《校本课程的研发标准及品质提升》,《民族教育研究》2013年第2期。
[2] 黄永元:《初中综合实践活动主题缺失的原因及解决策略》,《教学与管理》2016年第2期。

的自来水厂、根雕厂、自然保护区中观察各种天文、气象和生活奇观；考察家乡水质情况，观察农作物生长情况；在省级自然保护区——万木林基地采集动植物标本。学校成立了多个科普社团，如电脑板报、烙画、标本、纸艺、科普小作家、航模、船模、科技小制作、绿化小组、摄影、科幻画、天气预报等。学校还利用世界气象日、地球日、世界环境日、国际保护臭氧日、世界生物多样性日等节日开展相应的专题活动。学校还建起了农村小学第一家科学活动网站 http：//www.fdxxkp.com，由专职教师和学生共同维护，网站设有"科普小作家""科技小制作""身边的科学""未解之谜"等多个栏目。在《气象观测》等多种体验型校本课程或综合实践活动课程基础上，学校编写了多套科普活动读本，如《红领巾气象站》《小小气象爱好者》《气象云图简介》《气象谚语大全》《摄影作品集》《科技小制作精选》《小小昆虫爱好者》《科普小作家文集》《家乡的野果》《家乡的野菜》等。

在开发的体验型校本课程逐渐完善成熟之后，不仅可以作为本校、本地学生的学习资源，还可以进一步开发成为研学旅行基地，对城市学校或其他乡镇农村学校的师生开放，在更高层次上推动农村学校的自我完善和持续发展。

值得注意的是，农村学校进行校本课程开发，一定要有所遵循，既要基于国家主导意识形态、始于课程目标、基于人的学习[1]、基于知识构思；又要回答泰勒关于课程理论的四个诘问[2]，即课程目标、课程内容、课程组织和课程评价四个问题，且将课程目标作为课程开发的逻辑起点。所谓课程目标，一般包括社会目标、学科目标和学生目标，其中，社会目标是指课程的开发要符合国家、政府和社会发展规律，有助于国家团结统一、政府民主高效和社会和谐安定的实现；学科目标是指课程开发建设要有助于学科的拓展、知识的更新和体系的完善；学生目标是指课程开发要有助于农村学生身心发展、人格成长和合格公民的育成，要在

---

[1] P H. Phenix, *Realms of meaning*: *A philosophy of the curriculum for general education*, New York: Mc Graw-Hill Book Company, 1964.

[2] ［英］L. 泰勒：《课程与教学的基本原理》，罗康、张阅译，中国轻工业出版社 2008 年版，第 1 页。

学校办学理念和育人目标指导下进行。在进行校本课程内容选择时，要兼顾农村学生认知、情感和动作技能的综合提升。就组织实施而言，学校要建立校本课程的基本学时标准。校本课程评价宜采用过程性评价为主的评价方式，评价主体应该多元，可包括教师评价、学生评价、家长评价、其他科目教师评价，甚至还可以结合校外教育机构、社区代表的评价[1]。

总之，课程是教育思想、教育目标和教育内容的主要载体，承载着学校文化的重要使命，如果学校文化不融入学校课程，就会与教育目的相疏离[2]。学校进行课程开发体现的是从"控权"到"赋权"的新型课程文化，是从"灌输中心的教学"走向"对话中心的教学"[3]。学校课程建设不仅应以学校文化尤其是学校核心价值观为前提，校本课程与特色活动的实施又会不断为学校文化注入新的、个性化的内涵与价值，并最终沉淀为一种特色化的学校文化[4]。

（二）以农村学生的多元发展为导向修订学生评价制度

本书已经对农村学校办学目标和育人目标的多元化分别进行了论述，笔者认为：在农村学校多元化的办学目标中，务必要有"为农"的目标成分；在农村学校的育人目标中，要为学生未来的多元发展提供全面的指导和支持，而不仅仅只是把"应试""升学"当作唯一的育人目标。在这样的不抛弃"留乡""为农""务农"的目标下，传统的几乎以"应试"为标尺忽视学生能力培养、个性化发展、增值性发展和可持续发展[5]的学生评价制度显然已经不合时宜，需要对其进行大幅度修订，使主要关注点由以往的"对学习结果的评价"转向兼顾"为了学习的过程评价"和"作为学习的过程评价"[6]。

---

[1] 张福生：《校本课程的研发标准及品质提升》，《民族教育研究》2013年第2期。
[2] 项红专：《七个向度：学校文化建设的品质提升》，《教育科学研究》2017年第7期。
[3] 赵中建：《学校文化》，华东师范大学出版社2004年版，第56页。
[4] 范涌峰、宋乃庆：《学校特色发展：内涵、价值及观测要点》，《教育研究与实验》2017年第2期。
[5] 谢凡：《"发现"与"成全"：学校综合评价创新的"初心"与"使命"——来自中国教育学会小学教育专业委员会2017年学术年会的思考》，《中小学管理》2017年第12期。
[6] 周靖毅：《指向学习的学生评价体系：加拿大安大略省的经验和启示》，《外国中小学教育》2018年第3期。

学生评价是中国教育改革的关键环节，近年来，国家陆续出台了多项政策，如《国家义务教育质量监测方案》（2015 年）、《关于进一步推进高中阶段学校考试招生制度改革的指导意见》（2016 年）等，不断推进学生评价制度改革。对农村学生的评价制度，应该是普遍性的学生评价制度和特殊性的学生评价制度的结合，既要照顾国家标准的共性，又要照顾农村学校的个性。

1. 学生评价的内容及依据

如前所述，在传统评价中，评价内容主要是对书本知识的掌握，农村学校由于教材以外的书本短缺，对学生评价的内容更是局限于对国家教材内容的掌握，既忽视对国家教材以外（包括地方性知识、农业实践技术、农村生活智慧等）的理论知识掌握情况，又忽视对农村学生的情感、意志、行为等的关注和培育，农村学校中孤独学生、厌学学生、问题学生多，就是评价体系弊端的一个显在表现。

一般而言，中小学的知识内容不是高深复杂的，而应是广泛全面的。中小学主要应该培养学生正确的"三观"、良好的学习态度和习惯、正确的生活态度和习惯等，如果把中小学学生评价的内容只局限于对书本知识尤其是对国家教材的习得上，既不符合儿童心理成长规律，又不能起到基础教育的全面"基础"作用。叶澜教授说过，基础教育是完成底线、底色、底蕴的教育，因而，学校对学生的评价应该以底线、底色、底蕴为主。北京小学校长李明新认为，作为一种价值判断，中国的教育评价过于重视工具价值与外在价值，表现为唯"分"是图，他呼吁教育评价既要加强科学性又要坚持人本性，学生评价应该强调不比成绩比成长、不比他人比自己、不比高线比标准、不比眼前比未来。北京教育科学研究院褚宏启教授则把基础教育学生核心素养简化为"创新能力"与"合作能力"两大超级素养，建议学生评价标准应在之前的"成绩好""听话"等旧标准上增加"能创新""善合作"等新标准[1]。

2002 年教育部《关于积极推进中小学评价与考试制度改革的通知》明确规定，"要从德、智、体、美等方面综合评价学生"，把评价标准分

---

[1] 谢凡：《"发现"与"成全"：学校综合评价创新的"初心"与"使命"——来自中国教育学会小学教育专业委员会 2017 年学术年会的思考》，《中小学管理》2017 年第 12 期。

为基础性发展目标和学科学习目标，其中基础性发展目标涵盖道德品质、公民素养、学习能力等六个方面的内容。随后，综合素质评价逐渐被纳入中学招生考试制度改革之中，评价内容涉及学生的认知、情感、态度价值观等多个方面，一定程度上改变了传统评价（如纸笔测验）中重智轻德、重知识轻能力、重甄别轻发展的状况。2014年，教育部发布《全面深化课程改革，落实立德树人根本任务的意见》，首次公开提出"研究制定学生发展核心素养体系和学业质量标准"。2016年9月，《中国学生发展核心素养》研究成果公布，学生发展核心素养以培养"全面发展的人"为核心，分为文化基础、自主发展、社会参与三个方面，综合表现为人文底蕴、科学精神、学会学习、健康生活、责任担当、实践创新六大素养。不管是综合素质评价还是核心素养评价，都不再预设统一的目标或者标准化"答案"，而是最终追求培养全面发展的人，即，既强调人的素质的全面性，又强调人的可发展性。相应的，学生评价内容也应该围绕着人的全面发展而展开，不应该是单一的、片面的、静态的评价。

我们也可以看看来自"他山之石"的国外经验。加拿大安大略省在多年教育改革实践中形成了一套指向学习的学生评价体系，内容包括三个方面：一是基于具体学习目标的课堂评价；二是基于学生行为表现的学习能力与习惯评价；三是基于课程标准的学业成就评价。这三个方面的内容分别发生在学习前、学习中和学习后。其中，学习前的基于具体学习目标的课堂评价又包括：制定具体的学习目标、明确成功标准、了解学生的学习状况、提供描述性反馈、发展学生的自我评价和同伴评价能力、帮助学生进行个人目标设定等内容[1]。这种基于具体学习目标的课堂评价特别值得缺乏自主性的中国农村学校借鉴，因为，农村学校的学生要么没有明确的学习目标，要么学习目标严重偏离，不管是通过应试进入更高一级学校的学生还是所谓的"学业失败者"，都尝到了学习目标缺失或偏离带来的恶果，而农村学校对学生评价的内容单一、片面，正是造成这一结果的主要原因。

值得欣慰的是，中国在中学推行的学生综合素质评价制度已在某些

---

[1] 周靖毅：《指向学习的学生评价体系：加拿大安大略省的经验和启示》，《外国中小学教育》2018年第3期。

地区初见成效，如前文案例中的分乡初中就已经形成了成熟且有效的学生综合素质评价体系。

2. 学生评价的主体

由于对农村学校的学生评价内容做了更符合农村学校实际的调整，即由单纯的国家教材知识扩展到国家教材以外，包括地方性知识、农业实践技术、农村生活智慧、正确的"三观"、良好的学习态度和习惯、正确的生活态度和习惯等，教师作为单一的主体显然已无法胜任全部的评价工作，也无法对学生做出客观、全面、有效的评价，需要对学生评价主体进行重构，将学生自身、家庭或家长、社会组织等纳入评价主体系列，组建学生评价"共同体"。

在重构形成的学生评价"共同体"中，教师虽然仍是最主要的评价主体，但评价内容不应只局限于考试成绩，评价依据也不应只局限于课本知识的掌握情况，要把学生作为一个"完整的人"进行全面评价，而不是作为一个"考试机器"进行单向度评价。

在重构的学生评价主体系列中，学生是新增的自评主体，这既符合"以人为本"的大趋势，又符合更具有独立自主天性的农村学生，因为，很多农村学生属于留守儿童，自理、自立意识较强，他们在家中的态度和行为只有他们自己最清楚，因而也最具有评价的权力。

家庭教育在一定程度上比学校教育更为重要，所以，在重构的学生评价主体系列中，家庭或家长是不可或缺的主体。但由于很多青壮年农民进城务工，且越是不发达地区，进城务工的比例越高，农村学生的家庭陪伴、家庭教育缺失较多，家庭或家长评价可能会达不到预期的效果和要求。

由于农村学生还需要学习地方性知识、农业实践技术、农村生活智慧、乡土生活态度和习惯等，因而，需要广泛借助农村学校之外的社会力量，包括"新乡贤"等社会人才、农村专业合作社等基地，施教者一般也就是评价者，当这些社会力量参与学生评价时，评价方法主要是过程性评价。

对于重构的学生评价"共同体"中的各类成员，都有必要接受有关评价的专题培训，一是明确学生评价"共同体"对学生成长的意义，二是通过案例学习多元评价方法，三是熟悉评价程序。

3. 学生评价的方式

学生评价方式是为一定的学生评价目标和评价内容服务的。一方面，虽然关于中小学生评价方式的研究成果不少，但未能形成统一的评价方式表述，反而由于划分标准各异，使得评价方式的表述显得杂乱无章。如，有的分为量化评价和质性评价，有的分为诊断性评价、形成性评价和总结性评价，有的分为过程评价和结果评价，有的分为静态评价和动态评价，有的分为线性评价和综合评价……不一而足。另一方面，在教育教学实践活动中，评价方式却又过于单一，甄别选拔评价思想突出，终结性评价仍是评价的重心，评价应有的诊断功能没有得到充分发挥[①]。但随着全面深化教育领域综合改革的不断推进，传统的以国家教材为内容、以笔试为手段、以分数为标准的单一评价方式已然过时，迫切需要构建兼顾多元化、过程性、发展性的学生评价体系。

根据农村学校学生全面发展的需要，可以将学生评价方式分为两大类：一是用于甄别选拔的结果性评价，这是对传统评价方式的继承；另一种是用于过程诊断的发展性评价，这是对学生评价方式的创新。每一类学生评价方式下又可采用多种具体的评价方法，如笔试、口试、方案设计、作品创作、成果展示、学习反思等，且有些具体的评价方法可以同时出现在不同的大类之下。

所谓甄别选拔的结果性评价，又称为总结性评价、终结性评价、鉴定性评价、淘汰性评价，是相对于"标准答案""绝对标准"的量化评价，非常契合一元化的教育质量观。但无论是从理论分析还是从实践经验来看，农村学校采取这种评价方式都是弊大于利的，因为，"标准答案"是带着明显"城市中心主义"导向的，通过这种评价方式层层选拔出来的农村"优秀"学生，其发展过程和发展结果都不符合教育本质和教育目的的价值追求。

所谓过程诊断的发展性评价，又称为表现性评价、过程性评价、质性评价，是新课程改革的重要内容。2001年《基础教育课程改革纲要（试行）》明确指出："建立促进学生全面发展的评价体系……发挥评价

[①] 张文：《新课程推进中学生评价存在的问题与对策》，《教育理论与实践》2017年第2期。

的教育功能，促进学生在原有水平上的发展。"之后，"发展性"成为学生评价的基调受到前所未有的重视。采用这一评价方式，首先是要科学制定每个学生的个人发展目标，且这个目标要指向全面发展、个性发展和可持续发展，亦即每个学生的目标是不完全相同的；其次是要高度关注趋近目标的每个过程，以学生的个性化目标为参照评价学习过程的偏正、优劣和效率，并对过程进行适时调整。显然，这样的评价不可能仍是面向"标准答案"的量化评价，而是走入学生个体的质性评价，甚至是直入学生内心的"叙事"评价。这种评价方式虽然复杂，但对学生学习过程的诊断、对学生发展的引导、对学生人生成长的推动，是单纯的结果性评价无法企及的，尤其是对于多元发展需求的农村学生来说有着更好的适切性。中国教育学会学术委员会常务副主任、小学教育专委会理事长李烈说，要更多采用表现性评价而非等级性评定，以便更多地促进学生的纵向发展而非横向竞争。邓小平城乡发展学院院长、小学教育专委会副理事长兼秘书长陈锁明提出，要从鉴定性评价走向过程性、改进性评价。天津市河西区恩德里小学通过"快乐三点半"课程实施过程性和反馈性评价；浙江省武义县壶山小学基于"期末乐考"评价、过程性模块评价和成长品质评价，形成了基于学生成长品质的综合素质评价[①]。

另有一些学校的实践经验表明，"学生成长记录袋"能很好地体现发展性评价的理念。"成长记录袋"也称为"成长记录册"，是西方中小学评价改革运动中形成和发展起来的一种崭新的评价方式。20世纪80年代以后，美国最先将其运用到教育领域。"学生成长记录袋"用以记录考试测验之外的内容，是对学生量化评价的补充和完善。记录袋里的内容因学校而异，同一所学校内部也因人而异，但大致包括：各学期综合评价结论、优秀事迹、活动参与、作品展示、学习成果、荣誉表彰、发展评价、成长痕迹等内容。学生在学习过程中生成的各种作品，均可由学生自主收集装袋，种类和数量不限。发展评价不仅有"师评"，还有学生自评、班（组）互评等。成长痕迹包括对学习过程和学习方法的自我反思。

---

① 谢凡：《"发现"与"成全"：学校综合评价创新的"初心"与"使命"——来自中国教育学会小学教育专业委员会2017年学术年会的思考》，《中小学管理》2017年第12期。

"学生成长记录袋"既可以由学校统一保管,定期向学生收集作品,也可以由学生自主保管,以便随时将有价值的内容放进袋内,只在统一展示或评价时上交给学校①。

对于农村学生评价涉及的各种评价内容,宜采用不同的具体评价方式或方式组合:如对国家课程知识和理论性地方知识等的学生评价,仍可采用传统的试卷测验方式和以教师评价为主,既有单元测验、期中考试等过程诊断性评价,又有期末考试、结业考试、升学考试等甄别选拔的结果性评价。要评价学生对农业实践技术的了解和掌握情况,宜采用过程性评价方式,由家庭评价、社会评价和学生自评三个主体相结合进行。要评价学生是否拥有一定的农村生活智慧,可先采用诊断性测试,再在培育过程中由家庭和学生两个主体结合进行过程性评价,最后在某一学段结束时与学科考试一同进行结果性评价。要评价学生的"三观"、学习态度和习惯、生活态度和习惯等情感、意志、态度、行为等方面的内容,建议采用过程性评价,且以观察法、交流访谈法、问卷调查法为主②,以教师为主要评价主体,同时参考学生自评、家庭评价的意见。

(三)以农村教师专业发展为导向修订教师评价制度

中国教育学会学术委员会常务副主任、小学教育专委会理事长李烈说,要改革学生评价制度,必须先改革教师评价制度,给教师多一些自由发挥的空间和多样化发展的平台,让教师在更加人文的环境中去体验和实践更具人性的教育,让教师伴随着学生的成长获得自我实现的幸福③。

教师评价是依据一定的教育目标,对教师教育活动、过程和结果进行价值判断和绩效评估的指导手段。教师评价有两大功能:一是甄别和选拔功能;二是促进教师专业发展的功能④。现代教师评价应更多地指向

---

① 常建莲:《学生成长记录袋的创建与使用研究》,《教学与管理》2018年第7期。
② 柳斯邈、孟静怡:《通用核心素养的内涵、评价与培育》,《教学与管理》2017年第5期。
③ 谢凡:《"发现"与"成全":学校综合评价创新的"初心"与"使命"——来自中国教育学会小学教育专业委员会2017年学术年会的思考》,《中小学管理》2017年第12期。
④ 钱红:《从束缚走向解放——论教师评价与教师成长》,《人民教育》2005年第5期。

后者，即通过教师评价促进教师更好的专业发展。叶澜教授认为，教师专业发展是指教师的专业成长或教师内在的专业结构不断更新、演进和丰富的过程。朱旭东教授认为，教师专业包括教会学生学习、育人和服务三个维度[1]，教师专业发展也就包括教师在教会学生学习、育人和服务三个维度的发展过程。教师良好的专业发展既有利于培养学生，又有利于自身的和谐幸福。在教师评价中，既要关注教师专业发展的全面性，又要关注教师专业发展的递进性，通过完善评价制度不断为教师专业发展提供推动力和支撑力。

农村学校教师在教师队伍中的地位偏低，更需要通过科学合理、人性温暖的评价制度建立并巩固他们的专业自尊和岗位自信，通过导向不同于城市学校教师的专业发展性评价获得全方位的关怀、支持和促进。以农村教师专业发展为导向的教师评价制度至少应有以下几个方面的内涵：

1. 评价目的是促进农村教师的发展

以农村教师专业发展为导向进行教师评价，目的不是为了简单地评优或惩戒，而是为农村教师专业发展提供关怀和支持，促进教师的高质量发展和特色化发展，且推动教师发展与学校管理深度融合[2]。

2. 引导农村教师制定专业发展规划

"凡事预则立"，任何发展都需要有预先的规划，农村教师的发展也不例外。农村教师要制定专业发展规划，既要认真分析自身的发展现状，又要对客观的现实条件和农村学校发展目标对教师的发展要求进行全面剖析，还要对农村教师专业发展的内容范围、突破口、重点措施、梯度目标、分年度目标等进行详细分解。农村教师专业发展的内容范围应涵盖知、情、意、行；要兼顾学历提升、教育理想和信念、教育情怀、课堂教学技能、育人特别是留守儿童关爱、农村学校校本课程开发等；既要有个人发展目标也要有团队融入与合作目标。重要目标要有梯度划分，分年度目标之和要不小于发展总目标。所有教师的专业发展规划经反复

---

[1] 朱旭东：《论教师专业发展的理论模型建构》，《教育研究》2014年第6期。
[2] 郑是勇、张扬：《日本新一轮教师评价制度改革的意义探究——基于改革背景、进程、内容与目标的分析》，《外国中小学教育》2018年第5期。

修改后由学校审核存档,作为教师评价的个性化标准。笔者在实地调研中,发现部分农村学校的教师专业发展规划已经较为成熟,如分乡初中、大堰堤小学等。

3. 培育多元评价主体

以个人专业发展为导向对农村学校教师进行评价,必须有多个评价主体,不仅要保留自上而下的上级评价,更要注重自评、团队内部互评、家长评价、学生评价,有时还可引入社会评价。但对新增的多元评价主体需要进行相关的专题培训,以便他们科学合理地使用评价权力。

4. 采用"质性+量化"的评价方式

以农村教师专业发展为导向的评价,评价方式应以质性评价为主、量化评价为辅。由于采用的主要是个性化专业发展规划这一质性标准,评价方式自然应与标准一致。但根据学生成绩评价教师的量化标准仍然具有一定的合理性,也是从一个角度体现教师的课堂教学水平和教学能力,所以仍需保留。

5. 细化分类评价标准

教师的专业发展是终其一生的,学校应为每一位教师提供专业发展的条件支持和展示舞台,因此,学校应分梯度设置教师岗位,并将作为外部要求的梯度岗位职责和作为内部要求的教师自身专业发展规划中的梯度目标结合起来对教师进行分类评价,逐步引导农村教师进入更高的专业发展通道。在梯度岗位设置上,已有部分学校的经验可供借鉴,如山东省潍坊市昌乐县第一中学从高到低依次设置了首席教师、学科带头人、骨干教师、优秀教师、合格教师等,教师在制定个人专业发展规划时,根据自身条件和特长,对照具体要求确定自己的发展目标,并适时申报某一层级的岗位[1]。对青年教师的评价应促进其尽快成为合格教师,所以应主要关注其对教师职业的适应性、向老教师学习的主动性、自我研修的积极性等;对中年教师的评价要促使其尽快成长为骨干教师,所以应主要关注其进一步发展的专业动力(如是否有职业倦怠)、课堂教学品质、原创试题、教育教学研究能力等。如果对教师的评价缺乏对层次和梯度的关照,而将所有教师用同一尺度进行评价,这对青年教师和中

---

[1] 黄发国:《教师评价:更要立足于发展》,《人民教育》2018年第7期。

老年教师都是不利的，更不利于农村教师的特色发展①。浙江省金华市环城小学基于"温暖教育"的办学理念，在教师中实施自我规划评价、梯级评价、工作室制的个性化评价，以及在全校树立十大温暖教师榜样，形成了一个温暖的教师集体。北京市崇文小学通过对青年教师发展现状及未来需求进行综合评定，为其构建起成长路径图和成长档案；同时在学科组团发展的过程中，以分享式、参与式评价满足教师获得尊重的需要和自我发展的需要②。

四 彰显行为文化

在学校的文化体系中，行为文化处于学校文化的外在表层，学校的精神文化对师生的行为文化具有深层的导向作用，物质文化对行为文化具有适时的提醒作用，制度文化对行为文化具有直接的规约作用。相较于精神文化、物质文化、制度文化而言，行为文化是外在的、动态的、人本的、活化的，是对精神文化和制度文化的检验和评判，是精神文化、制度文化在师生言行上的体现，即完美的精神文化、物质文化和制度文化不一定能形成良好的行为文化，但优秀的行为文化一定有完美且可行的精神文化、物质文化和制度文化作为支撑。

学校的行为文化至少应包括师生的仪容仪表、教育教学状态、师德风貌、学生修养等。行为实际上是思想和精神的外在表现，师生先要通过有意识地提升外在行为文化达到"外化于行"，在"习惯成自然"的过程中使良好的道德品质、思想境界逐渐"内化于心"，实现思想素养、言行表现的内外交融，通过人的全面改观实现农村学校的全面改观。

学校师生的行为文化建设，是在学校精神文化的统领下，通过制定和完善一系列与师生行为表现相关的制度并推动制度的全面实施，形塑师生行为并将师生行为适时反馈到精神文化和制度文化体系，不断进行互动、互评、互调、互进的过程。学校行为文化包括内部行为文化和外

---

① 郭子其：《教师评价的问题及对策——基于生存哲学视角的反思》，《中小学教师培训》2017年第4期。

② 谢凡：《"发现"与"成全"：学校综合评价创新的"初心"与"使命"——来自中国教育学会小学教育专业委员会2017年学术年会的思考》，《中小学管理》2017年第12期。

部行为文化两个部分①，因此，学校行为文化建设也应从对内和对外两个方向上着力。

（一）全面规范师生言行

在学校精神文化的宏观统领和制度文化的具体规约下，学校的教学、管理、服务、活动等应该具有基本的秩序。但要进行更为细致、更高水平的行为文化建设，就需要有更微观、更深入的推进。对于农村学校来说，一般可通过师生行为倡导、师生行为禁令、师生行为评比、学生德育评价系统等从正面引导、反向惩戒两个方面规范师生言行。

1. 正面引导

正面引导可分为对教师的典型引领和对学生的正面引导。

对教师的典型引领，既有2014年习近平总书记在视察北京师范大学时提出的"四有"好老师标准，即有理想信念、有道德情操、有扎实学识、有仁爱之心；又有教育部颁布的《中小学教师职业道德规范》（2013年修订）和《新时代中小学教师职业行为十项准则》（2018），包括坚定政治方向、自觉爱国守法、传播优秀文化、潜心教书育人、关心爱护学生、加强安全防范、坚持言行雅正、秉持公平诚信、坚持廉洁自律、规范从教行为等方面的内容；还有学校、社会、媒体等对各类优秀教师的评选和报道。如，自2011年以来，由《光明日报》等联合举办的大型系列公益活动"寻找最美乡村教师"；从2016年开始，马云公益基金会发起的年度"乡村教师奖"评选及表彰活动；有些学校有"五好教师"评选，内容包括精神状态好、业务技能好、教育效果好、教学成绩好和责任担当好；有些学校有"师德标兵""教学能手""优秀班主任""我心目中的好老师"等评选；有些学校还有标准的"教师口号"。

对学生的正面引导，有教育部2015年颁布的新《中小学生守则》，包括爱党爱国爱人民、好学多问肯钻研、勤劳笃行乐奉献、明礼守法讲美德、孝亲尊师善待人、诚实守信有担当、自强自律健身心、珍爱生命保安全、勤俭节约护家园九条内容；有教育部2015年颁布的《小学生日常行为规范》和《中学生日常行为规范》；有2018年开始由中央文明办等部门联合主办的"新时代好少年"评选；有各校"三好学生"评选；

---

① 蔡劲松等：《大学文化理论建构与系统设计》，文化艺术出版社2009年版，第116页。

在一些农村地区和农村学校,有"孝心好少年""七彩儿童""五星少年"等评选;有的学校还有标准的"学生誓词"。

2. 反向惩戒

从全国到各省各县,都有对教师和学生的惩戒条款。涉及中小学教师行为的有教育部颁布的《教师十条禁令》(2012),包括严禁不良言论、严禁有偿补课、严禁体罚或变相体罚学生等十条内容;有些学校还有自己的"教师几要几不要"等。涉及中小学生行为的有学校内部的各种禁令,包括禁止学生进网吧、禁止学生带手机、禁止学生奇装异服、禁止学生危险游戏等。

从心理和情感角度,在规范师生言行的相关制度中,正面引导式的规定更容易被师生接受和认可,反向惩戒式的"禁令"会受到不同程度的心理拒斥。因而,在学校行为文化建设中,出台的制度规定应主要以正面引导文字为主,尽量避免出现甚至不出现"严禁""绝不允许"之类的极端词汇,而以"负面清单"的方式呈现为宜。在制度实施过程中,上级评价主体可内部掌握列入惩戒的禁止言行。

(二) 关照农村师生的特殊性

本书在多个地方分析了农村学校的特殊性,学校的特殊性最终会体现在师生行为之中,因此,在学校行为文化建设中,务必关照农村学校师生的特殊性。

1. 关照农村寄宿制学生

寄宿制是一种家、校合一的生活场景,在中国广大农村地区普遍存在。根据21世纪教育研究院对全国十个省(市、自治区)农村学校的抽样调查结果,农村小学生寄宿生比例为39.8%,初中生的寄宿比例达到61.6%,这是农村学生与城市学生最大的生活场景差异。农村寄宿制学生存在的问题主要是心理问题和生活能力问题。我们知道,根据心理学中儿童发展相关理论,儿童的身心发展、认知发展都是有顺序、分阶段的,心理的成熟与行为的稳定紧密相连。小学生、初中生都还处在心理未成熟阶段,学校寄宿制剥夺了中小学生正常的心理依恋;小学生大多还不具备基本的生活自理能力,处于青春期的初中生虽然生活基本能够自理,但心理冲突、行为偏执更易发生;寄宿制将中小学生置于一种特殊的人际距离和人际关系之中,不少学生就因为处理不好人际关系而变得好斗或孤僻,甚至形成诸多不良习惯……因此,农村寄宿制学校首先要安排数量充足的生活老师帮助寄宿制学生打理基本生活,指导寄宿制学生提高生活自理能力;其次,还需要定期安排一些掌握儿童心理学知识的专业人员陪伴寄宿制学生,与他们进行交流,帮助他们解开心理困惑、认识行为缺陷,尽量使他们能够自立自强、积极阳光、团结合群;最后,还要对寝室、食堂、活动室等寄宿制学生的日常生活环境进行专门的文化设计,从视觉上营造有利于中小学寄宿制学生身心健康成长的家庭"代理"环境。

　　实际上,大多数农村教师也有与寄宿制学生同样的生活场景,他们周一到周五住在学校,与自己的家庭住所分离,无法照顾家庭和孩子,也使他们的精神、情感和行为有别于能与家人朝夕相处的城市教师,因而也理应需要特别关照。

　　2. 关爱农村留守儿童

　　农村留守儿童一般是指"父母双方外出务工或一方外出务工另一方无监护能力、无法与父母正常共同生活的不满 16 周岁农村户籍未成年人。根据国家卫计委流动人口监测数据并参照民政部门的口径计算,2011—2015 年中国农村留守儿童规模分别为 2309.57 万、2399.46 万、2337.70 万、2408.77 万、2533.75 万人[①]。全国妇联的研究数据则显示,中国农村留守儿童占农村儿童总数的 37.7%[②]。

　　农村留守儿童存在的共性问题主要是亲情缺失带来的孤独封闭、焦虑抑郁等心理问题,家庭教育缺失带来的品德缺陷、生活经验缺失等问题。在农村学校,要对留守儿童给予特别的关爱,需要建立准确的留守儿童台账,开通留守儿童"亲情热线",组建"代理妈妈"志愿者群,将留守儿童与非留守儿童结对成为"兄弟连"或"姐妹花",组织留守儿童观看心理剧,开设"农村生活经验"类校本课程,建设承担留守儿童心理咨询职能的"来聊吧"……通过多方努力,弥补农村留守儿童的情感

---

① 魏东霞、谌新民:《落户门槛、技能偏向与儿童留守——基于 2014 年全国流动人口监测数据的实证研究》,《经济学》2018 年第 2 期。

② 全国妇联课题组:《我国农村留守儿童、城乡流动儿童状况研究报告》(http://acwf.people.com.cn/n/2013/0510/c99013-21437965.html.)。

缺失，帮助农村留守儿童完善品德修养、丰富生活经验，从而使他们成长得更加健康和阳光。

3. 关爱农村新教师

近些年来，"大学生志愿服务西部计划"、"三支一扶"（支教、支农、支医和扶贫）计划、"农村义务教育阶段学校教师特设岗位计划"、《乡村教师支持计划》《教育部直属师范大学师范生免费教育实施办法（试行）》等多种政策将高校毕业生引导到农村学校任教，使农村学校师资队伍的数量、结构、质量均发生了趋好的改变。但由于农村学校客观条件和各种主观因素的限制，农村学校新教师的总体稳定性差，甚至出现过上午报到下午离职的现象。农村新教师的大量离职、换岗，既打乱了农村学校正常的教育教学秩序，也容易扰乱"军心"，搅动其他本未打算离职的教师，给农村学校带来不小的负面影响。关注农村师资队伍建设，要重点关注农村新教师，通过健全完善制度文化、营造良好的行为文化让农村新教师"既来之则安之""用得上""留得住""担得起"。

具体而言，首先，是农村学校领导要带头营造"公平""公正"的制度文化和"以人为本"的行为文化，对新教师要有爱护之心、培养之举和使用之法，为新教师提供专业发展的支持平台和晋升通道，通过"事业留人""感情留人"弥补地域劣势和薪酬劣势。其次，要在生活、工作环境上尽量给新教师创造无忧的物质条件，形成"待遇留人"的氛围趋势。再次，要做好老教师的思想工作，使老教师既能正确看待各级部门对新教师的倾斜政策，又能为新教师做好业务指导。最后，要通过新教师欢迎会、教师节重温《人民教师誓词》、各种师生或社区联谊活动等尽快让新教师融入农村社区和农村学校，并立志通过自身的努力助力农村教育和农村学校的可持续发展。

（三）开放办学，推介展示师生的良好行为

在当今这个日益开放的社会，农村学校也不可能关门办学。要想通过文化建设促进农村学校的内涵发展、特色发展和可持续发展，更要利用一切可能的机会向外展示学校文化。农村学校在遴选对外推介展示的文化载体时，不可能完全借助于静态的精神文化、物质文化和制度文化，师生的行为文化成为当然的推介首选。一是可以通过组织师生走出校园参加社区公益活动，并在活动中展现师生良好的品质和高雅的行为；二是可以通过设立"学校开放日""家校合作日"等，邀请政府部门、家长、"新乡贤"等参加学校的运动会、艺术节、科技节等大型活动，将学校的文化展示、优秀师生事迹、师生才艺、师生精神风貌等近距离地传达给被邀请者，再通过他们传播给更广泛的受众。三是积极承担各种主题的现场会、积极申报各级部门组织的选优、评奖等活动，快速净化、提升师生的行为文化，以扩大农村学校的社会信任，拓展农村学校的社会资本。

五　对学校文化建设成果进行评价

农村学校在精神文化、物质文化、制度文化和行为文化方面的建设进展和建设成果，需要及时得到评价反馈，以便进行调整、完善和提升。对学校文化建设成果的评价，可以采取先自评再他评的方式进行。之所以要先进行自评，是因为在现阶段，学校文化建设本来就是一个自主发展的建设项目，并未纳入常规管理的"规定动作"，因而缺乏普适、通用的评价标准和评价体系。

自评就是参照各校的文化建设总体方案进行自我对照检查，以测评文化建设总体方案的"达成度"和各利益相关者群体对学校文化建设的"满意度"。

他评就是借助外部标准对学校文化建设成果进行评价。这个外部标准既可能来自学校上级主管部门，也可能来自第三方评价机构。在学校文化建设成果的评价方面，北京等地的教育主管部门已做了较为系统的尝试[①]。早在2013年，北京市教委就启动了中小学学校文化示范校建设与评估活动，引导200所中小学进行学校文化建设，并委托北京师范大学学校文化研究中心主任张东娇教授主持该项目。2014年3月，项目组发布了《北京市中小学学校文化示范校建设与评估指标体系（试行）》，并于2014年10月进行了修改和完善。该指标体系由三级指标构成，包括4个一级指标、14个二级指标和44个三级指标（观测点），指标体系全文见书后附录3，一级指标、二级指标及其分值权重如下：

---

① 张东娇、张凤华：《学校文化示范校建设指标体系学理解读与评估应用》，《教育科学研究》2015年第2期。

A1 学校文化体系建设：共 10 分，主要指学校文化建设规划，强调逻辑性、继承性、共识等；

A2 学校办学理念体系建设：共 15 分，包括

 B2 核心价值观（4 分）

 B3 办学目标（3 分）

 B4 育人目标（3 分）

 B5 学校理念识别（3 分）

 B6 学校理念宣传（2 分）

A3 学校办学实践体系建设：共 65 分，包括

 B7 管理文化建设（8 分）

 B8 课程文化建设（12 分）

 B9 课堂教学文化建设（11 分）

 B10 教师文化建设（12 分）

 B11 学生文化建设（12 分）

 B12 公共关系文化建设（4 分）

 B13 校园环境文化建设（6 分）

A4 优势领域发展：共 10 分

在学校文化创建阶段，北京市教委在每个区县的备选学校中各选出 2 所学校作为创建点，17 个区县共选出 34 所学校，细致地对这些学校进行了研讨式评估。在验收阶段，每个区县选择 1 所学校进行学校文化建设成果展示，以带动整个区县的学校文化建设。2014 年 4 月开始，北京师范大学学校文化研究中心设立"学校文化讲坛"，邀请高等院校学校文化建设方面的专家和有实践经验的校长对项目学校校长进行了两次集中培训，用"以培带评"的方式为学校评估做准备。正式的评估包括学校自评和专家小组评价两个部分。专家小组评价采用专家小组工作日的方式进行，8 个专家小组分别负责 2—3 个区县，共完成 34 所学校的现场评估活动。专家小组现场评估包括课堂观察、校园观察、访谈、校长汇报、现场反馈五个环节，最终形成学校文化建设反馈报告，应用于各个学校的文化建设及其自我改进。每个专家小组都由高等院校专家、研究机构

专家和中小学校长共 5 人组成，配备 2 名研究生作为工作助手。评估结果的等级分为四级：总分≥85 分为优秀；85 分＞总分≥75 分为良好；75 分＞总分≥60 分为合格；总分＜60 分为不合格。经北京市教委和专家小组商讨，前两个或三个等级可以成为学校文化示范校，由北京市教委和区县教委颁发相关证明。不合格的学校需在两个月之内写出《学校文化建设改进报告》，交区县教委和北京市教委备案，由专家小组适时对其进行回访和指导①。

无论自评还是专家小组评价，最终都要形成包含改进建议的评价结论，学校再根据改进建议一一进行调整和改进，直到建成更有利于学校师生全面发展、个性发展和可持续发展的理想学园。

至此，全书内容已经完成，但仍有以下几个问题萦绕心间，且留作进行后续研究的空间：

1. 如何看待并处理素质教育与学校文化建设之间的关系？

2. 如何选择各校的文化建设路径？对于农村学校而言，如果上级教育主管部门提出学校文化建设的统一要求、配套经费并不时进行进度检查，农村学校的文化建设是否会更有成效？以校长作为绝对主体主导农村学校的文化建设是否更有统整力？

3. 如何选择学校文化建设的启动契机？是在特殊的转折期如新校建立或多校合并之时？还是在新校长上任之初？在学校降格等衰退时期，有没有可能进行文化建设以"力挽狂澜"使"枯林逢春"。

---

① 《现代教育报》刊载了该项目启动的相关信息和发言，并开辟有"学校文化"专栏。

参考文献

专　著

安富海:《地方性知识与民族地区地方课程开发研究——以甘南藏族为例》,中国社会科学出版社2016年版。

蔡劲松等:《大学文化理论建构与系统设计》,文化艺术出版社2009年版。

陈序经:《文化学概观》,岳麓书社2009年版。

陈序经:《文化学概论》,中国人民大学出版社2005年版。

刁培萼:《教育文化学》,江苏教育出版社1992年版。

董恺忱、范楚玉:《中国科学技术史·农学卷》,科学出版社2000年版。

[法]涂尔干:《社会分工论》,渠东译,生活·读书·新知三联书店2000年版。

费孝通:《全球化与文化自觉:费孝通晚年文选》,外语教学与研究出版社2013年版。

费孝通:《乡土中国》,人民出版社2008年版。

费孝通:《乡土中国生育制度》,北京大学出版社1998年版。

顾明远:《教育大辞典》,上海教育出版社1992年版。

韩勃、江庆勇:《软实力:中国视角》,人民出版社2009年版。

何平、张旭鹏:《文化研究理论》,社会科学文献出版社2014年版。

黄合水:《品牌学概论》,高等教育出版社2009年版。

季羡林:《季羡林文化沉思录》,张培锋编,时代文艺出版社2013年版。

江东:《普通高中特色课程新思路》,广东教育出版社2013年版。

教育部教师工作司:《筑梦乡村讲台奠基民族未来》,上海交通大学出版社 2016 年版。

金克木：《文化的解说》，中国人民大学出版社 2007 年版。

李荣胜：《国学是什么》，华夏出版社 2011 年版。

李玉玲：《教育人类学》，扬智文化事业股份有限公司 2006 年版。

李泽厚：《历史本体论》，生活·读书·新知三联书店 2002 年版。

李镇西：《李镇西校长手记》，长江文艺出版社 2017 年版。

刘刚、王文鹏、陆俊杰：《多维大学校园文化研究》，中国书籍出版社 2012 年版。

刘光明：《品牌文化》，经济管理出版社 2011 年版。

刘铁芳：《守望教育》，华东师范大学出版社 2004 年版。

刘铁芳：《乡土的逃离与回归：乡村教育的人文重建》，福建教育出版社 2008 年版。

刘献君：《个性化教育论》，华中科技大学出版社 2018 年版。

陆扬：《文化研究导论》，高等教育出版社 2012 年版。

［美］菲利普·巴格比：《文化：历史的投影》，夏克译，上海人民出版社 1987 年版。

［美］哈罗德·孔茨、海因茨·韦里克：《管理学（第十版）》，张晓君等编译，经济科学出版社 1998 年版。

［美］杰里米·里夫金：《第三次工业革命——新经济模式如何改变世界》，张体伟、孙豫宁译，中信出版社 2012 年版。

［美］J. L. 金奇洛：《多元智力再思考》，霍力岩、李敏谊等译，中国轻工业出版社 2004 年版。

［美］克利福德·格尔茨：《地方知识》，杨德睿译，商务印书馆 2016 年版。

［美］芮德菲尔德：《农民社会与文化》，王莹译，中国社会科学出版社 2013 年版。

［美］斯科特·理查德、戴维斯·杰拉德：《组织理论：理性、自然与开放系统的视角》，高俊山译，中国人民大学出版社 2011 年版。

［美］特伦斯·E. 迪尔、肯特·D. 彼德森：《校长在塑造学校文化中的角色》，王亦兵译，中国青年出版社 2006 年版。

［美］西托夫斯基：《无快乐的经济：人类获得满足的心理学》，高永平

译，中国人民大学出版社 2008 年版。

钱穆：《中国文化史导论》，商务印书馆 2007 年版。

施良方：《课程理论：课程的基础、原理与问题》，教育科学出版社 1996 年版。

石中英：《知识转型与教育改革》，教育科学出版社 2001 年版。

王道俊、郭文安：《教育学》，人民教育出版社 2016 年版。

邬志辉、秦玉友等：《中国农村教育发展报告（2017）》，北京师范大学出版社 2018 年版。

项红专：《学校文化建设》，浙江大学出版社 2010 年版。

肖谦：《多视野下的大学文化》，西南交通大学出版社 2009 年版。

辛继湘：《体验教学研究》，湖南大学出版社 2005 年版。

许慎：《说文解字》，（清）段玉裁注释，上海古籍出版社 1981 年版。

阎海军：《崖边报告：乡土中国的裂变记录》，北京大学出版社 2015 年版。

衣俊卿：《文化哲学十五讲》，北京大学出版社 2013 年版。

[印度] 阿马蒂亚·森：《以自由看待发展》，中国人民大学出版社 2012 年版。

[英] 怀特海：《教育的目的》，庄莲平、王立中译注，文汇出版社 2012 年版。

[英] 马克·J. 史密斯：《文化：再造社会科学》，张美川译，吉林人民出版社 2005 年版。

[英] 迈克尔·欧克肖特：《人文学习之声》，孙磊译，上海译文出版社 2012 年版。

[英] 尼克·史蒂文森：《文化公民身份：全球一体的问题》，王晓燕、王丽娜译，北京大学出版社 2011 年版。

[英] L. 泰勒：《课程与教学的基本原理》，罗康、张阅译，中国轻工业出版社 2008 年版。

[英] 泰勒：《原始文化》，连树声译，上海文艺出版社 1992 年版。

[英] C. W. 沃特森：《多元文化主义》，叶兴艺译，吉林人民出版社 2005 年版。

俞国良：《学校文化新论》，湖南教育出版社 1999 年版。

（元）脱脱等：《辽史》，中华书局1983年版。

袁先潋：《学校文化力建设策略》，西南师范大学出版社2009年版。

张耀南：《知识与文化：张东荪文化论著辑要》，中国广播电视出版社1995年版。

赵中建：《学校文化》，华东师范大学出版社2004年版。

郑金洲：《教育文化学》，人民教育出版社2000年版。

周浩然、李荣启：《文化国力论》，辽宁人民出版社2000年版。

周浩然、李荣启：《文化国力论》，辽宁人民出版社2000年版。

朱颜杰：《学校管理论》，辽宁教育出版社1990年版。

宗白华：《宗白华全集：第2卷》，安徽教育出版社1994年版。

期刊论文

宝乐日：《国内外地方课程的实施状况及其启示》，《内蒙古师范大学学报》（教育科学版）2005年第4期。

别敦荣：《论大学发展战略规划》，《教育研究》2010年第8期。

蔡连玉、傅书红：《华德福教育的理论与国内实践研究》，《比较教育研究》2013年第7期。

蔡应妹：《学校撤离后农村文化建设的困境与出路》，《浙江师范大学学报》（社会科学版）2015年第2期。

常建莲：《学生成长记录袋的创建与使用研究》，《教学与管理》2018年第7期。

陈国华、张旭：《农村教育现代化的误区、现实问题与发展策略》，《现代教育论坛》2015年第6期。

陈红新、刘小平：《也谈民间体育、民族体育、传统体育、民俗体育概念及其关系——兼与涂传飞等同志商榷》，《体育学刊》2008年第4期。

陈华：《育英校歌历史寻源》，《百年潮》2015年第3期。

陈静、李炳泽：《论农村中小学学生参与的价值、理念与途径》，《教学与管理》2017年第1期。

陈绍军：《地方性知识：工程成功"嵌入"社会何以可能》，《武汉理工大学学报》（社会科学版）2015年第3期。

陈学军：《学校文化是什么》，《教育研究与实验》2015年第3期。

陈艳超：《农村中小学的"孤岛化"困境及其解决路径》，《铜陵职业技术学院学报》2017年第3期。

成尚荣：《学校文化呼唤"深度建构"》，《人民教育》2011年第20期。

褚宏启：《政府与学校的关系重构》，《教育科学研究》2005年第1期。

邓凤莲：《河南省中小学生参与民间体育活动的现状调查与思考》，《南阳师范学院学报》2007年第9期。

丁念金：《学校课程统整中的课程结构设计》，《课程·教材·教法》2008年第11期。

董树梅：《"后撤点并校时代"农村文化困境突围中农村中小学的担当》，《河北师范大学学报》（教育科学版）2014年第1期。

董晓培、卫郭敏：《"地方性知识"视域下民俗类非物质文化遗产的保护和传承研究》，《淮南师范学院学报》2013年第3期。

董新良：《论农村中小学功能的释放与农村社区良性互动》，《湖南师范大学社会科学学报》2015年第6期。

段超、孙炜：《关于完善非物质文化遗产保护政策的思考》，《中南民族大学学报》（人文社会科学版）2017年第6期。

凡勇昆、邬志辉：《社会转型背景下农村教育发展新走向》，《中国教育学刊》2014年第5期。

范先佐：《乡村教育发展的根本问题》，《华中师范大学学报》（人文社会科学版）2015年第5期。

范涌峰、宋乃庆：《学校特色发展：内涵、价值及观测要点》，《教育研究与实验》2017年第2期。

冯敏、张利：《论民族服饰与非物质文化遗产保护》，《四川民族学院学报》2011年第5期。

葛新斌：《关于我国农村教育发展路向的再探讨》，《中国农业大学学报》（社会科学版）2015年第1期。

桂勇：《华德福教育：儿童个性发展的教育》，《外国中小学教育》2011年第2期。

郭和初：《校歌创作初探》，《湛江师范学院学报》2003年第1期。

郭天禹：《北枳代桃：农业系统中两种知识的补充、替代与融合》，《中国农业大学学报》（社会科学版）2017年第6期。

郭子其:《教师评价的问题及对策——基于生存哲学视角的反思》,《中小学教师培训》2017年第4期。

何宏、赵炜:《稻米与麦穗的对话:南北交汇的淮河饮食文化》,《美食研究》2015年第4期。

何平:《中国和西方思想中的"文化"概念》,《史学理论研究》1999年第12期。

洪宗国:《瑶医药是"减"的医药》,《中南民族大学学报》(自然科学版)2016年第3期。

胡火金:《论中国传统农业的生态化实践》,《南京农业大学学报》(社会科学版)2005年第3期。

胡俊生:《农村教育城镇化:动因、目标及策略探讨》,《教育研究》2010年第2期。

胡鹏辉、高继波:《新乡贤:内涵、作用与偏误规避》,《南京农业大学学报》(社会科学版)2017年第1期。

扈中平:《"人的全面发展"内涵新析》,《教育研究》2005年第5期。

黄斌南:《盘江流域世居少数民族文化传承的困境及对策分析——以黔西南州为例》,《兴义民族师范学院学报》2018年第2期。

黄斌:《南盘江流域世居少数民族文化传承的困境及对策分析——以黔西南州为例》,《兴义民族师范学院学报》2018年第2期。

黄发国:《教师评价:更要立足于发展》,《人民教育》2018年第7期。

黄茂树、Leesa V. Huang:《以学生为中心的校园文化——建构与管理》,《复旦教育论坛》2015年第6期。

黄永元:《初中综合实践活动主题缺失的原因及解决策略》,《教学与管理》2016年第2期。

纪德奎、孙嘉:《美国农村中小学文化的发展历程及启示》,《湖南师范大学教育科学学报》2015年第1期。

纪谦玉:《人的全面发展:通识教育的灵魂》,《教育评论》2016年第1期。

季中扬、师慧:《新乡贤文化建设中的传承与创新》,《江苏社会科学》2018年第1期。

蒋亦华:《农村中小学发展的政府行为评价与建构》,《中国教育学刊》

2015 年第 3 期。

金建萍：《从"政治解放"到"人的解放"：人的自由发展的理论逻辑》，《人文杂志》2015 年第 12 期。

雷芳：《学校文化建构的基本路径与内在机理》，《湖南师范大学教育科学学报》2017 年第 1 期。

雷万鹏：《城镇化进程中农村小规模学校发展》，《全球教育展望》2014 年第 2 期。

雷欣翰：《早期神农传说及其文化意涵考论》，《华南农业大学学报》（社会科学版）2015 年第 4 期。

李广：《学校——社区互动》，《教育研究》2018 年第 4 期。

李红路、张闯胜：《学校文化的反思与重建——一种基于方法论的视角》，《中国教育学刊》2015 年第 3 期。

李利利：《基于 SWOT 分析的农村中小学体育课程资源开发——以四川省宜宾县为例》，《攀枝花学院学报》2015 年第 5 期。

李令永：《学校的文化功能：一种社会学的视角》，《教育理论与实践》2010 年第 10 期。

李乔杨、吴海燕、熊坤新：《地方性知识：神秘的换花草——关于"占里现象"的相关思考》，《黑龙江民族丛刊》2017 年第 6 期。

李生滨、傅维利、刘伟：《从追求均衡到鼓励差异——对后均衡时代义务教育发展的思考》，《教育科学》2012 年第 1 期。

李素芹、胡慧玲：《大学文化：概念群及建设方略》，《扬州大学学报》（高教研究版）2016 年第 5 期。

李素芹、张晓明：《基于差异分析法的地方高校研究生教育的文化价值》，《湖北社会科学》2010 年第 10 期。

李向东等：《传统农业技术向现代农业技术的转变——继承、改造和提升》，《农学通报》2007 年第 10 期。

李小娃：《大学战略管理的内涵、趋势与特征》，《现代教育管理》2013 年第 4 期。

李晓红：《农村地区学校发展内卷化的表征分析》，《现代中小学教育》2016 年第 5 期。

李晓文、王晓丽：《全国十五个区域儿童学校生存状态调查分析》，《华东师范大学学报》（教育科学版）2014年第1期。

李秀华：《语言·文化·民族：民族语言认同与民族共同体的建构》，《西北民族大学学报》（哲学社会科学版）2018年第2期。

李学农：《广义学校文化论》，《江苏教育学院学报》（社会科学版）1994年第1期。

李义丹、王雅茹：《论人的三维度发展——基于人的科学发展观的理论视角》，《天津大学学报》（社会科学版）2015年第4期。

李益众、王建强：《提振教育质量的"三驾马车"——"后硬件"时代农村教育内涵发展的蓬溪实践》，《特别关注》2016年第10期。

李志超、吴惠青：《乡村建设的精神危机与乡村学校的文化救赎》，《中国教育学刊》2016年第4期。

林琦：《中小学民族民间体育课程资源的开发》，《体育科学研究》2009年第1期。

凌云志、邬志辉：《基于核心素养的农村中小学改进的思维方式》，《教育理论与实践》2017年第20期。

刘畅、汪涛：《地域文化元素在学校标志设计中的应用研究》，《美术教育研究》2013年第2期。

刘成纪：《从中原到中国：中国文化的农耕本性》，《江苏行政学院学报》2013年第5期。

刘成纪：《中国美学与农耕文明》，《郑州大学学报》（哲学社会科学版）2010年第5期。

刘国瑞、林杰：《大学战略管理中的文化因素》，《现代教育管理》2012年第12期。

刘国艳：《农村中小学社会资本的现实缺陷与重构路径》，《教育发展研究》2015年第15—16期。

刘海峰：《"科举"含义与科举制的起始年份》，《厦门大学学报》（哲学社会科学版）2008年第5期。

刘明：《课程基地领跑农村中小学发展》，《江苏教育·中学教育》2016年第12期。

刘善槐、韦晓婷、朱秀红：《农村中小学公用经费测算标准研究》，《中国教育学刊》2017年第8期。

刘善槐：《我国农村教师编制结构优化研究》，《教育研究》2016 年第 4 期。

刘善槐、邬志辉：《我国农村教师编制的关键问题与改革建议》，《人民教育》2017 年第 7 期。

刘铁芳：《重新确立乡村教育的根本目标》，《探索与争鸣》2008 年第 5 期。

刘同舫：《自由全面发展：人类解放的最高境界与必然归宿》，《江汉论坛》2012 年第 7 期。

刘献君：《论文化育人》，《高等教育研究》2013 年第 2 期。

刘艺慧：《"农耕文明"儿童体验空间的建构》，《江苏教育研究》2018 年第 4A 期。

刘艺慧：《在农村小学建一所精致的"少年农学院"》，《人民教育》2018 年第 3—4 期。

刘益春、李广、高夯：《"U-G-S"教师教育模式构建研究——基于教师教育创新东北实验区建设的实践与思考》，《教师教育研究》2013 年第 1 期。

刘永飞、许佳君：《困顿与转型：乡村手艺产业的社会建构——江苏福乡柳条编织技艺产业的拓展个案研究》，《南京农业大学学报》（社会科学版）2017 年第 1 期。

刘元英：《浅谈农村中小学特有教学资源的开发与利用》，《教育理论与实践》2016 年第 11 期。

柳斯邈、孟静怡：《通用核心素养的内涵、评价与培育》，《教学与管理》2017 年第 5 期。

龙宝新：《村小消逝现象的文化学思考》，《中国教育学刊》2012 年第 6 期。

卢宝祥：《论城镇化进程中农村教育基本矛盾》，《教育研究与实验》2015 年第 3 期。

卢俊勇、陶青：《农村儿童日常生活方式的转变与农村中小学改革——农村教育如何应对农村社会的变革》，《教育科学研究》2018 年第 5 期。

卢荣轩、童辉波：《论村落文化的基本特征及历史性变革》，《社会主义研究》1993 年第 1 期。

罗青山：《修赋热的冷思考》，《文学自由谈》2009年第3期。

罗余方：《南海渔民关于台风的地方性知识——湛江硇洲岛的渔民为例》，《民俗研究》2018年第1期。

罗祖兵：《"全面而自由的发展"的教育及其制度建构》，《中国教育学刊》2014年第9期。

马培芳等：《农村社区与小学教育的双向参与》，《教育研究》1995年第4期。

穆慧贤：《"一带一路"沿线少数民族文化保护开发研究》，《中南民族大学学报》（人文社会科学版）2017年第4期。

农智杰、林萱、孙涛：《"体验式教学"在就业指导课程中的应用及效果》，《教育与职业》2016年第8月上期。

潘志成：《从江县占里侗寨当代婚育习惯法考察》，《湘潭大学学报》（哲学社会科学版）2008年第2期。

庞跃辉：《论人的全面发展价值系统的三大维度》，《江汉论坛》2016年第4期。

蒲蕊：《政府与学校关系重建：一种制度分析的视角》，《教育研究》2009年第3期。

朴春燕：《素质教育的鼻祖——华德福教育》，《辽宁教育学院学报》2002年第7期。

钱红：《从束缚走向解放——论教师评价与教师成长》，《人民教育》2005年第5期。

钱理群：《农村教育的理念和理想》，《教育文化论坛》2010年第1期。

屈文化：《民间体育项目在体育教学中的渗透》，《井冈山学院学报》2007年第10期。

容中逵：《学科、授受还是活动、探究——论上述两对课程类型在新基础教育课程改革中的地位问题》，《教育理论与实践》2005年第11期。

沈曙虹：《学校文化战略策划的内容结构》，《中国教育学刊》2011年第2期。

沈锡阳：《湖北宜都：在标准化办学中实现乡村教育内涵发展》，《中小学管理》2017年第4期。

沈晓燕：《乡村少数民族教师地方性知识的价值、习得及运用路径》，《教师教育》2018 年第 1 期。

施秋香、季中扬：《当代民间艺术的文本特征》，《文艺争鸣》2016 年第 9 期。

石义堂、高建波：《西部农村中小学儿童参与权实现的现状与目标》，《全球教育展望》2007 年第 4 期。

苏青：《日本中小学生素质拓展新途径：青少年体验活动综合计划》，《教育探索》2016 年第 3 期。

苏尚锋：《农村教育的空间定位与城市化》，《河北师范大学学报》（教育科学版）2014 年第 3 期。

孙刚成、刘雅西：《国外农村中小学的"地方化学习"》，《教学与管理》2015 年第 3 期。

孙国江：《大禹治水传说的历史地域化演变》，《天中学刊》2012 年第 4 期。

孙克：《历史语境下民族文化的现代传承》，《贵州民族研究》2017 年第 11 期。

孙克：《历史语境下民族文化的现代传承》，《贵州民族研究》2017 年第 11 期。

谭净、商宪春：《萃取乡土文化精髓培育农村中小学文化》，《中小学管理》2017 年第 7 期。

汤颖：《农村学校改进中的价值困境及突破条件》，《教育评论》2017 年第 1 期。

汤勇：《一方乡村教育的"逆生长"——四川省阆中市乡村教育发展探索与实践》，《新课程评论》创刊号。

唐松林、丁璐：《论乡村教师作为乡村知识分子身份的式微》，《湖南师范大学教育科学学报》2013 年第 1 期。

陶西平：《韩国济州农村中小学印象》，《中小学管理》2015 年第 1 期。

陶自祥：《"不落夫家"：壮族女性走婚习俗的社会基础研究——基于滇东南 X 村女性"不落夫家"婚俗的考察》，《华中农业大学学报》（社会科学版）2015 年第 3 期。

田联刚、赵鹏：《多元共生，和而不同——关于少数民族文化在中华文化格局中的地位思考》，《中南民族大学学报》（人文社会科学版）2015

年第 1 期。

田夏彪：《城镇化进程中农村教育文化认同功能失衡的审视》，《内蒙古社会科学》（汉文版）2014 年第 3 期。

王炳明：《乡村教师队伍建设的政策分析——基于湖南省泸溪县落实＜乡村教师支持计划＞的案例研究》，《中国教育学刊》2017 年第 2 期。

王红梅：《浅谈粤菜饮食之养生保健》，《中国调味品》2015 年第 3 期。

王鉴、安富海：《我国地方课程研究的回顾与反思》，《西北师范大学学报》（社会科学版）2008 年第 6 期。

王金福：《对马克思关于实现人的自由全面发展理论的再思考》，《南京政治学院学报》2012 年第 5 期。

王柯敏：《在国家制度文明建设中加快推进教育治理现代化》，《湖南教育》2014 年第 7 期。

王乐：《村落文化的传承与乡村学校的使命》，《湖南师范大学教育科学学报》2016 年第 6 期。

王乐：《乡村少年"离土"教育的回归——基于"文化回应教育学"的视角》，《湖南师范大学教育科学学报》2014 年第 3 期。

王力等：《农村社会转型指数：衡量城乡差距——基于联合国教科文组织国际农村教育研究与培训中心的理念》，《世界教育信息》2014 年第 5、6 期。

王铭铭：《教育空间的现代性与民间观念——闽台三村初等教育的历史轨迹》，《社会学研究》1999 年第 6 期。

王琴：《特色办学应关注五大内在关系》，《教育科学研究》2017 年第 2 期。

王书彦等：《河北省农村中小学体育非物质文化遗产教育普及推广研究》，《山东体育科技》2016 年第 4 期。

王艳玲、李慧勤：《乡村教师流动及流失意愿的实证分析——基于云南省的调查》，《华东师范大学学报》（教育科学版）2017 年第 3 期。

王艳玲：《稳定乡村教师队伍的政策工具改进：以云南省为例》，《教育发展研究》2018 年第 2 期。

魏东霞、谌新民：《落户门槛、技能偏向与儿童留守——基于 2014 年全国流动人口监测数据的实证研究》，《经济学》2018 年第 2 期。

文银花：《浅谈校本课程开发中的三个重要角色》，《现代教育科学》2009年第12期。

邬志辉：《乡村教育现代化三问》，《教育发展研究》2015年第1期。

吴锦：《以共生谋发展，寻求乡村学校生存路径》，《教学与管理》2015年第10期。

吴康宁：《中国教育改革为什么会这么难》，《华东师范大学学报》（教育科学版）2010年第4期。

吴支奎：《校本课程开发：农村中小学改进的重要路径》，《课程教学研究》2016年第6期。

项红专：《七个向度：学校文化建设的品质提升》，《教育科学研究》2017年第7期。

谢凡：《"发现"与"成全"：学校综合评价创新的"初心"与"使命"——来自中国教育学会小学教育专业委员会2017年学术年会的思考》，《中小学管理》2017年第12期。

谢旭斌：《湖湘传统村落景观的互文性解读》，《中南大学学报》（社会科学版）2017年第2期。

徐玉特、梁夏：《农村学校善治模式路径探析》，《教育与管理》2017年第1期。

许芸：《城镇化进程中农村中小学文化建设现状分析》，《基础教育研究》2015年第9期。

薛燕：《大主题式生活课程——华德福课程观及其启示》，《内蒙古师范大学学报》（教育科学版）2011年第12期。

颜德如：《以新乡贤推进当代中国乡村治理》，《理论探讨》2016年第1期。

杨东平：《建设小而优、小而美的农村小规模学校》，《人民教育》2016年第2期。

杨东平：《农村教育拒绝浮华》，《中国农村教育》2015年第12期。

杨东平：《农村中小学向何处去？》，《中小学管理》2015年第10期。

杨东平：《新型城镇化对城乡教育的挑战及应对》，《教育发展研究》2016年第3期。

杨海燕、高书国：《农村教育的价值、特征与发展模式》，《教育研究》

2016 年第 7 期。

杨军昌：《侗寨占里长期实行计划生育的绩效与启示》，《中国人口科学》2001 年第 4 期。

杨骞：《学校文化建设中的相关因素分析》，《教育研究》2009 年第 1 期。

杨卫安：《城乡教育一体化：问题指向、内涵阐释与方法论选择》，《湖南师范大学教育科学学报》2015 年第 5 期。

杨欣：《学校课程开发中地方性知识的社会语境呈现》，《教育理论与实践》2017 年第 32 期。

杨兆山、侯玺超、陈仁：《农村教育理论建设：必要性、问题域与落脚点》，《东北师大学报》（哲学社会科学版）2015 年第 6 期。

叶澜：《世纪之交中国学校教育的文化使命》，《教育参考》1996 年第 5 期。

俞可平：《人的全面发展：马克思主义的最高命题和根本价值》，《马克思主义与现实》2001 年第 5 期。

虞重干、张基振：《休闲语境中的中国民间体育》，《武汉体育学院学报》2005 年第 11 期。

苑利、顾军：《非物质文化遗产传承人管理工作中的几个问题》，《河南社会科学》2015 年第 4 期。

云杉：《文化自觉文化自信文化自强——对繁荣发展中国特色社会主义文化的思考（中）》，《红旗文稿》2010 年第 16 期。

曾伟杰：《组织创设学校标志，打造校园文化品牌》，《基础教育研究》2007 年第 2 期。

张楚廷：《全面发展的九要义》，《高等教育研究》2006 年第 10 期。

张东娇：《论学校文化的双重属性》，《中国教育学刊》2016 年第 2 期。

张东娇：《论学校文化与校长领导力》，《教育科学》2015 年第 1 期。

张东娇、张凤华：《学校文化示范校建设指标体系学理解读与评估应用》，《教育科学研究》2015 年第 2 期。

张福生：《校本课程的研发标准及品质提升》，《民族教育研究》2013 年第 2 期。

张家勇、朱玉华：《农村教育复兴：可能与方向》，《中小学管理》2015 年第 10 期。

张茂辉：《在大自然的灵性中追寻美丽乡村教育》，《人民教育》2018年第2期。

张明生：《山西民俗博物馆与民间手工艺》，《文物世界》2004年第6期。

张培培：《互联网时代工匠精神回归的内在逻辑》，《浙江社会科学》2017年第1期。

张释元、谢翌、邱霞燕：《学校文化建设：从"器物本位"到"意义本位"》，《教育发展研究》2015年第6期。

张甜甜：《论少数民族文化在中华文化形成与发展中的贡献》，《中南民族大学学报》（人文社会科学版）2018年第1期。

张文：《新课程推进中学生评价存在的问题与对策》，《教育理论与实践》2017年第2期。

张永胜：《互利共赢的博弈论分析》，《理论月刊》2008年12期。

张悦：《试论乡村伦理下的农村中小学德育》，《中小学德育》2016年第7期。

张跃民：《"开心农场"校本课程开发与实践》，《当代教育理论与实践》2015年第9期。

赵楚：《谈中小学校歌创作》，《北京教育学院学报》2009年第4期。

赵丹等：《农村中小学撤并对学生上学距离的影响——基于GIS和Ordinal Logit模型的分析》，《教育学报》2012年第3期。

赵义华：《大学不能回避战略规划》，《现代教育管理》2012年第2期。

赵占元：《民间艺术的审美取向》，《文艺评论》2015年第3期。

郑是勇、张扬：《日本新一轮教师评价制度改革的意义探究——基于改革背景、进程、内容与目标的分析》，《外国中小学教育》2018年第5期。

周常稳、周霖：《论现阶段我国教育目的观的局限及改进》，《教育理论与实践》2017年第28期。

周芬芬、王一涛：《农村中小学衰败的个案研究——以Y区S中学为例》，《教育发展研究》2016年第20期。

周海银：《学校课程建设的内涵、取向与路径分析》，《山东师范大学学报》（人文社会科学版）2015年第1期。

周靖毅：《指向学习的学生评价体系：加拿大安大略省的经验和启示》，

《外国中小学教育》2018年第3期。

周巧云：《论宗教艺术的起源与图腾崇拜》，《湖南师范大学社会科学学报》2011年第5期。

周玉江：《建设"美丽乡村课程"，办出"让城里人羡慕的农村中小学"》，《中小学管理》2016年第7期。

朱旭东：《论教师专业发展的理论模型建构》，《教育研究》2014年第6期。

朱志勇、韩倩、张以瑾：《村落中的堡垒：风险社会学视角下的农村中小学与社区发展》，《清华大学教育研究》2016年第1期。

学位论文

陈庆军：《学校品牌的视觉形象研究》，硕士学位论文，江南大学，2005年。

庞文薇：《人与语言——赫尔德语言哲学思想研究》，硕士学位论文，上海外国语大学，2013年。

沈洁：《和谐与生存——对侗寨占里环境、人口与文化关系的人类学解读》，硕士学位论文，中央民族大学，2011年。

王彩霞：《二十世纪中国学校校训研究》，硕士学位论文，华东师范大学，2006年。

张栩：《一种整体的视角：华德福整体课程思想研究》，硕士学位论文，天津师范大学，2008年。

张裕家：《乡镇初中学校文化建设研究》，硕士学位论文，河北师范大学，2010年。

报　纸

傅维利：《新教育目的观的确立》，《光明日报》2015年9月8日。

韩少功：《山里少年》，《文汇报》2003年8月29日。

李大庆：《传统农业技术需要进一步挖掘》，《科技日报》2012年1月8日。

李木元：《让少数民族医药之花璀璨绽放》，《人民政协报》2015年10月14日。

刘华蓉、韩世文：《阆中：办朴素而幸福的乡村教育》，《中国教师报》2016年2月3日。

刘磊：《让农村教育反哺农村发展——四川省蒲江县推进现代田园教育采访纪行》，《中国教育报》2013年10月28日。

施剑松、李益众：《四川省阆中市探索"朴素而幸福"的乡村教育实践：教育的"乡愁"在这里安放》，《中国教育报》2016年1月27日。

王先明：《乡贤：维系古代基层社会运转的主导力量》，《北京日报》2014年11月24日。

《新农村呼唤新乡贤——代表委员畅谈新乡贤文化》，《光明日报》2016年3月13日。

《学校文化建设的"形式主义"》，《北京晨报》2012年2月2日。

杨咏梅：《华德福教育将给中国带来什么？》，《中国教育报》2005年4月27日。

外文文献

C. M. Clifford Geertz, *The interpretation of cultures*, New York: Basic Books, 1973.

D. Peterson Kent, E. Deal Terrence, *The Shaping School Culture Field Book (2nd Edition)*, San Francisco: Jossey-Bass, 2009.

E. P. Thompson, "The end of the Cold War", *New Left Review*, Vol. 1990, No. 182.

P H. Phenix, *Realms of meaning: A philosophy of the curriculum for general education*, New York: Mc Graw-Hill Book Company, 1964.

S. Nye Joseph, *Soft Power: The Means to Success in World Politics*, New York: Public Affairs, 2004.

附录 1

湖北省农村义务教育学校新机制招录教师(非师范专业)岗前职业认知调查

培训班学员:

你们好!

由于教育培训和相关研究的需要,项目组拟对你们进行有关岗前职业认知的问卷调查。请在相应题号前的括号内填写答案序号,除标明"多选"的少量题目外,其他均为单选题。感谢你们的合作!

一 个人基本信息部分

(　　) 1. 你的初始全日制学历是:A 专科　B 本科

(　　) 2. 你的最高学历:A 专科　B 本科

(　　) 3. 你的户口属于:A 城镇　B 农村

(　　) 4. 你的出生地在:

A 本县　B 本市(州)其他县　C 本省其他市(州)　D 外省

(　　) 5. 你报考农村义务教育学校前的工作经历:

A 应届毕业生　B 往届生且从事过教师岗位的工作

C 往届生且从事过非教师岗位的工作　D 往届生待业

二 岗位认知部分

(　　) 6. 你报考湖北省农村义务教育学校的动机是:

A 热爱教育事业　B 自身适合做教师　C 家长要求　D 权宜之计
E 其他

（　　）7. 你对农村义务教育学校教师岗位的能力准备：
A 很充分　B 比较充分　C 不太充分　D 很不充分　E 完全无准备

（　　）8. 你对农村义务教育学校教师岗位的心理准备：
A 很充分　B 比较充分　C 不太充分　D 很不充分　E 完全无准备

（　　）9. 本学期你必须承担的课程：
A 1 门　B 2 门　C 3 门　D 3 门以上

（　　）10. 你承担的课程是否主要是你擅长的学科？
A 是　B 不是　C 不确定

（　　）11. 你承担的课程中有没有你的薄弱学科？
A 有　B 没有　C 不确定

（　　）12. 对于你必须任课的薄弱学科，你准备怎样应对？
A 积极提升自己　B 消极应对　C 想办法推脱

（　　）13. 你的学校对你的吸引力表现在（多选）：
A 空气景色　B 纯朴的民风　C 天真的学生　D 友好的同事
E 未来的挑战　F 不确定　G 无吸引力　H 其他

（　　）14. 你的学校有哪些让你不习惯或不满意的地方（多选）？
A 食宿条件　B 教学条件　C 人际关系　D 工作量　E 收入
F 生活单调　G 地域文化障碍　H 语言障碍　I 其他

三　职业规划部分

（　　）15. 你希望在农村义务教育学校工作多长时间？
A 3 年以下　B 3—6 年　C 7—10 年　D 10 年以上

（　　）16. 你希望自己成为优秀教师的时间范围是？
A 3 年以内　B 4—6 年　C 7—10 年　D 10 年以上

（　　）17. 要成为优秀教师，你最迫切的需求是什么？
A 掌握课堂教学基本技能　B 掌握班主任工作基本技能
C 了解中小学教育教学基本规律　D 进入教育教学研究团队
E 其他

(　　) 18. 要成为优秀教师，你认为最适宜的途径是什么？
A 自己钻研和反复实践　B 周围优秀教师的悉心指导
C 参加校外培训　D 参加校本培训
E 同辈之间多进行交流　F 其他
(　　) 19. 农村义务教育学校大多条件艰苦，你的基本打算是？
A 适应学校　B 改变学校　C 尽快离开　D 没有想过

附 录 2

学校文化建设调查问卷

培训班学员：

你好！这是一份关于学校文化建设的调查问卷，请你根据实际情况将答案的字母代码填写在题号前面的括号内，或写在"请注明"后面的空白处，多选题均已在题干中标明，凡未标明的均为单选题。谢谢你的支持！

第一部分　学校和个人基本信息

（　　）1. 你的学校是：A 中学　B 小学　C 幼儿园　D 其他

（　　）2. 你的学校位于：A 县城　B 乡镇　C 村

（　　）3. 你在学校的行政职务是：A 校级领导　B 学校中层干部　C 普通教师

（　　）4. 在你的学校中，教职工人数：_____，学生人数_____。

（　　）5. 你的学校最缺乏的学科师资是（多选题）：A 语文　B 数学　C 外语　D 科学　E 信息技术　F 品德　G 美术　H 音乐　I 体育　J 物理　K 化学　L 生物　M 历史　N 地理　O 其他（请注明）：_____。

第二部分　学校文化建设现状

（　　）6. 你的学校有没有校训？A 有　B 没有　C 不知道

如果有校训，校训是：＿＿＿＿＿＿＿。

（　　）7. 你的学校有没有校标？A 有　B 没有　C 不知道。如果有，校标的含义是：＿＿＿＿。

（　　）8. 你的学校有没有校歌？A 有　B 没有　C 不知道。如果有，校歌的词曲作者是不是本校师生？A 是　B 不是　C 不知道

（　　）9. 你的学校有没有《校史》？A 有　B 没有　C 不知道

（　　）10. 你的学校有没有归纳凝练的办学思想或办学理念？A 有　B 没有　C 不知道。如果有，办学思想或办学理念是：＿＿＿＿＿＿＿＿＿＿＿。

（　　）11. 你的学校有没有归纳凝练的核心价值观？A 有　B 没有　C 不知道。如果有，核心价值观是：＿＿＿＿。

（　　）12. 你的学校有没有归纳凝练的学校精神？A 有　B 没有　C 不知道。如果有，学校精神是：＿＿＿＿。

（　　）13. 你的学校有没有经久流传的学校故事？A 有　B 没有　C 不知道。如果有，故事是关于＿＿＿＿＿＿＿＿。

（　　）14. 你的学校是否具有经过认真研讨的中长期发展战略或规划？A 有　B 没有　C 不知道

（　　）15. 你的学校有没有特色制度体系？A 有　B 没有　C 不知道。如果有，特色制度体系是＿＿＿＿＿＿＿。

（　　）16. 你的学校有没有省级及以上研究课题或研究成果？A 有　B 没有　C 不知道。如果有，省级研究课题或成果是＿＿＿＿＿＿＿＿＿＿。

（　　）17. 你的学校有没有开展系列特色文化活动？A 有　B 没有　C 不知道。如果有，系列特色文化活动是＿＿＿＿＿＿＿＿＿＿。

（　　）18. 你的学校有没有进行过重大的教育教学改革？A 有　B 没有　C 不知道。如果有，是＿＿＿＿＿＿＿＿。

（　　）19. 你的学校有没有获得过县级及以上文化奖励？A 有　B 没有　C 不知道。如果有，县级及以上文化奖励是＿＿＿＿＿＿＿＿＿＿。

（　　）20. 如果你的学校在 6—19 题中选 A 的数量≤3，原因是（多选题）：

A 学校领导的原因　B 师资队伍的原因　C 场所的原因　D 经费的原因　E 学生的原因　F 家长的原因　G 其他（请注明）：_____。

(　　) 21. 你对所在学校的文化建设状况是否满意？A 满意　B 基本满意　C 不满意

(　　) 22. 你的学校所在的镇、村有没有其他的文化设施或文化场所（图书室、书店、报刊亭、影剧院、文化站（活动室）、博物馆、文化旅游景点、文物保护点、民间文艺组织、文化广场等）？A 有　B 没有　C 不知道

第三部分　学校文化建设展望

(　　) 23. 根据你的学校特点，可以开展哪些文化建设活动（多选题）？

A 观念类（校训、校歌、校标、办学理念等）

B 制度类

C 行为类之体育活动（如棋牌类、球类、田径类、民族体育类等）

D 行为类之艺术活动（如书法、绘画、音乐、剪纸等）

E 行为类之农业手工业技术（如种植、养殖、木工、竹编等）

F 行为类之素质修养（如阅读、诵读、诗词、楹联等）

G 行为类之人文关怀（如留守儿童关爱、社区帮扶等）

H 行为类之地域文化研究（如本地历史、本地地理、本地风俗等）

I 行为类之科普创新（如电子制作等）

(　　) 24. 你所在的学校要开展文化建设，最需要什么帮助或支持（多选题）？

A 上级提出统一要求　B 学校领导解放思想　C 广大教师积极参与　D 激发更多学生兴趣　E 开辟文化建设场所　F 多方筹措经费　G 家长联动和支持

(　　) 25. 你所在的学校愿意接受外来人员（如教育实习学生或支教志愿者）参与教育教学活动吗？A 愿意　B 不太愿意　C 不愿意

(　　) 26. 什么学科可能接受外来人员参与教育教学活动（多选题）？A 语文　B 数学　C 外语　D 科学　E 信息技术　F 品德　G 美术　H 音乐　I 体育　J 物理　K 化学　L 生物　M 历史　N 地理　O 其他

（请注明）：

（　　）27. 校长在学校文化建设和特色建设中的作用（多选题）？A 提出独特的办学理念　B 提出学校文化建设和特色建设目标　C 组织全校讨论以达成文化共识和特色共识　D 营造良好的文化环境　E 通过多种渠道进行对外宣传　F 遴选文化建设或特色项目指导教师团队　G 筹措建设经费　H 提供必要的物质条件保障　H 率先垂范亲身参与　I 其他（请注明）：

附录 3

北京市学校文化示范校建设与评估指标体系（修改版）

一级指标	二级指标	学校文化建设要素	学校文化观测点	得分	合计
A1 学校文化体系建设（10分）	B1 学校文化体系建设（10分）	学校文化建设纳入学校整体工作，认真规划并实施，目标任务明确具体，措施切实可行。	C1 规划操作性（3分）		
		学校办学理念体系完备，办学实践与办学理念具有一致性。	C2 体系完整性和一致性（2分）		
		积极进行校史整理和建设，继承学校优良传统，并不断丰富和发展，办学理念和办学实践具有继承性和创新性。	C3 历史传承性和文化创新性（2分）		
		师生能民主参与学校文化规划和建设过程，学校文化建设得到广大师生的认同和支持。	C4 文化共识性（3分）		

续表

一级指标	二级指标	学校文化建设要素	学校文化观测点	得分	合计
A2 学校办学理念体系建设（15分）	B2 核心价值观（4分）	体现国家教育方针和素质教育要求，符合社会主义核心价值观，重视中华优秀传统文化教育。	C5 社会主义核心价值观符合度（2分）		
		符合学校历史、发展现状、地域环境和师生需求。	C6 来源的合理性（1分）		
		表达清晰，准确，易于传诵，体现学校文化个性。	C7 表述与阐释的清晰性和相宜性（1分）		
	B3 办学目标（3分）	办学目标明确，体现学校愿景和使命，体现学校特色。	C8 目标清晰度和适切度（2分）		
		传承学校历史文化，考虑学校所处社区、地域等环境特征和师生特点。	C9 历史与现实符合度（1分）		
	B4 育人目标（3分）	坚持育人为本，适应社会对人才的需要和学生全面而有个性发展的需求，科学确定学生培养目标。	C10 目标制定的科学性（2分）		
		育人目标与办学目标相辅相成，科学反映学生成长规律，体现学校特点。	C11 目标契合度（1分）		
	B5 学校理念识别（3分）	校训的表述清晰，简明、独特，具有感召力，有明确内涵，含义阐述清晰，为全校师生熟知并认同。	C12 校训及其阐释的清晰性和认知度（1分）		
		校徽、校旗显示学校特征，有明确内涵，含义阐述清晰，具有教育性、艺术性，易于识别。	C13 校徽、校旗设计与阐释的清晰性和艺术性（1分）		
		校歌反映学校特点师生精神风貌，歌词内容积极向上，歌曲旋律优美，为全体师生熟练传唱。	C14 校歌的传唱度（1分）		

附录3 北京市学校文化示范校建设与评估指标体系(修改版) / 305

续表

一级指标	二级指标	学校文化建设要素	学校文化观测点	得分	合计
A2 学校办学理念体系建设（15分）	B6 学校理念宣传（2分）	学校注重总结、提炼办学经验和成果，充分利用信息手段和传播媒介宣传学校办学理念和经验，产生良好效果。	C15 理念宣传的充分性（1分）		
		学校文化建设经验和成果在市、区乃至更大范围内进行交流分享，在媒体上宣传报道，有一定社会影响。	C16 成果影响的广度和深度（1分）		
	B7 管理文化建设（8分）	学校组织结构合理，职能部门分工明确，管理运行协调，沟通机制通畅。	C17 学校组织结构的合理性（3分）		
		积极进行学校章程和机制建设，各项管理制度以人为本，符合本校实际，制度分类明确，制度执行到位，制度修订流程明确、有效。	C18 机制与制度建设的有效性（3分）		
		学校坚持民主管理，充分发挥教代会合作用，鼓励师生积极参与制度建设过程，学校积极采纳合理建议。	C19 师生参与的积极性（2分）		
A3 学校办学实践体系建设（65分）	B8 课程文化建设（12分）	以学生发展为目标，基于国家课程标准，构建学校课程体系。	C20 课程体系建设的完整性（3分）		
		开足、开全国家课程，确保国家课程有效实施，有机整合、协调推进国家、地方、校本三级课程。	C21 课程实施的实效性（3分）		
		积极探索国家课程校本化实施，基于学校实际师生发展需求，积极开发和实施校本课程，增强课程的综合性、选择性和实效性。	C22 校本课程的特色性和实效性（3分）		
		校长重视课程建设，具有课程领导力，教师和学生积极有效参与课程建设，分享课程改革成果。	C23 师生参与性（3分）		

续表

一级指标	二级指标	学校文化建设要素	学校文化观测点	得分	合计
A3 学校办学实践体系建设（65分）	B9 课堂教学文化建设（11分）	深化课堂教学改革，转变教学方式，探索适合学生主动、有效学习的教学模式和策略，加强课堂教学评价研究。	C24 课堂教学方式的方向性（4分）		
		构建以学生为主体的民主、平等、和谐、共生的课堂文化，教学效果良好。	C25 课堂文化的学生参与度（4分）		
		面向全体，关注差异，因材施教，满足不同学生的学习需求，增强学生运用知识解决实际问题的能力，促进学生成长进步。	C26 学生需求的关注度（3分）		
	B10 教师文化建设（12分）	教师有教书育人、敬业爱生的责任感和使命感，教师团队有凝聚力，人际关系和谐，教师有组织归属感和职业幸福感。	C27 教师幸福感（2分）		
		学校高度重视教师队伍建设，制定并不断完善教师专业发展规划，健全激励评价机制，队伍建设措施有力，有效，为教师专业发展提供支持和保障，教师队伍专业素质较高，结构合理。	C28 教师专业发展的支持性（4分）		
		教师规范、有质量地开展各级各类教育科研课题研究，善于总结经验，提炼研究成果，并用于改进实践，研究成果形成规范的研究报告或结题报告，获奖、发表或正式出版。	C29 教育研究的规范性和应用性（3分）		

附录3 北京市学校文化示范校建设与评估指标体系(修改版) / 307

续表

一级指标	二级指标	学校文化建设要素	学校文化观测点	得分	合计
A3 学校办学实践体系建设(65分)	B10 教师文化建设(12分)	学校健全完善校本研修制度，充分调动教师的主动性和积极性，密切结合教师队伍实际，教师研修活动规范化、制度化，具有针对性和实效性。	C30 教师研修的制度化和促进性(3分)		
		坚持立德树人，把社会主义核心价值体系教育贯穿于学校教育教学全过程，落实于学生的思想观念和行为习惯之中，加强学生社会责任感、创新精神和实践能力的培养。	C31 核心价值观落实度(3分)		
		德育体系完备，目标明确，措施有效，注重德育课程建设，德育活动有计划、成系列、见实效。	C32 德育工作的计划性和有效性(4分)		
		重视共青团、少先队工作，开展丰富多彩、特色鲜明的社团活动，在活动中体现学生的主体性。	C33 团队活动的丰富性和功能性(2分)		
	B11 学生文化建设(12分)	全面实施素质教育，建立健全以学生发展为核心，体现新课程标准要求的学生综合素质评价体系，发挥评价的激励和改进功能，促进学生自主发展。	C34 学生评价体系的激励性(2分)		
		注重班级文化建设，调动学生自主管理的积极性和主动性，创设健康向上、富有特色、适合学生特点的班级文化环境。	C35 班级文化建设的学生参与性(1分)		

续表

一级指标	二级指标	学校文化建设要素	学校文化观测点	得分	合计
A3 学校办学实践体系建设（65分）	B12 公共关系文化建设（4分）	学校办学质量和社会声誉良好，学校文化对社区、教育集团及其他学校有带动和辐射作用。	C36 学校文化影响力（1分）		
		学校有机整合和充分发挥社区、家长及社会的教育资源，采取有效措施促进学校、家庭、社会多元互动，共同参与学校管理和评价。	C37 各方参与的多元性（1分）		
		学校发起或参与国内或国际教育交流，积极传播学校文化。	C38 国内外交流的范围和程度（1分）		
		高度重视校园安全，健全安全制度，完善安全预案，落实安全责任，积极防范和有效应对校园突发事件，确保师生安全。	C39 安全与危机管理机制的健全性（1分）		
	B13 校园环境文化建设（6分）	校园环境干净、优美，充分体现育人价值，适合学生年龄特点，富有安全性、人文性、独特性。	C40 环境的安全与人文性（2分）		
		学校建筑风格、景观设计、楼道布置、设施设备置具有整体性、协调性，贴切体现学校办学理念和育人目标。	C41 环境协调性（2分）		
		图书馆（室）得到师生喜爱，多功能使用；图书分类合理，适合阅读，利用率高；多渠道拓展读书空间，方便师生阅读。	C42 图书馆及其使用的充分性与合理性（2分）		

附录3　北京市学校文化示范校建设与评估指标体系(修改版) / 309

续表

一级指标	二级指标	学校文化建设要素	学校文化观测点	得分	合计
A4 优势领域发展（10分）	B14 优势领域（10分）	学校在一个或多个领域具有一定优势，深得师生认可，较好地符合办学理念和体现育人成效，具有竞争力和影响力。	C43 效益及影响力（5分）		
		学校全体师生参与优势领域的建设与发展，并共享优势特色发展成果。	C44 师生共享程度（5分）		
总分					